日本の社会教育第66集

高齢社会と社会教育

日本社会教育学会編

(2022)

まえがき

日本社会教育学会では，1999年に学会年報『高齢社会における社会教育の課題』を刊行したが，それから20余年の間に高齢者と社会教育をめぐる状況は大きく変化した。本年報は，こうした状況変化をかんがみたうえで，今日の超高齢社会において社会教育が果たすべき役割を再確認することをねらいとして編まれたものである。具体的には本年報は，2019年10月から2021年９月までの３年間にわたるプロジェクト研究「高齢社会と社会教育」での研究成果を柱としつつ，そこに学会員および一部の非学会員への論稿依頼を加えて，本テーマに則して編まれたものである。

ここ20余年の「社会の高齢化」と「高齢者の社会教育」をめぐる状況変化を俯瞰的にみるならば，高齢者の比率の増加や高齢者観の変化，高齢者の家族規模・就労形態の変化などが想起されるが，これらに関しては第１論文でふれられる。もちろんこの変化を網羅的に覆うことは，１冊の年報で扱える範囲をこえているだろう。しかしこれらのうちの重要と思われるいくつかの点については，プロジェクト研究の成果として，本年報において言及していきたい。

本研究テーマ設定にさいして，最初にいくつかの留意点にふれておきたい。その第一は，社会教育の場への高齢参加者数が増加しているという事実である。公民館や図書館，博物館などの多くの社会教育実践の場にとどまらず，放送大学やシニア大学等の学校型学習機関，あるいはNPO，地域運営組織などの場において，中高年の参加者・活動者が増加しているという点である。しかし，こうした高齢学習者増加の実態をふまえた教育学や学習支援論の進展は，まだ立ち遅れているといわざるをえない。これまでの多くの社会教育の理論が青年や女性，勤労成人などを念頭におきつつ論じられてきたことを勘案するならば，今日の社会の超高齢化の趨勢に呼応する社会教育の論が，いまこそ求められているといえるのではなかろうか。

第二に留意したいのが，高齢者教育と高齢者学習（支援）の関係性である。本年報テーマに関連する研究は従来，高齢者教育の冠のもとに論が展開されてきた。しかし1990年代あたりから，成人教育から成人学習へ，生涯教育から生涯学習へという，教育論から学習論への世界的な基軸変動のなかで，高齢者教育も高齢者学習（支援）へとその基軸が移行してきた。こうした動向の背後には，状況的学習論や拡張的学習論，学習する組織論など，学習というパースペクティヴをとおしてこそうかがえる教育実践のリアリティの可視化なるものがあるだろう。また，成人期以降の者に対する教育学の基軸に，「学習による教育の再構築」という点が据えられたこともこれと関連するだろう。したがって本年報では，高齢者学習支援という語を論の軸におきつつ，必要に応じて高齢者教育なる語も用いていく。

第三に留意したいのが「社会教育」概念である。今日では文科省の組織改編などとも絡み，地域協働・総合教育といった語が多用される傾向にある。その背後には学校教育を地域や高齢者がささえていくという教育の構図が看取されうるが，しかしそれゆえ逆に，法的根拠を有する「社会教育」概念からのアプローチの有効性を，いま一度ここで確認したいとも思う。というのも社会教育には地域教育や総合教育に還元されない独自のダイナミズムがあると思うからである。それは例えば，日本社会教育学会などがこれまで紡いできた，共同学習や相互教育，自己教育の理念とその実践に則した内実であろう。

第四に留意したいのが「高齢者」なる概念である。そもそも「高齢者」とはだれをさす語なのだろうか。英語でも高齢者に対応する語としては，かつての elderly や aged，old という語ではなく，older adults や older people と形容されることが主流になってきている。そこには高齢者は同時に成人かつ一般市民でもあり，それゆえ成人教育や成人学習の論とも通底しているという視座がある。つまりここ20年ほどの間に教育・学習をとらえる枠組みも，高齢者そのもののとらえ方も大きく変容してきたといえる。そしてそれゆえ当年に，「高齢社会と社会教育」なるタイトルの年報を編む意義が存在するともいえよう。

社会の超高齢化，高齢者概念の変容，高齢学習者の増加，教育と学習の概念の再考，現代社会における社会教育の意義の再確認，これらの動向をつらぬく軸をどこに求めるのか？　本年報のなかから，その軸の一端を見出していければとも思う。

もうひとつここで確認しておきたいことがある。それは本年報のタイトルを「高齢社会と社会教育」という，きわめてシンプルなものにしたという点である。このタイトルは同時に，高齢者や高齢化を扱う老年学（gerontology）と，社会教育をその一部におく教育学との関係性をも示唆するものでもあると指摘しておきたい。そこでのキーワードはタイトルの真ん中にある「と」である。前者の（社会）老年学は今日では，大学での学部改組などとも相まって，ますます看護学や福祉学などのパラメディカルな彩りを濃くしてきている。教育領域を扱う教育老年学も同様に，最近では，高齢者に対する教育から高齢者をケアする専門職養成の教育論へとその比重が変化してきている。それゆえか，高齢者に対する学習支援も，その目標が例えば生きがいづくりやQOL，ヘルス・プロモーションと，相即的に連動する場合が多い。しかし教育基本法が教育の目的を「人格の完成」に措定しているように，教育には教育固有のダイナミズムがある。それゆえいま求められているのは，高齢期までをもつらぬく，教育学固有の論理の構築ではないだろうか。

他方教育学のほうでは，今日では，ますます青少年に対する学校教育学に特化する傾向がつよまってきている。教員養成大学の教職科目から社会教育を外したり大学院を教職大学院に特化するところも出てきている。

こうしてみると今日では，老年学と教育学の乖離は，以前よりある意味拡大してきているともいえる。高齢者の生活次元を重視した老年学と高齢期まで射程に入れた教育学の対話，本年報のタイトル内の「と」にこうした意味が込められていることを感得していただければありがたいかと思う。

本年報はこうした状況判断をふまえ，「高齢社会と社会教育」という統一テーマのもとに，次の四部から構成されている。第Ⅰ部では，本年報の「総論」にあたる部分で，それをさらに高齢者学習支援論と地域教育・地域福祉論との関連のなかで，概観をしている。とくに第1論文では，本年報編集上の問題などより，従来巻末に収められていた「資料」（関連法令・報告書などの紹介，当該テーマに関連する学会員からの研究紹介など）部分をそこに組み込んでいる。また投稿論文のなかに高齢者教育のダイレクトな理論研究がなかったこともあり，その部分もそこに組み込んだため，やや論構成の整合性に無理が生じているかもしれない。第Ⅰ部の後続の２つの論では，主に地域教育・地域福祉の文脈に則した総論となっている。そのうちの前者では地域福祉と社会教育の原理的理解について，後者ではその歴史的展開過程および地域教育・地域福祉に関する本学会員らの取り組みなどが論じられている。

第Ⅱ部では，高齢者学習支援の理論的側面を扱っている。コミュニティ・エンパワメント概念とアマルティア・センのケイパビリティ論を軸に論が進められている。ここに第１論文内のムーディの論に則した高齢者教育論が組み込まれると理解していただくとありがたい。

第Ⅲ部では，高齢者教育（あるいは高齢者学習の）実践支援論を扱っているが，ここではとくに，具体的な高齢者学習支援の現場に近いものを扱っている。扱われる実践例としては，アイヌ民族のアイデンティティ，シニア・ボランティア，デスカフェ，高齢者大学，多世代交流型プログラム，回想法である。

第Ⅳ部では，高齢者学習支援の条件整備論を扱う。第Ⅲ部が直接的な高齢者学習支援の実践を取り上げたのに対し，第Ⅳ部ではこの制度設計・組織運営など，やや間接的な学習支援の問題を扱っている。具体的には，放送大学およびイギリスの第三期の大学，台湾の「楽齢学習」の学習条件整備の問題，高齢者事業団の生きがい就労の場づくり，山間部地域における地域づくり学習，認知症者にやさしい社会教育施設づくりの問題が扱われる。

本プロジェクト研究ならびに本年報では，以上の４つの柱から「高齢社会と社会教育」の問題に取り組んできたが，他方で高齢者介護や高齢者の貧困問題など，重要な今日的問題が本年報ではまだきちんと収めきれていないという課題も残されている。今後のさらなる研究の継続のなかで，そうした点をもつなげていきたい。

最後に，本年報の編集・刊行にご尽力いただいた東洋館出版社編集部の大岩有理奈氏に深謝申し上げたい。

2022年８月

年報第66集編集委員会を代表して　堀　薫夫

目　次

第Ⅲ部　高齢者学習支援実践論
（具体的な高齢者学習の現場に近いもの）

第Ⅳ部　高齢者学習支援の条件整備論
（制度設計・組織運営・法体制など）

第Ⅰ部

総論

高齢社会における社会教育の展望

堀 薫夫

1．超高齢社会の到来

日本社会教育学会年報『高齢社会における社会教育の課題』（1999年）刊行から20年余，この間高齢者と社会教育をめぐる情勢は大きく変化した[1)]。本論では，主に高齢者学習支援論（あるいは高齢者教育論）の視点からこうした変化をふり返り，そこで得られた成果と知見をふまえて，今後の社会教育研究上の課題と方向を示すことをねらいとする。高齢者と社会教育の関連性については，従来は高齢者教育という枠組みから議論されることが多かった。しかし21世紀を迎え，例えば成人教育学の重心が教育論から学習論へと移行してくるなかで，高齢者の学習を支援するという論が顕在化してきた。それゆえ本論では，高齢者学習支援という語を軸としつつも，社会の側の役割を強調する場合や従来からの教育論を用いるさいには，高齢者教育という概念を用いていく。

表１は，2000年前後および2021年前後における，高齢者と社会教育をめぐるデモグラフィックな状況の変化を対比的に示したものである[2)]。これによると人口面では，65歳以上の者の比率は2000年で17.4％だったが，2021年では29.1％となり，75歳以上だと7.1％と15.0％と，倍以上に増加した。この点は逆にいえば子ども（14歳以下）の比率が14.6％から11.8％に減ったこととも連動している。平均寿命も2000年では男性77.7歳，女性84.6歳だったが，

表１　高齢者と社会教育をめぐる状況の変化（2000年前後と2021年前後の対比を中心に）

項目	2000年	2021年
高齢者（65歳以上）比率	17.4%	29.1%（cf.1960年5.7%）
高齢者（75歳以上）比率	7.1%	15.0%
平均寿命	男性77.7歳，女性84.6歳	男性81.6歳，女性87.7歳
高齢者の定義	65歳以上	（高齢者75歳説登場，2017年）
子ども（14歳以下）比率	14.6%	11.8%（cf.1960年30.0%）
ひとり暮らし者比率（65歳以上）	13.0%（1999年）	20.8% （男性15.5%，女性22.4%）
「生涯未婚率（50歳時点で結婚経験がない者）」	男性9.0%，女性5.1%（1995年）	男性25.7%，女性16.4% （2020年）
就業者総数に占める高齢就業者率	7.1%（1998年）	13.6%（2020年）
高齢者インターネット利用率	7.3%（1999年），20代33.6%	72.4% （60代90.5%，70代59.6%，80代以上25.6%）
放送大学60歳以上比率	11.5%	26.3%

2021年には男性81.6歳，女性87.7歳となっている。また従来は，高齢者は65歳からというのが通説ではあったが，2017年に日本老年学会と日本老年医学会が高齢期75歳説を提示し注目された。これらから明らかなように，ここ20年間に社会の超高齢化と高齢者の定義が変化してきており，それらを基盤とする高齢者観の変化のなかで，社会教育の課題を位置づけていく必要があるだろう。

高齢者観の変化は，高齢者の生活状況の変化にもつながる。ここ20年間で高齢者の家族形態も大きく変化した。1999年では（65歳以上で）ひとり暮らし者の比率は13.0%で，高齢者のほぼ半数が子どもと同居していた。しかし2020年になるとひとり暮らしの者は20%をこえ，逆に子どもと同居する高齢者の比率は大きく減った。「生涯未婚率」も，男性25.7%，女性16.4%（2020年）と，男女とも大きく上昇した。これらは家族サイズの縮小化と家族形態の多様化の反映だといえる。

高齢者就労関係においても，就業者総数に占める高齢者の比率は1998年で

7.1％だったが，2020年には13.6％にまで上昇した（同年の高齢者就業率は25.1％）。定年も60歳定年から65歳定年が通例となり，さらに2022年４月からは高年齢者雇用安定法の改正により，70歳までの就労への努力義務が設けられた。高齢者の家族と就業・就労を取り巻く状況も大きく変化したのである。

高齢者の教育・学習を取り巻く状況も変化してきている。1999年時点では高齢者のインターネット利用率は７％ていどであったが，今日では７割以上の高齢者がインターネットを利用しており，60代に限定するならば91％にも達している。スマホやＳＮＳを利用する高齢者も増えてきている。放送大学受講者も，60代以上の者の比率は2000年では12％ていどであったが，2020年２学期では26.3％にまで増加した（本年報の岩崎論文も参照）。高齢者向けの講座だけでなく一般市民向けの学習講座の受講者も，その多くが高齢者であることが多い。

高齢者の福祉やケアに関する問題に対しても注視が要るだろう。例えば「日本における認知症の高齢者人口の将来推計に関する研究」では，65歳以上の者の認知症有病率は16.7％（約602万人）と推計された[3)]。介護問題もとくに75歳以上の高齢者で深刻となる（要介護者比率75歳以上23.0％，413.7万人，65～74歳2.9％）（2015年度）[4)]。そのため高齢者ケアに関連する人材育成やそれをささえる社会的基盤づくり，認知症者にやさしい社会教育施設論（本年報の鈴木論文参照）は，高齢者教育の重要な一側面だといえる。

高齢者を取り巻く法制度などの条件整備も，主に福祉行政を中心に進んできた。とくに1990年代の高齢者保健福祉推進十か年計画（ゴールドプラン），介護保険法制定（1997年）などを経て，2000年より介護保険制度が導入されるようになった。そこでは介護予防マニュアルが指針化され，要介護状態に至らないように，「健康な」高齢者あるいはプレ高齢期の者への福祉政策が導入された。この「健康」づくりには，身体的だけでなく精神的な健康づくりも含まれるのだが，そこに生涯学習や社会教育が組み込まれることで，「福祉に包摂された社会教育」という構図ができあがるのである（本年報の辻論文，久保田論文も参照）。その政策はさらに認知症高齢者をも射程に入れ，オレンジプラン（認知症施策推進総合戦略，2013年），新オレンジプラン（2015年）として，高齢者介護政策とも連動していく。

他方で高齢社会対策基本法（1995年制定）を受け，高齢社会対策大綱の制定（1996年）と年度ごとの『高齢社会白書』刊行が進められてきた。高齢社会対策大綱は2001年，2012年，2020年と改定されるが，このうちの2020年の改定では，年齢による画一化の見直し，地域コミュニティづくり，技術革新への対応といった柱が設定されていた。文科省系列では，2012年に「長寿社会における生涯学習の在り方について」検討会の報告が出され，地域社会の担い手としての高齢者像や関連諸機関の連携による高齢者学習支援などが提起された[5)]。

国際的文脈では，1999年年報が同年の国際高齢者年に編まれたのにつづき，2002年には「高齢化に関するマドリッド国際行動計画」が提起され，WHO が1999年に提起したアクティヴ・エイジング (active aging) 概念の実質化に向けた方向づけが示される。なお2014年には厚労省が Active Aging の国際的貢献に関する報告書を出している[6)]。

２．社会教育学研究における高齢者学習支援研究

1999年の日本社会教育学会年報刊行以降の，同学会刊行の紀要／ジャーナルや年報を渉猟したところ，ここ20年間での本領域の研究論稿数は非常に少ないことがわかった[7)]。著書では牧野篤が『シニア世代の学びと社会』などの著作を刊行しているのが注目される[8)]。牧野の論点は高齢者の学習を通じた「つながり」「ちいさな社会」の創出，そして再帰的ならざる高齢者の自己を継起的なものとしてとらえる点かと思う。この再帰的ならざる者などへの学習支援の方向をもつものとしては園部友里恵のインプロ劇団実践の取り組みがあるだろう[9)]。高齢者教育の歴史研究としては久保田治助の『日本における高齢者教育の構造と変遷』があるが，明治期の隠居論にまで遡って高齢者教育の淵源をたどった点は興味深い[10)]。教育老年学関連では筆者もいくつか著書を刊行したが，そこでは主に欧米で出された論を，日本の高齢者学習支援の実証的・実践的研究とどう接続するかが論点であったかと思う[11)]。

高齢者学習・社会参加支援関連の著書では，高齢者大学の実践者の側から

の著書もいくつか刊行された[12)]。図書館のシニアサービスの議論も進んだ[13)]。シニア・ボランティア活動の実践をふまえた議論も齊藤ゆか，藤原佳典らによって進められた（本年報の齊藤論文・藤原論文も参照）[14)]。またプロジェクト研究では，森玲奈らのラーニングフルエイジング・プロジェクトや秋山弘子らによる「高齢社会のアクションリサーチ」研究などが進められ，高齢者の社会参加活動では片桐恵子らによる退職シニアの生活研究などが進められた[15)]。

高齢者介護や認知症者への支援と関連する社会教育研究も重要な論点である。荒井浩道は認知症者をかかえる家族の会のピアサポート・グループの役割を「支援しない支援」という論点から論じたし，大武美保子は共想法なる介護に向けた新たなコミュニケーション法を提起した[16)]。また介護にかぎらず高齢者支援に有効だとされる回想法（本年報の志村論文も参照），園芸療法などの実践的研究も進んだ[17)]。

3．社会教育としての高齢者学習支援論

(1) 社会教育のとらえ方について

今日の社会の超高齢化の趨勢に対する社会教育の役割を考える場合，「社会教育」なるものをいかに構想するのかがひとつの問題点となるだろう。社会教育の本質論については多くの議論があるが，ここでは吉田昇に倣い，社会教育を「社会をつくる教育」ととらえる視点を重視したいと思う[18)]。社会教育には「地域」に解消されない「社会」概念の独自性があると考えるからである。例えば中高年引きこもり問題が議論されることがあるが，それは「社会的」引きこもりであって「地域的」引きこもりではない。求められているのは地域概念をこえる，高齢者の学習と相互行為を介した，新たな「社会」を創出する可能性ではないだろうか[19)]。換言すれば公共圏やサードプレイスなどの「社会」を生み出す（高齢者）教育や学習のあり方を問うということであり，場合によっては，学校という文化装置のなかに，社会人大学院や高齢者大学などを想起しうる「学校内社会教育」なるものを構想してもよ

いと思う。

(2) 高齢者学習支援の政策動向

本論での「社会教育」の強調に関しては，2018年10月の文科省組織改編により，生涯学習政策局や社会教育課が，総合教育政策局や地域学習推進課に改編されたこととも関連する[20)]。というのも，これにより社会教育・生涯学習支援行政から学校と地域教育の連携・協働を軸とする行政へと，文科省の舵取りの針路が変えられたからである。しかし，そこには社会教育が学校教育の下支えに化すことや「社会」概念が「地域」概念へと矮小化されることへの懸念もある。例えば学校教員は自身の定年後いかに教育と向き合っていくのだろうか？　高齢者の生活のリアリティに則すならば，地域連携概念をこえて高齢者の人生を紡ぎ合う「社会教育」が構想されるべきではなかろうか。

他方で厚労省関連では，2000年の社会福祉法改定以来，明るい長寿社会推進機構や社会福祉協議会系列からの，地域福祉の文脈に位置づいた高齢者学習支援が顕在化してきている。そこでは高齢者学習の目標が，しばしばアプリオリに介護予防や健康・生きがいづくり，ヘルス・プロモーションなどに接続されることが多い。またケアの受領者としての高齢者像との接続の問題も，そこに権力関係の非対称性が介在するならば，もう一度高齢者の生活に則して教育の本源的意味に立ち還る必要が出てきているとも思える。高齢者教育が地域福祉に包摂されつつあるなかで，（社会）教育固有のアプローチのあり方を考えていく必要があるように思う。

自治行政や総合行政，首長部局系列行政では，地方教育行政の組織及び運営に関する法律の改正（2007年）などにより，教育委員会の事業などへの首長部局の補助執行が認められるようになり，これと連動して公民館などの社会教育施設がコミュニティセンターへと再編される動向が顕在化してきている（大阪府八尾市・守口市など)。そこでは，営利事業の禁止などの制約が緩められ，柔軟な学習支援が進められる可能性も出てきているが，他方で教育の自律性をふまえた学習支援が希薄化する危惧をも内包されている。

⑶ 超高齢社会における社会教育の課題：1999年年報の提起を受けて

1999年学会年報においては，山本和代は当時の高齢化に対応した社会教育の課題として以下の点をあげた[21]。①福祉との連動，②社会参加と結ぶ学習，③世代間の交流，④男女共同参画社会の実現，⑤人権学習の推進，⑥国際市民の形成，⑦高齢者のエンパワーメント。しかしその後の20年余の趨勢をかんがみるならば，これらの課題への対応にくわえて，社会のICT化への対応，高齢者の就労・ボランティア活動，高齢者介護・認知症問題，後期高齢期問題，高齢者によるNPO活動，限界集落問題，ニュータウン地域の高齢化，高齢者の貧困問題，高齢者関連の事故問題（高齢ドライバー問題など）など，その後の高齢化にともなう新たな学習課題も芽生えてきており，それらへの目配せのなかで社会教育の課題を議論していかねばならないだろう。例えば筆者らの高齢者に対する日韓比較調査でも，生涯学習や社会活動への意識は，70歳前後ではなく75歳前後を閾値としてより顕著な変化がうかがえた[22]。

４．高齢者教育の理論：ハリー・ムーディの論を中心に

高齢者に対する教育に関しては，その社会的・政策的動向やそれらをふまえた実践的研究はあるていど進められてきている。しかしそれらをささえる高齢者教育（あるいは高齢者学習支援）の理論的論拠の研究となると，内外ともにまだほとんど進められていないといわざるをえない。しかし本年報編集において，その理論的論拠を看過するわけにはいかないだろうとも考え，論の接続の齟齬を認めつつも，ここで少し高齢者教育の理論的研究についてふれておきたい。

管見のかぎりでは，高齢者教育が成人教育関連雑誌の俎上に載るのは，1950年の雑誌 *Adult Education* 誌における議論ではないかと思う。そこでドナヒュー（Donahue, W.）は，高齢者教育のプログラム作成における目標として次の４点をあげた[23]。①エイジング・プロセスに関する情報提供とともに老いに関連する哲学の構築をめざすこと，②高齢期にとくに生起しやすい

問題に関連する情報の提供，③個々人の（高齢期への）適応を生み出す教育・訓練の提供，④継続的な就労や創造的で社会的に意義ある活動を生み出す教育・訓練の提供。そしてこの時期にすでに大学拡張事業のなかに高齢者学習支援が組み込まれた事例もあり，成人教育理念の高齢期への拡張が説かれていた。これらの論点は今日の高齢者教育においても有効性を有しているといえる。

その後高齢者には成人一般とは質的に異なる独自の学習者特性があるとして，マクラスキー（McClusky, H. Y.）やピーターソン（Peterson, D. A.）らの注目すべき論が提示されるが[24)]，ここではとくに高齢者教育の哲学を説いたハリー・ムーディ（Moody, H. R.）の論に注目したい。というのも青少年教育や成人教育の目標としては次世代育成，成人生活への適応などの教育目標が設定されやすいが，高齢者教育の目標やその教育学的意義・意味づけについてはほとんど議論がなされていないといえるからである。

こうしたなかでムーディは，高齢期は人生のそれまでの時期とはその発達的特性において異なり，それゆえその時期に固有の学習支援のあり方が重要だと説いた[25)]。彼によると「生きられた時間」の観点からエイジングをとらえるならば，それは人生の不可逆性（irreversibility）や終局性（finality）という，それまでの時期とは質的に異なった感覚を招来させるとのことである。エイジングは喪失（loss）の確率を高めるが，同時に獲得 (gain) あるいは経験の質的な豊かさを生む可能性をもはらむ。高齢期を迎えるとわれわれはみな何らかの喪失の事実を経験するだろうが，そこからの成長・獲得や生活の豊かさの可能性は，必ずしも無条件的には保証されていない（年月を経るとすべてのワインが美味になるのではないように）。人生後半部では喪失と獲得は基本的には非対称的であるが，しかしある条件下ではエイジングがワインを美味にする。この条件の一翼を担うのが教育・学習なのである。今日の医療技術の進展や生活改善はたしかに（高齢期における）喪失の縮小化につながったが，それらは必ずしもエイジングにともなう獲得の可能性を高めることにつながったとはいえない。ムーディはこの獲得の可能性を高める術こそが「高齢者教育」なのであり，そこでの教育は，それが生涯の最終地点に位置するという独自性をもつがゆえに，人生前半部の教育とは質的に異なるものだと言う。

他方でムーディは，エイジングが人生にとって何が重要かを決定させるスピリチュアルな目覚まし時計になる，あるいは死が教師にすらなるとも指摘する。人生の逆境は同時に支援者にもなるとも言う[26)]。喪失の象徴ともとれる老いや死，あるいは人生の有限性（finitude）の自覚は，見方によっては教育・学習や自己成長の重要な契機にもなりうる。盆栽が小さく制約された世界観を示すからこそ美しく，バレー・ダンサーが重力によって自由を得るように[27)]，人生上の制約や有限性は同時に発達や成長の糧にもなりうる。

そして彼は高齢者教育には，その起源を高齢者の「経験」におき，そこで有効な教育方法として「対話」法を提起し，その目標として「超越」なる概念と措定した[28)]。老いと死の姿が垣間見られる高齢期の生活世界が，そのリアリティを超越するという独自の学習ニーズの苗床となり，そしてそれゆえ，多くの高齢者が歴史や宗教，芸術，古典などの，悠久なるものとの対話につながりうる学習と親和的であるという事象と連動する。人生の有限性の自覚は他方で，教育や学習を生活への準備という次元から解放し，それ自身が目的となりうる活動に化すことへとつながっていく。何かのための教育や学習ではなく，それ自身が目的であるような教育や学習，そこに高齢者学習の独自性があるといえよう。

またムーディは，アメリカ社会において今後高齢者学習へのニーズと重要性が高まるとも予見している[29)]。その理由は，高齢者学習への関心の有効な指標である高齢者の学歴の高まり，および成人教育活動への高齢参加者の増加という点にある。

ただ他方で今日では，内外において教育老年学の主軸が，高齢者に対する学習支援から，高齢者ケアを支援するスタッフ養成・教育の問題へと徐々に移行してきている点には留意しておく必要があろう。いわゆるメディカライゼーションの国際的な波のなかで，エビデンスやデータにもとづく研究が主流となり，理論的な教育老年学研究は後退しつつある。それゆえムーディは，生きられた時代感覚を生む歴史学や想像的コミュニケーションを生む文学，社会批判の視座を生む社会哲学などの，人文系老年学の復権を期待した[30)]。

以上のムーディの論を総括するならば，高齢者教育には教育学としての独自の教育人間学が必要だという点であり，この点を日本の社会教育としての高齢者教育論に照応させてみるならば，社会の超高齢化と高齢学習者の増加に呼応した高齢者の社会教育の理論構築が求められるということになるだろう。社会教育実践の現場への参加者の多くは高齢学習者であり，ムーディは高齢期固有の教育論を開拓しようとした。その論を継承しつつ日本の社会教育の実践に則した大胆な教育論が現在求められていると思う。

５．今後の高齢者学習支援の展望

最後に，今後の社会教育における高齢者学習支援の方向として，ここで３点だけ提起しておきたい。第一は，エイジング（aging）あるいは高齢者の視点に則して教育・学習を点検し直すことである。というのもこれまで教育は，主に青少年期に学校で成人生活への準備として，あるいは資格・進学のためのものとしていとなまれることが多く，そしてその背後には乳児期からの展開的な（生涯）発達（development）を支援するという教育・発達観が措定されることが多かった。しかし，超高齢社会における社会教育という観点から教育をとらえ返すならば，エイジングや高齢者の視点から教育の役割を点検することが求められてきていると思う。というのも後期高齢期まで射程に入れて教育の問題をとらえていくならば，前進的・展開的な「(生涯)発達」概念では無理が出てくると思えるからである[31)]。むしろ最終的に老いと死を迎えることを所与のものとして受け止め，そこから遡及的に教育や学習のあり方を問うこと，あるいは収斂的なエイジング概念に則すことのほうがより現実的ではないかと思えるからである。老いることの教育的意義と意味を問うことから高齢社会における社会教育の今後のあり方が開けていくように思う。

第二にそこでいう教育・学習を，従来からの教えるあるいは援助するという教育観にもとづく学習支援だけでなく，高齢者同士あるいは他世代との交流からの相互行為・共同構築としてとらえ返すという視点を提起したいと思う。高齢者75歳説や状況的・拡張的学習論の普及などにより，今日高齢者や教育・学習の概念は変容してきている。高齢者教育を高齢者の実感と実存をくぐり抜けた「学習の場を紡ぐこと」としてとらえる必要があるのではなかろうか。「伸びる・高まる」という成長イメージから，エリクソン（Erikson, E. H.）やエンゲストローム（Engeström, Y.）らに則して，相互行為による関係性の豊饒化（vital involvement）あるいはヨコに拡がる成長へと，高齢者教育の方向目標を変えていく必要があるように思う[32]。

第三に高齢者の教育や学習をその存在次元からとらえるという点を提起したい。というのも高齢者教育（あるいは学習支援）は最終的には，その人間存在そのものに向き合うという人間観・教育観に逢着すると考えるからである。そこでとくに重要となるのが先にふれた，「人生の有限性の自覚」という文脈のなかでの学習であり，その有限性を「超越」する方向での，悠久なるものとの対話の学習である。さらにはエンボディメント（身体知）とスピリチュアリティの次元での学習（太極拳，ウォーキングなど）が高齢者学習と親和的であるとの指摘があるように，身体そのものの学びや精神・心理より深奥にあるこころ（soul, spirit）の次元での学びをも射程に入れていかねばならないだろう[33]。また，自己実現と自己中心性をこえ，「つながり」「意味」中心の世界観や存在価値（ただ存在していることそのものから芽生える人間的価値；山田邦男）からの学習を考えることも重要となるだろう[34]。先にふれたムーディも，プライヴァタイゼーションが横溢する今日においてこそ，社会とのつながりを可視化し，人生の目的を再定義し，高齢期の意味づけを創出することの重要性を訴えている[35]。この考え方は，意味への意志の重要性を指摘したフランクル (Frankl,V.) や大なるものとのつながりからのトランスパーソナル心理学を提起したウィルバー(Wilber,K.) らの論とも通底するだろう[36]。高齢者が存在することそのものの社会的文脈をふまえた意味づけ——高齢者に対する学習支援は，この次元にまで還る必要があるように思う[37]。高齢者がただ存在するだけのこと，そのことと向き合う社会教育のあり方がいま問われているように思う。

【注】

1）日本社会教育学会編『高齢社会における社会教育の課題』（日本の社会教育 第43集）

東洋館出版社，1999年。
2）ここでの参照文献は次のとおりである（すべて最終検索日は2022年６月３日，ただし放送大学の部分は2020年12月２日に検索)。総務省統計局「統計からみた我が国の高齢者」（https://www.stat.go.jp/data/topics/topi1290.html)．厚生労働省「主な年齢の平均余命」（https://www.mhlw.go.jp/toukei/saikin/hw/life/life20/dl/life18-02.pdf)．三浦文夫編『図説 高齢者白書2002年度版』全国社会福祉協議会，2002年，p.44，p.100. 同『2000年度版』2000年，p.79. 同『2001年度版』2001年，p.100. 日本老年学会・日本老年医学会編『高齢者に関する定義検討ワーキンググループ報告書』2017年。内閣府編『平成13年版高齢社会白書』2001年，p.62. 同編『令和３年版高齢社会白書』2021年，p.10. 総務省編『令和３年度 情報通信白書』（https://www.soumu.go.jp/johotsusintokei/whitepaper/ja/r03/html/nd242120.html)．総務庁編『高齢社会白書（平成12年度)』2000年，p.61.「年齢別未婚率の推移」（http://honkawa2.sakura.ne.jp/1540.html)．放送大学「数字で見る放送大学」（https://www.ouj.ac.jp/hp/gaiyo/number/).
3）二宮利治編『日本における認知症の高齢者人口の将来推計に関する研究』（厚生労働科学研究費総括・研究分担報告書）2015年，p.12.
4）前掲『令和３年度版高齢社会白書』p.31.
5）文部科学省・超高齢社会における生涯学習の在り方に関する検討会編『長寿社会における生涯学習の在り方について』2012年。
6）厚生労働省大臣官房国際課編『国際的な Active Aging（活動的な高齢化）における日本の貢献に関する報告書』2014年。
7）紀要／ジャーナル関連だと，堀薫夫「都市型老人大学の社会的機能に関する調査研究」『日本社会教育学会紀要』No.36，2000年，99-111，園部友里恵「脳梗塞後遺症を有する高齢者をめぐる語りにみるポジティヴ・エイジングの意味」『社会教育学研究』*53*（２)，2017年，1-10，久保田治助「戦後高齢者教育の創設期における高齢者の学習」『社会教育学研究』No.54，2018年，67-76あたりか。年報では堀薫夫「高齢者学習評価におけるサーバント・リーダーシップの可能性」『社会教育における評価』（日本の社会教育 第56集）東洋館出版社，2012年，pp.143-153など。
8）牧野篤『シニア世代の学びと社会』勁草書房，2009年。同編『人生100年時代の多世代共生』東京大学出版会，2020年。同『発達する自己の虚構』東京大学出版会，2021年。
9）園部友里恵『インプロがひらく〈老い〉の創造性』新曜社，2021年。
10）久保田治助『日本における高齢者教育の構造と変遷』風間書房，2018年。

11）堀薫夫『教育老年学』放送大学教育振興会，2022年。同編『教育老年学の展開』学文社，2006年および同編『教育老年学と高齢者学習』学文社，2012年。

12）例えば，NPO 法人大阪府高齢者大学校編『高齢者が動けば社会が変わる』ミネルヴァ書房，2017年，木下康仁『シニア 学びの群像』弘文堂，2018年など。

13）溝上智恵子他『高齢社会につなぐ図書館の役割』学文社，2012年。

14）齊藤ゆか『ボランタリー活動とプロダクティヴ・エイジング』ミネルヴァ書房，2006年。藤原佳典監修『地域を変えた「絵本の読み聞かせ」のキセキ』ライフ出版社，2015年。

15）森玲奈編『「ラーニングフルエイジング」とは何か』ミネルヴァ書房，2017年。JST社会技術研究開発センター・秋山弘子編『高齢社会のアクションリサーチ』東京大学出版会，2015年。片桐恵子『退職シニアと社会参加』東京大学出版会，2012年。同『「サードエイジ」をどう生きるか』東京大学出版会，2017年。

16）荒井浩道『ナラティヴ・ソーシャルワーク：「支援しない支援」の方法』新泉社，2014年。大武美保子『介護に役立つ共創法』中央法規出版，2012年。

17）志村ゆず編『ライフレビューブック』弘文堂，2005年。グロッセ世津子『園芸療法のこころ』ぶどう社，2003年。

18）吉田昇「生涯教育をすすめるもの」吉田昇著作刊行委員会編『吉田昇著作集 2　共同学習・社会教育』三省堂，1981年，pp.204-207.

19）堀薫夫「相互行為」日本ソーシャルワーク教育学校連盟編『社会学と社会システム』中央法規出版，2021年，pp.220-228.

20）文部科学省「文部科学省の組織再編について」（https://www.mext.go.jp/b_menu/shingi/chukyo/chukyo3/004/siryo/__icsFiles/afieldfile/2018/10/05/1409851_1.pdf 2022.6.3.）．また社会教育施設の首長部局委嘱については，長澤成次「人権としての学習権思想と『学習の自由』をめぐる今日的課題」日本社会教育学会編『「学習の自由」と社会教育』（日本の社会教育 第64集）東洋館出版社，2020年，pp.7-19をも参照。

21）山本和代「高齢社会を生きる：社会教育の課題」日本社会教育学会編，前掲書（1999年），pp. 10-29.

22）Hori, S., Choi, I. & Park, J. A Comparative Study of Older Adult Learning in Korea and Japan, *Educational Gerontology, 44*(5-6), 2018, 354-367.

23）Donahue, W. Preparation for Living in the Later Years, *Adult Education, 1*(2), 1950, 43-51. また次の文献も参照。Donahue, W. T. & Tibbitts, C. (eds.) *Growing in the Older Years*. University of Michigan Press, 1951.

24）この点については堀，前掲書（2022年）を参照。

25）Moody, H. R. Philosophy of Education for Older Adults, in Lumsden, D. B. (ed.) *The Older Adult as Learner: Aspects of Educational Gerontology*. Hemisphere, 1985. pp. 25–49.

26）Moody, H. R. & Carroll, D. *The Five Stages of the Soul*. Anchor Books, 1997, p. 100, p. 287.

27）*Ibid*., pp. 188–189.

28）Moody, H. R. Education and the Life Cycle: A Philosophy of Aging, in Sherron, R. H. & Lumsden, D. B. (eds.) *Introduction to Educational Gerontology* (3rd ed.). Hemisphere, 1990, pp. 23–39.

29）Moody, H. R. & Sasser, J. R. *Aging: Concepts and Controversies* (10th ed.). Sage, 2021, p. 113.

30）Moody, H. R. Toward a Critical Gerontology: The Contributions of the Humanities to Theories of Aging, in Birren, J. E. & Bengtson, V. L. (eds.) *Emergent Theories of Aging*. Springer, 1988, pp. 19–40.

31）例えば20世紀の生涯発達心理学を牽引してきた研究者が，ライフサイクル第四期の者への調査にて，それまでのサクセスフル・エイジング論の限界が表明されたという証左もある。Baltes, P. B. & Mayer, K. U. (eds.) *The Berlin Aging Study: Aging from 70 to 100*. Cambridge University Press, 1999.

32）エリク・エリクソン他『老年期：生き生きしたかかわりあい』（朝長正徳・朝長梨枝子訳）みすず書房，1990年。ユーリア・エンゲストローム『拡張による学習（完訳増補版）：発達理論への活動理論からのアプローチ』（山住勝広訳）新曜社，2020年。

33）Merriam, S, B. & Bierema, L. L. Body and Spirit in Learning, in Merriam, S. B. & Bierema, L. L. *Adult Learning: Linking Theory and Practice*. Jossey-Bass, 2014, pp. 127–145.

34）山田邦男『生きる意味への問い：V・E・フランクルをめぐって』佼成出版社，1999年。

35）Sasser, J. R. & Moody, H. R. *Gerontology: The Basics*. Routledge, 2018, pp. 115–125. なお本書は共著書ではあるが，本箇所（The Meaning of Old Age）の指摘はムーディによるものだと考えられる。

36）ヴィクトール・フランクル『それでも人生にイエスと言う』（山田邦男・松田美佳訳）春秋社，1993年。ケン・ウィルバー『万物の歴史（新装版）』（大野純一訳）春秋社，

2020年。

37）鷲田清一は，営みの共同体に対して「無為の共同体」という概念を提示しつつ老いの問題をとらえようとした。鷲田清一『老いの空白』弘文堂，2003年。

高齢社会における地域福祉の推進と社会教育の課題

辻　浩

はじめに

ノーマライゼーション理念の広がりによって，困難を抱えた高齢者にも豊かな自己実現を保障することが求められ，急激な人口高齢化による財政逼迫も相まって，住民参加による地域福祉が推進されている。一方，社会教育は地域課題を考え取り組むことで人間的な発達を追求してきたことから，高齢者や高齢社会への取り組みも行なってきた。このようなことから地域福祉と社会教育は接近し，連携することが求められている。

しかし，両者が安易に連携するとそれぞれの特徴や固有の機能が失われる可能性がある。そこで本論では，地域福祉と社会教育が接近するなかで，地域福祉の趨勢をふまえて，学習権とりわけ「学習の自由」という観点から社会教育の意義を明らかにすることを課題とする。そのために，まず，地域福祉と社会教育との接近ということについて，今日の現象として把握するとともに，歴史的・原理的にもかかわりが深いことを確認する。そのうえで，システム構築が関心の中心になっている今日の地域福祉がどのように住民参加をすすめているのかを紹介し，そこから漏れている高齢社会における学習課題があることを示す。そして地域福祉では取り上げられない高齢社会にかかわる課題について，社会教育が公論の形成と人間的な発達を結びつけて取り組むことができることを現実に即して提示する。

1．地域福祉と社会福祉の接近

困難を抱える人が在宅生活を続けることを支援する地域福祉は，1970年代から注目されることになった。1979年に全国社会福祉協議会は「在宅福祉サービスの戦略」を発表して，地域福祉への住民の協力・参加を呼びかけ[1)]，2000年の社会福祉法によって，「地域福祉の推進」が社会福祉の基本原理の一つとなった[2)]。

住民参加による地域福祉は，福祉意識を高める福祉教育の推進に力を入れ，そこから居場所づくりや傾聴，配食サービスのようなボランティア活動の組織化がすすめられ，近隣の見守りや声かけといった小地域福祉ネットワーク活動も展開された。また，福祉サービスの提供主体の多様化が謳われるなかで，NPO が社会福祉事業の一翼を担うようになり，その育成が市民活動センターのような中間支援組織で行われるようになった。さらに，ノーマライゼーションの考え方は，困難を抱えた人がその人らしく生きることをめざし，学習・文化活動や生きがいづくりも視野に入れ，社会に参加することや，さらには支えられるだけではなく支え手として活動する可能性も考えられた[3)]。

このようなボランティア活動や小地域福祉ネットワーク，NPO が組織され，困難を抱えた当事者が主体的に活動するために，地域福祉は学習・文化活動，社会参加，地域づくりといった社会教育の取り組みに接近してきている。

一方，社会教育は実際の地域や生活の課題を学び，それを解決することでさらに学びを深めることを追求してきた。そのようななかで，高齢者や高齢社会の課題が注目されたが，それに加えて，国際的な成人教育の提起にも学んで，社会的排除の問題に取り組むことが社会教育の重要な課題と考えられるようになった。このようにして困難を抱えることが多い高齢者を念頭においた社会教育が展開され，地域福祉に接近している。

２．福祉と教育の接近に関する原理的な理解

このような地域福祉と社会教育の接近した状況は，今起きている現象ではなく，歴史的・原理的にもそのような傾向にあることが指摘されている。

近代日本の社会事業の理論の中では，「救貧」よりも「防貧」さらには「感化」が重要な課題とされ，「物質的救済」よりも「精神的救済」「教育的救済」が強調され，セツルメント運動も教育活動に傾斜していった[4)]。一方，社会教育の理論の中でも，「社会政策的あるいは社会事業的社会教育論」が大きな位置を占め，「官僚的社会教育行政論」の中でも「教育的救済」が強調され，報徳会を中心にそれが推進されていった[5)]。すなわち，軍備増強と殖産興業を急いですすめなければならなかった日本では，社会事業は生活の困難を精神的に解決しようとし，社会教育は困難を抱えた人の職業訓練や道徳の形成に力を注ぐことになったのである。

このような歴史的な研究と高度経済成長期の若年労働力の問題から，「教育福祉」が提起されることになるが[6)]，地域福祉の推進という観点からは「福祉教育」が注目されることになった。そこでは，福祉教育によって住民が地域福祉の主体として，①福祉情報の提供により関心と理解を深め，②地域福祉計画策定に参加し，③福祉行政のレイマンコントロールを実現し，④福祉施設の運営に参加し，⑤計画的な福祉教育を展開し，⑥ボランティア活動による体験化・感覚化をはかり，⑦当事者の組織化とピアカウンセリングをすすめることが期待された[7)]。このような主体形成に軸足をおいた地域福祉論は，その後，WHO が提起したICF（国際生活機能分類）や政府がすすめる「地域共生社会」を実現させる方法としてのコミュニティソーシャルワークなど，福祉システムの新しい展開に貢献することになった[8)]。

ここで提起された地域福祉の主体形成論は，めざすべき方向性としては間違いではなく，それを基盤にした地域福祉システムも課題達成を中心に考えれば，有効な方法のように思われる。しかし，戦前の「精神的救済」「教育的救済」に照らして，市民参加が行政によって推奨される今日の状況を考えると，政策的・権力的に取りこまれない歯止めをかけた主体形成論が必要で

ある。そのようなことから，住民参加型福祉を，①批判する力と創造する力を統合してすすめ，②困難を抱えている当事者の参加を重視し，③価値規範の問い直しも含めて検討することが提起されている[9)]。

また，福祉にかかわる人びとの価値規範から主体形成をとらえると，障害のある人とのかかわりをモデルとして，それを地域福祉全体に広げる議論もある。そこでは，一方で困難を抱えている人たちの学習権保障をすすめ，他方で，困難を抱えている人とそうでない人の関係が固定的ではなく，相互に主体として関係が変容・転回することがめざされている。このようなことから，「あいまいな空間」に意義を認め，そこでのコミュニケーションのあり方が注目されている[10)]。

地域福祉と社会教育の原理的な理解の課題としては，このような地域福祉の主体形成をめぐる議論に加えて，福祉と教育の接点として提起された「教育福祉」を今日の社会教育にどのように位置づけるかという課題もある。このことにかかわって，成人や高齢者にとっても教育と福祉を統合することは重要であり，「社会教育と福祉と地域づくりをつなぐ」ことが公民館や社会教育職員の任務であると考え，その国内と海外の動向が集約されている[11)]。

その一方で，今日改めて教育福祉を子ども・青年の課題としてとらえようとする議論がある。そこでは，格差の拡大や社会的排除につながる学校教育の問題に注目し，それを改革する地域の力として社会教育を位置づけ，それに取り組むことで地域づくりも活性化することが展望されている[12)]。

高齢者が地域で生きがいをもって暮らすためには，生活基盤を安定させ，学習や文化活動，居場所の提供が必要である。それと合わせて，子ども・青年が生きがいを感じられる学校と地域をつくる活動が高齢者の生きがいにつながるということもある。福祉と教育をつなぐ教育福祉は今日の高齢者の学習にとって，このような二重の意味をもっている。

３．地域福祉における住民参加の推進

地域福祉の政策と実践は，急激な人口高齢化にともなう高齢者問題に対応することが急務であり，それに加えてノーマライゼーションの実現もめざし

ている。そのようななかで力を入れて取り組まれてきたことは，高齢者支援にかかわる「地域包括ケアシステム」の構築である。

身近な地域で一元的に福祉サービスを提供する取り組みは，医療機関や社会福祉協議会が中心となって，1970年代から一部の地域で取り組まれてきたが，団塊の世代が75歳を迎える2025年に向けて，厚生労働省が「地域包括ケア研究会」を立ち上げ，2013年に方向性が示された。そこでは，住み慣れた地域で助け合うために，「住まい」「医療」「介護」「予防」「生活支援」を一体的に提供し，そのために，民間企業，NPO，協同組合，社会福祉法人，ボランティアの活躍が期待された。そのなかで住民に期待されたことは，自治会の圏域で取り組む「家事援助」「交流サロン」「声かけ」「配食・見守り」「コミュニティカフェ」などの実施であり，さらに小学校区単位で取り組む「介護者支援」「外出支援」「食材配達」「安否確認」「権利擁護」「移動販売」などにも住民の力が求められた[13)]。

ところが，このようなシステムは高齢者福祉の領域だけに有効というわけではなかった。障害者福祉や子ども・家庭福祉，生活困窮者支援でも必要であるとともに，これらの困難を複数かかえる家庭があることも注目された。このようななかで2015年に厚生労働省は「誰もが支え合う地域の構築に向けた福祉サービスの実現―新たな時代に対応した福祉の提供ビジョン―」によって，「地域共生社会実現政策」を打ち出し，16年の閣議決定「ニッポン一億総活躍プラン」とも連動して，17年に厚生労働省「我が事・丸ごと」地域共生社会実現本部決定「『地域共生社会』の実現に向けて（当面の改革工程)」が発表された。

ここで「地域共生社会」とは「制度・分野ごとの『縦割り』や『支え手』『受け手』という関係を超えて，地域住民や地域の多様な主体が参画し，人と人，人と資源が世代や分野を超えてつながることで，住民一人ひとりの暮らしと生きがい，地域をともに創っていく社会」であるとされ，全世代を対象として，福祉サービスを総合的に提供するとともに，地域づくりの拠点として，住民の居場所にもなる「小さな拠点」をつくることがめざされた[14)]。

また，地域福祉の推進に大きな役割を果たす全国社会福祉協議会は，2019年に『地域共生社会の実現に向けた地域福祉計画の策定・改定ガイドブック』を出し，「地域住民の暮らしにかかわる個々の地域生活課題への包括的な対応を地域づくりとあわせてすすめるとともに，これらを『地方創生』の取り組みなど，少子高齢・人口減少などの福祉の領域を超えた地域全体が直面する大きな課題への対応や持続可能な地域づくりと結びつけていく視点も重要となります」と述べ，総務省や厚生労働省と歩調をあわせた取り組みがめざされている[15]。

このような施策を展開していくうえで特徴的なことは，モデルとなる自治体を指定していくことである。優れた実践の情報を集約して全国に発信することは，施策を普及するうえで有効な方法である。しかし，「地域共生社会実現政策」では，毎年，およそ200の自治体がモデルに指定され，そこから上がってくる報告が取りまとめられているが，その2018年度と2019年度の報告の骨子は「１．自治体の基本情報等」「２．事業を実施する上でのビジョンについて」「３．地域力強化推進事業について」「４．多機関の協働による包括的支援体制構築事業について」と統一され，住民参加にかかわる「３．地域力強化推進事業について」の書き方も統一されている[16]。

このような仕組みで，地域の中にワンストップサービスが実現し，場合によってはアウトリーチの取り組みが盛んになることは重要であり，そのような仕組みが全国に普及することは，住民の福祉をすすめるうえで意義がある。しかし，社会教育の観点から見ると，それが効率的に福祉システムをつくる方法だとしても，専門家や中央の官僚が定めたゴールに向かって住民が学び，実践に参加していくことには疑問がある。

４．高齢社会における多様な生活課題と社会教育の役割

地域包括ケアシステムも地域共生社会も大切なことではあるが，主体的な学習には，それらをも相対化して考える自由がなければならない。たとえば，住民がこのような活動に参加した場合に行政はどのような役割を果たすのか，財政逼迫と言われているがなぜ福祉への予算が十分に確保されないのか，住民参加が求められてもそれに応えるゆとりがない，長年にわたって少子化を食い止める施策をなぜとらなかったのか，といった問いがあるにもか

かわらず，それらは効率的なシステムをつくるという大義の前に不問にふされていく。

また，高齢者とその家族は，年金問題，医療費負担，介護保険制度，老老介護，一人暮らし，認知症介護，成年後見制度の利用，近隣との付き合い，子どもとの疎遠，安否確認，治療の意思確認，孤独死・死後放置，遺品処理，負の遺産相続，子の引きこもり・暴力，子の未婚，家族内の孤独，平和の危機など，さまざまな心配事を抱えている。地域包括ケアシステムや地域共生社会をつくることに力を注ぐ地域福祉研究では，これらの相談に応じることも含めた仕組みに発展させなければならないと言われることもあるが，そのようなことは厚生労働省や全国社会福祉協議会が出している文書やモデル事業で示されているわけではなく，実現は難しいと思われる。

このような地域福祉の動向をふまえると，高齢社会のなかで福祉にかかわる学習を社会教育実践として取り組んでいくためには，住民の生活実態を交流し課題を発見することが必要である。その際，高齢の当事者が自らどのようなことで困っているのかを率直に話すことが必要であるが，そのためには聞き手の力量が求められ，さらには聞いた話から実践や施策をつくる公務労働が必要である[17)]。また，ボランティアやNPOは，先駆的な活動の中で新しい価値観を見出しているが，それが広く理解されないという課題を抱えている。したがって，公的社会教育はそのような新しい価値観を地域に広げていくために，学習の機会を設ける役割を担わなければならない[18)]。

5．高齢社会への公論を形成する住民の学習と公務労働

このような生活課題を交流し学びあい，そこから住民と行政が協働した取り組みをはじめることは，専門家や行政の指導で有効な仕組みをつくるのではなく，住民の主体性を尊重することになる。

そのような住民の学習を重視したうえで行政との協働をめざしてきた長野県阿智村では，1998年の第四次総合計画で「目指す村の姿」を「住民一人ひとりの人生の質を高められる持続可能な村」と定めている。このような施政を打ち出した岡庭一雄前村長は，「人生の質」を高めるには，自分たちにか

かわることは自分たちで決めるという「住民自治」が必要であり，それを具体化するために，次のような「住民主体の行政」という考えを打ち出した[19)]。

まず，行政の側が「住民の要望を単に取り入れるのではなく，住民とともに考えながら必要な情報は常に提供し，住民からの提案を待ち，政策化する。事業等の計画，実施にあたって住民同士での協議や，決定を重視し，行政の都合でものを決めない」対応を重ねることで，住民自身に主体者としての自覚を高めてもらおうと考えた。

住民の多くは，地域づくり等に積極的に関わりたいと考えており，すでに，主体的に地域課題や，生活課題に対して，改善に向けて取り組んでいる。行政が，こうした住民にしっかり対応することで信頼されてこそ，住民が主体者として積極的に関わる契機になり，住民自治が広がっていくと考えたのである。

「住民自治」や「住民主体」という言葉によって，住民任せにして行政の役割を小さくしていくこともあるが，阿智村ではそうではなく，住民自治のために行政が力を発揮する必要が強調されている。住民とともに考え，情報を提供し，住民の意向をかなえる政策を立案することで，行政は住民からの信頼をえることができ，その関係の中でさらに住民が主体的になっていくことがめざされている。岡庭は阿智村の職員として，労働組合の活動を通して住民と自治体職員の関係を考え，昼神温泉郷の開発や智里西地区の活性化を住民との話し合いと創意を生かしてすすめる経験を通して，住民が主体となった提案や取り組みを職員が支えるという自治体のあり方を追求するようになった[20)]。

職員がじっくりと住民の要望を聞き取り，必要な支援を行なって取り組まれる活動は，地域の複合的な課題を包含したものになる。たとえば，地元の野菜を使ったコミュニティレストラン「ごか食堂」では，野菜を作っている住民に生きがいを与え，女性が地域で活躍できる場を提供し，地域の交流スペースになり，配食サービスにも取り組み，村外から写真撮影に来た人に食事を提供するなどの機能をもっている。また，地域をまるごと博物館と考えようという全村博物館構想では，史跡に関心をもつ人も，伝統文化の再生に取り組む人も，有機農業に取り組む人も，若い世代や村外の人との交流を望む人もかかわりながら，自分たちの暮らしの中にある価値を発見し，それを多くの人と共有しようとしている。さらに，地域の福祉を考えるために生まれた「はぐカフェ」では，地域の人がどういう暮らしを営みながらどのような願いをもっているのかを交流することに力点をおき，高齢者の福祉課題だけでなく，障害者の課題，子育ての課題，若者支援の課題と交流するなかで，住民同士の新たなつながりが生まれている[21)]。このような重層的なかかわりのなかで，高齢者の学びが生かされ，そのことで高齢者が活力を得ている。高齢者の相談をワンストップで受けつけ，効率的に支援に結びつける地域福祉の仕組みづくりとは違った役割が社会教育にはある。

阿智村でこのことを可能にしているのが広報説明会である。役場職員には担当地区が割り振られていて，広報が発行されるとその内容を担当地区で説明することになっている。地区で説明することによって，職員が住民と近い存在になるとともに，住民から質問や前向きな提案が出たりすることで，住民と職員の協働が実質化する。また，住民の学習を財政的に支援する仕組みとして「村づくり委員会」がある。そこで取り組まれている学習に協働活動推進課は注意を払い，必要な場合には行政の各課につないで，住民の発意が実現するように努めている。

そして，地区や「村づくり委員会」で芽生えた取り組みを多くの住民が知り，理解と合意をえるために，社会教育研究集会が大きな役割を果たしている[22)]。実行委員会と公民館の共催で開催されるこの集会によって，①住民の発意で芽生えた活動に光を当て，②その活動や思いに共感しそうな人や団体との接点ができ，③行政で支援できることを考え，④活動に参加しながら新しい展開があるなら関心のある人を広げ，⑤再び社会教育研究集会で成果を報告して住民の意識を呼び覚まし，⑥さらにかかわれそうな人に広げる，という循環が起きている。このようななかで，高齢社会に対応する地域の課題を重層的に考え，実現がはかられていく。

ところが近年の地方自治をめぐる政策動向では，このような住民の交流や学習を通して公論を形成することが難しい状況がつくられようとしている。

インターネット環境を使って自治体サービスを広域化するとともに，公的につくられてきた施設・設備を企業が運営する方向性が示されている。そのようななかで，住民の日常生活圏から公務労働を引き上げ，その空白を住民参加で埋めることが構想されている[23]。地域福祉が推進する地域包括ケアシステムも地域共生社会もその流れに組み込まれることが容易に想像される。

そのようななかで，住民の身近なところにいて，住民の生活を見つめ，住民の動きに機敏に反応する公務労働の優位性を示すことが求められている。高齢者の地域福祉にかかわる学習もそのような自治の動向と結びつけて考えていく必要がある。

【注】

1）全国社会福祉協議会編『在宅福祉サービスの戦略』1979年。

2）社会福祉法第４条（地域福祉の推進）では，「地域住民，社会福祉を目的とする事業を経営する者及び社会福祉の活動を行う者」が地域福祉の推進に努めなければならないとされ，社会福祉にかかわる団体や個人だけでなく，一般の住民が地域福祉に参加することが謳われている。

3）大橋謙策・宮城孝編『社会福祉構造改革と地域福祉の実践』東洋堂企画出版社，1998年。

4）小川利夫「わが国社会事業理論における社会教育観の系譜―その『位置づけ』に関する考察―」日本社会事業大学『社会事業の諸問題』第10集，1962年，pp.48-76.

5）小川利夫「現代社会教育思想の生成―日本社会教育思想史序説―」小川利夫編『講座現代社会教育Ⅰ　現代社会教育の理論』亜紀書房，pp.25-262，1977年。

6）小川利夫『教育福祉の基本問題』勁草書房，1985年。

7）大橋謙策『地域福祉の展開と福祉教育』全国社会福祉協議会，1986年。

8）大橋謙策『地域福祉とは何か：哲学・理念・システムとコミュニティソーシャルワーク』中央法規出版，2022年。

9）辻　浩『住民参加型福祉と生涯学習：福祉のまちづくりへの主体形成を求めて』ミネルヴァ書房，2003年。

10）小林繁編『君と同じ街に生きて：障害をもつ市民の生涯学習・ボランティア・学校週五日制』れんが書房新社，1995年。小林繁編『地域福祉と生涯学習：学習が福祉をつくる』現代書館，2012年。

11）松田武雄編『社会教育と福祉と地域づくりをつなぐ：日本・アジア・欧米の社会教育職員と地域リーダー』大学教育出版，2019年。

12）辻 浩『現代教育福祉論：子ども・若者の自立支援と地域づくり』ミネルヴァ書房，2017年。

13）地域包括ケア研究会編『地域包括ケア研究会：2025年問題』2013年。

14）厚生労働省「『地域共生社会』の実現に向けて（当面の改革工程）」2017年。

15）全国社会福祉協議会・地域福祉計画の策定促進に関する委員会編『地域共生社会の実現に向けた地域福祉計画の策定・改定ガイドブック』2019年。

16）「３．地域力強化推進事業について」は次のように書くように統一されている。（厚生労働省「『地域共生社会』の実現に向けて」https://www.mhlw.go.jp/stf/newpage_00506.html?msclkid=d1abab4eb7e211ec80a0d0b9822cd548，2022.4.9.）

ア「住民に身近な圏域」において地域住民等が主体的に地域生活課題を把握し解決することができる環境の整備

（ア）地域住民の参加を促す活動を行う者に対する支援

（イ）地域住民等が相互に交流を図ることができることができる拠点整備

（ウ）地域住民等に対する研修の実施

（エ）その他

イ「住民に身近な圏域」において地域生活課題に関する相談を包括的に受け止める体制の整備

（ア）地域住民の相談を包括的に受け止める場の整備

（イ）地域住民の相談を包括的に受け止める場の周知

（ウ）地域の関係者等との連携による地域生活課題の早期把握

（エ）地域住民の相談を包括的に受け止める場のバックアップ

（オ）その他

17）宮本昌博「住民と労働者の共同発達関係をつくる自治体労働者」島田修一・辻 浩・細山俊男編『人間発達の地域づくり：人権を守り自治を築く社会教育』国土社，2012年，pp.152-163.

18）辻 浩「教育福祉実践を担うNPO・市民活動と公的社会教育：新しい価値観の創造と行政的・市民的承認の地域における結合」名古屋大学大学院教育発達科学研究科社会・生涯教育研究室編『社会教育研究年報』第35号，2021年，1-12.

19）岡庭一雄「一人ひとりの人生の質が高められる村をめざして」岡庭一雄・細山俊男・辻 浩編『自治が育つ学びと協働 南信州・阿智村』自治体研究社，2018年，pp.102-126.

20）細山俊男・辻 浩編『村をつくる自治と協働：阿智村／熊谷時雄と岡庭一雄』阿智村の「自治と協働」研究会，2020年。

21）園原幸子「地元の野菜を使った『ごか食堂』」，中里信之・井原正文「全村博物館構想は村づくりの基本」，若林暁子・櫻井宏美・牛山真美「まるごとの交流をつくる『はぐカフェ』と『あちたね』」岡庭・細山・辻編，前掲書所収。

22）たとえば，第51回阿智村社会教育研究集会の「健康・福祉分科会」では，次のような報告がなされている（第51回阿智村社会教育研究集会実行委員会・阿智村公民館編『第51回阿智村社会教育研究集会資料集』2018年）。

① 浪合地区のプレ集会で出た意見（農作業，財産管理，健康・医療，交通，居場所，仕事，除雪・家の管理，暮らし，近所付き合い，行政，長寿の秘訣）。

② 浪合地区の居場所「御所の里」。

③ 第50回社会教育研究集会から誕生した「はぐカフェ」。

④ 阿智村福祉移動サービス・智里東福祉サービス「ささえ愛」。

23）岡田知弘「安倍政権の成長戦略と『自治体戦略2040構想』」白藤博行・岡田知弘・平岡和久『「自治体戦略2040構想」と地方自治』自治体研究社，2019年，pp.53-75.

社会教育における高齢者の教育と福祉の関係性の変遷

久保田 治助

はじめに

これまで社会教育の領域において高齢者の学習は，高齢者自身の主体的学習として，高齢者福祉の実践としてより良く健康的に生活する場として，あるいは，地域社会における高齢者の生活実態そのものを改善することを目的とした地域づくりとしての位置づけなど，様々な視点で実践がなされてきた。特に，この高齢者の学習に関する教育や福祉の多角的な学習支援に対して，「教育と福祉の谷間」の問題として検討がなされてきた。この「教育と福祉の谷間」の問題は，学習支援の多面性という積極的な視点とともに，高齢者への福祉支援を重点とすべきという視点でもあるという両側面の性質をもつものといえる。しかし，生涯学習政策が社会状況とともに変容するように福祉支援は，時代ごとの高齢者政策の状況によって大きく変容する。一概に教育と福祉の両側面について論じることは難しい。

「高齢者」という言葉自体も，後期高齢者のような75歳や，退職者のように労働社会における年齢の区切りだけでなく，伝統的なイニシエーションである古希や喜寿のような高齢者を祝う儀礼など様々である。また熟年やシニアなど，壮年期まで拡大し，ポジティヴ・エイジングやアクティヴ・エイジングといった経済活動が盛んな高齢期を対象とした枠組みの言葉まで広く「高齢者」を語る用語が使用されている。

しかし，高齢者の学びは，学習者自身が高齢期の特性に合わせた学習を行なっているとは必ずしも思っておらず，高齢者特有の学習を行うことが求められているわけでない。むしろ，生産年齢である青壮年が高齢者に対して求める高齢者への教育と高齢者自身が求める主体的学習の２つの側面が交錯するのが，高齢者教育の特徴であり課題であるといえる。

この高齢者の学習の特性についての議論の契機となったのは，1970年代に小川利夫が提唱した教育福祉の概念である[1)]。小川は，社会的排除の状況にある子ども・青年に対する学習保障について論じており，「教育と福祉の谷間」の問題として提起した。この小川の教育福祉概念にもとづき，大橋謙策が高齢者の教育福祉についての研究を行い，1990年に発表したのが高齢者の「教育と福祉の谷間」の問題である[2)]。これは，高齢者の学習が教育行政と福祉行政の２つの行政で曖昧な形で行われていることによって，高齢者の学習が専門的に広がっていきづらいという指摘であったが，それにもまして，高齢者の学習そのものが，教育であるのか，または福祉であるのかという問いでもあったといえる。

そもそも地域の学びの場である公民館は，社会教育法第20条「公民館は，市町村その他一定区域内の住民のために，実際生活に即する教育，学術及び文化に関する各種の事業を行い，もつて住民の教養の向上，健康の増進，情操の純化を図り，生活文化の振興，社会福祉の増進に寄与することを目的とする」とあるように，社会福祉の増進に寄与することが目的に掲げられているが，地域社会における社会福祉の増進が着目されるようになったのは，超高齢社会の到来と限界集落と呼ばれるような，高齢者が中心の地域社会が全国的に拡大していったという状況にあるからである。

そこで，これまで「教育と福祉の谷間」のなかで行われてきた両者の関係性に着目し，行政政策の変遷を追いつつ，その時代ごとに高齢者の学びがどのように語られてきたのかについて，またそのうえで，高齢者教育の概念に関わる専門性について，検討を行いたい。

1．高齢者の定義の動向

そもそも，高齢社会における学習の対象者は，高齢者自身の主体的な学習にとどまらない。これは，高齢者教育が高齢者だけのものではないということであり，高齢者問題学習など高齢期に関わるあらゆる学習テーマがあるということでもある。くわえて，コロナ禍を経験している社会において，社会的排除や社会的弱者としての高齢者イメージだけでなく，さらに多様となり，たとえば社会不安の増大とともに「老害」と呼ばれるエイジ・バッシングや，SNSの普及によってエイジレスな関係性が生じているということである。

高齢者の教育と福祉の関係について考える際に，はじめにこの「高齢者」のこれまでの定義について触れたい。これまで，高齢者なる用語は，文脈や制度ごとに対象が異なり，一律の定義がない。それは，近年では，2012年に文部科学省「長寿社会における生涯学習の在り方について」報告において，団塊世代の退職による高齢者観の捉え直しと高齢社会における学習内容等の特徴提示を契機としているだろう。たとえば，2018年の高齢社会対策大綱では，①年齢による画一化を見直し，全ての年代の人々が希望に応じて意欲・能力をいかして活躍できるエイジレス社会を目指す，②地域における生活基盤を整備し，人生のどの段階でも高齢期の暮らしを具体的に描ける地域コミュニティを作る，③技術革新の成果が可能にする新しい高齢社会対策を志向するとあり，これまでの65歳以上を一律に「高齢者」と見る一般的な傾向は，現状に照らせばもはや現実的なものではなくなりつつあると指摘されている。また2017年には，日本老年学会・日本老年医学会『高齢者に関する定義検討ワーキンググループ報告書』[3)]においても，前期高齢者である65～74歳では心身の健康が保たれており，活発な社会活動が可能な人が大多数を占めていることや，各種の意識調査で従来の65歳以上を高齢者とすることに否定的な意見が強くなっていることから，75歳以上を高齢者の新たな定義とする，と定義されている。

さらに，今後の高齢者問題としては，社会の超高齢化が加速し，現役人口とされる20歳から64歳までの人口が65歳以上の人口より少なくなる「2025年問題」や，団塊ジュニア世代が退職するために高齢者人口がより多くなる「2040年問題」といった高齢者問題も，今後押し寄せてくる課題である。これらの社会問題に対する学びも一層増加することになるだろう。

2．戦後復興における社会福祉と社会教育政策

第二次世界大戦後，公民館の設置が全国的に展開されていくが，大戦終結直後は国会でも議論されたように，高齢者は戦争責任の対象という世論とともに，公民館や民主化教育では，若者を中心とした学習とその学習組織（サークル）が盛んに利用され，高齢者が中心となった公民館活動は，あまり目立っていなかった。

たとえば，高齢者責任論として，1954年に自由党内に憲法調査会が発足し，会長であった岸信介が家族制度復活の意向を述べると，当時の婦人界を中心に猛烈な反対の声が上がり始めた。当時の新聞では，以下のように高齢者を揶揄する文言が並べられていたことから，高齢者に対する見方を窺うことができる。立石芳枝は，戦前では「相続人だけが権威をもち，他の者はドレイ」，妻は「法律上は盲人，狂人と同じに無能力者」と指摘をしたり[4]，田邊繁子も，家族制度は「命令と服従の支配関係，階級的関係」と指摘をしたりしている[5]。戦前の〈家〉の制度を人権蹂躙としていた当時の認識は，特に都市部・若年・女性層に広く普及しており，女性100万人の署名を集めた1954年11月の家族制度復活反対総決起大会では，「再び絶対服従のオリに追い込まれない，過去の無能力者に立戻るまい，の決意」が宣言文に盛り込まれた。これは，家族制度復活と再軍備問題がつながっており，その影響が戦前を生きてきた高齢者への批判となっていった。たとえば，久米愛は「家族制度は親孝行の制度だ」と指摘をしたり，加藤シズエは「家も社会も，上から下へスイーとなびく世の中。こう考えてみれば家族制度復活の声と再軍備問題とのつながりの濃さがわかる」と指摘をしたりしている[6]。

このような指摘からも，当時は高齢者責任論が世の中を席巻していた。それゆえこうした高齢者像を克服するために，次世代が中心となった民主化教

育が広がっていた。

一方で辻 浩が指摘するように，1950年代は戦後復興と民主主義の普及を背景に，自治公民館を中心とした地域福祉活動が盛んに行われて，教育と〈福祉〉による「社会福祉的協働関係」の構築が目指されていた[7)]。したがって，社会教育としての条例公民館を中心とした住民の学習と，地域福祉としての自治公民館を中心とした住民の学習が地域内に存在していたといえる。その後高齢者組織は敬老会（老人クラブ）として集団組織化されていき，福祉のなかで高齢者の学びが進んでいった。

それが，1960年代を最後に高齢者による家族のための学習という傾向は終焉を迎え，代わりに高齢者の主体的な学びへとシフトする。

3．急激な社会変化における社会教育の様相と教育と福祉の谷間の議論

そもそも高齢者が教育学領域のなかで語られるようになったのは，第二次世界大戦後の1965年から始まった「老人学級」や「老人大学」と当時呼ばれた高齢者の学習組織が全国で実施されるようになってからである。それまでの全国的な学習は，公民館において青年や女性での民主化教育や生活教育が中心で，高齢者の主体的な学習は，長野県伊那市で小林文成が行なっていた「楽生学園」[8)]や，愛知県犬山市で松浦淺吉が行なっていた「犬山としより学校」[9)]のように一部では先駆的な実践が見受けられるが，全国的に高齢者の主体的な社会教育実践は行われていなかった。しかし，この高度経済成長期へと移行する時期は，老人や年寄りの「高齢者」への言葉の使用変更と家族の構造の変化が起こってきた時期でもある。その意味で，「高齢者」の捉えられ方が大きく変わることとなる契機であったといえる。この高度成長期への転換とともに，高齢者への福祉とその福祉を行うための場としての教育の機能が重視されていくこととなった。この高齢者教育の先駆的実践である1954年から開始された楽生学園は，その後の高齢者大学の学習モデルとなっており，その学習目標は以下の８項目である[10)]。①現代の若い人と話し合える老人になる，②家庭で老人が明朗であれば，その家庭は円満である，したがって老人が愛される，③老人が家庭なり，社会なりに役立っているという

自覚を持つようになる，④健康維持のために老人病にかんする知識を学び，早老・老衰予防のために，老人心理の研究をする，⑤老人の生活を歴史的に研究する，⑥老人が広く交流交歓をはかり，社会性を深め，組織力をもつようになる，⑦先進国の社会保障にてらして，国や社会に向かって，老人の福祉を増進するための施策を要求する，⑧幸福な寿命を願って，自ら現代に適応するような学習をつづける。

これは，公民館館長を務めた小林文成が，自身の寺院である光久寺を会場として行なっていた自主的高齢者教育実践であった。また，1969年には，教育行政が行なった高齢者大学の先駆的実践として，兵庫県加古川市で福智盛によりいなみの学園も開校した[11]（その後，公益財団法人兵庫県生きがい創造協会が運営）。

このように，1960年代後半以降，高齢者の学びの場は行政施策として広く展開していったが，具体的な高齢者の学習内容についての議論は，深まっていかなかった。

社会教育領域において，こうした問題が初めて論じられたのは，1971年に副田義也によってである[12]。そこでは高齢期の教育には，高齢者を取り巻く環境変容のなかで老年開発・地域ケアが必要である，との指摘がなされたが，高齢者の学習保障の視点よりも，高齢者の福祉としての学習機会の提供と学習内容の開発の展望が中心的議論であり，具体的な高齢者教育論ではなかった。

この高齢者教育の視点は，1970年代当時の高齢者像を反映したものである。1970年代は，「老人」という語に代わって「高齢者」という語が用いられた時期であり，この時期を境に「老人」という語の使用が減少していくが，それは，「老」のもつネガティヴ・イメージを払拭するためだったのであった。景気の上昇とともに高齢者が主体的に行動することと，そのことによる経済的効果が高まった時代であったため，余暇としての学習が広がっていった。そのため，高齢者教育はよりいっそう，高齢者の福祉的な余暇としての学習イメージが加速することとなり，それを福祉行政が担うようになっていった。この1970年代の，高齢者教育に関する行政施策や国民の高齢者の学習イメージが教育から福祉へと移行していく時代に，「教育と福祉の谷間」

の問題が提起された。しかし，当時はまだそれは，子どもや青年を対象とした概念であり，高齢者に対する概念でなかった。

「教育と福祉の谷間」とは，1970年代に小川が教育福祉論のなかで，学校教育が中心となっていた教育システムのなかから抜け落ちてしまった子どもや青年の学習権保障について提唱したものである[13)]。それまでの教育学領域では死角となっていた教育と福祉の２つの領域にまたがる領域として，教育福祉学の創設が唱えられた。この教育福祉学では，たとえば未就学児童や夜間中学にみる勤労青年の問題など，主として青少年の問題が研究対象であった。したがって，教育福祉論は，地域社会との関係よりも，むしろ学校からの排除に焦点を当てたものであったといえる。その後，高橋正教の「教育福祉論」のなかでも，高齢者への言及はなされていない[14)]。

その後，高齢者の生涯学習環境が整備されるようになり，1980年代以降，社会福祉行政のなかで学びが提供されるようになってきた。このような社会状況において，高齢者に対する「教育と福祉の谷間」の問題についての指摘が，1990年に大橋謙策によってなされた[15)]。大橋は，地域福祉の主体形成と高齢者教育の課題として，①地方自治に関する主体の形成の課題，②地域福祉実践上の実践主体の形成の課題，③社会福祉サービス利用者の主体形成，④国民主権者としての主体形成の４つを挙げている。これらは，高齢者が地域自治の主体と同時に福祉サービスの主体者として，学習保障される必要について述べたものであり，地域福祉の学習を行うことの重要性について指摘したものである。しかし，実際の当時の教育と福祉の議論は，高齢者の学習形態が教育制度として行われるのか福祉制度として行われるのかという問題から発展することは難しかった。1999年には，堀薫夫が，高齢者の学習を行う行政の教育と福祉と，広域と地域に根ざした実践の４類型化を行い，高齢者教育実践の多くが，福祉行政で行われている実態について指摘し，「教育と福祉の谷間」の実態について視覚的に示した[16)]。

1990年代の高齢者の学習は，余暇としての生涯学習の側面が強く，その後の来たるべき高齢社会と地域福祉の直面する課題に対応した高齢者教育についての意識は全国的に低かった。そのため，高齢者教育に関する研究についても，高齢者学習の理論的研究ではなく，高齢者学習の実践紹介に重点がおかれていた。

４．福祉のサービス化と地域福祉への展開

今日の公民館が社会教育施設としての側面から社会福祉施設としての位置付けとなってきたのは，この時期からだといえる。2000年６月の社会福祉事業法等の改正により地域福祉計画は，社会福祉法に新たに規定された事項となった。いわゆる社会福祉協議会の設置基準（社会福祉法第109条）にあるように，社会福祉協議会のなかに「地域福祉」所管が設置しやすいような法制度となった。その後2003年９月の「地方自治法の一部を改正する法律」の施行により，指定管理者制度が開始し，社会教育施設の運用が多様化された。

このように，地域福祉として地域づくりが促進されたこと，そして，社会福祉協議会が法的根拠のもと，教育を内包した地域づくり政策が展開されていったことが指摘できる。その代表的事例として，島根県松江市の公民館の地区社会福祉協議会との連携などが取り上げられ[17]，地域社会教育行政の教育予算が減少するなかで，地域福祉政策としての地域づくり・社会教育活動が展開されることとなった。

このように2000年代になって，高齢者の学習は，辻 浩を中心に地域福祉を重視した社会教育論への移行について言及がなされる。辻は，福祉のまちづくりにおける住民参加への主体形成の課題は，おのずと社会福祉と生涯学習の公共性を求める議論につながるとの指摘をしている[18]。その後，松田武雄によって社会教育福祉概念が提唱され，地域福祉として高齢者と高齢者を支える地域住民の学習についての議論がなされる[19]。

５．地方創生と高齢者の地域学習

東日本大震災以降，全国的に「絆」をモチーフとした地域づくりや教育的実践が展開されることとなった。特に，ソーシャル・キャピタル論が展開され，地域の教育力が学校からも渇望され，人的資本とその資本確保のための

人材集約システムの構築が進んだ。

しかし，個々の人材のもつ能力をどのように展開するのか，さらに個々の能力をどのように数値的に力量をはかるのかについての論議が大半を占め，ネットワーク化そのものが拡大されるように見えつつも，地域社会における〈ネットワーク〉と〈ネットワーク〉は連携せず，結果としてセクト化してしまう傾向にあった。

そうしたなかで，高齢社会における地域づくりの問題点としては，高齢者の貧困や労働など経済的な問題ではなく，福祉的範疇での地域活性化と健康づくりのための地域づくりという学習課題に取り組む実践が中心となっている。先にふれた「長寿社会における生涯学習の在り方について」報告では，長寿社会の人生設計として，「生きがいは，個人の生活の質を高め，人生に喜びをもたらすものであるが，何に生きがいを見いだすかは人それぞれ異なり，多種多様である。…近年，地域参画・社会貢献に生きがいを感じる高齢者が増えてきている。…若い時期から高齢期を見据え，学習活動，能力開発，社会貢献など様々な活動に取り組むことを通じて，自ら生きがいを創出していくことが重要である」と指摘しているように，高齢者の学習としてこれまで提起されてきた「生きがい」について，地域参画や社会貢献として公共的な学習の重要性について述べているだけでなく，就労や起業など，経済的自立に関する学習の必要性についても指摘されている。

いわゆる地域社会の支え手としての高齢者としての学習に重点がおかれるようになってきた。辻 浩は，2010年前後から住民自治と学習権保障について地域福祉の文脈で論じるようになる。2009年には，「小さな自治」論として，①自由な学習の保障，徹底した情報公開，予算編成への住民参加の重要性，②多数決のマジョリティの論理で決めていかず，時間をかけて話し合い学び合うこと，③マイノリティが発言することも含めて，多様な価値が行き交う地域をめざす，という指摘がなされた[20)]。

その後，2019年の高齢社会対策大綱では，「高齢社会に適したまちづくりの総合的推進」が掲げられ，高齢者が主体となった地域づくりがクローズアップされることとなった。

地域においては，従来からの町内会・自治会といった地縁組織や子ども会，婦人会，老人会，消防団，民生委員，児童委員など，様々な地域組織等の活動があり，地域社会の活性化の観点から大きな役割を果たしてきている。こうした地域組織等の活動は，日常生活に密着した活動として参加することで，自らの地域社会への関心の幅を広げ，社会参加や学習活動の機会にもなり，NPO 等と同様に地域貢献や社会貢献の活動として大きな役割が期待される。さらに，地域の助け合い活動やボランティア活動を支援する社会福祉協議会やシルバー人材センター等は，社会教育施設等と連携・協働し，NPO や地域組織等の活動に参加する人びとへの学習プログラムづくりや情報提供等を行うことが期待される，という提言がなされている。

このように，地域づくりの視点からも超高齢社会のなかで高齢者を中心とした住民の学習について論じられるようになってきた。たとえば，荻野亮吾は，超高齢社会を迎えるなかで，高齢社会における地域社会コミュニティの再構築について検討を行い[21]，内田純一は，高齢化地域において，地域の中心的学習機能と福祉機能をもつ「集落支援センター」を中心とした地域づくりについて[22]，吉田弥生は，中山間地域の協同的自治としての高齢化地域における自治活動の研究[23]を行なった。また，宮﨑隆志らによって過疎高齢化地域の健康学習という，学習プログラムに焦点化した研究[24]も進められている。しかし，NPO やボランティアのような新しい価値だけでは，個別的で地域全体へは広がりにくい。そこで辻は，公的社会教育が地域と高齢者が行う社会貢献の実践をつなぐものであるとの指摘をしている[25]。

このように，近年では高齢者の教育と福祉の関係を超えて，地域自治の主体としての高齢者の位置づけと，この高齢者が抱える地域課題を克服するための学習保障としての公的社会教育の検討へと視点が移行してきている。

以上から戦後高齢者の教育と福祉の関係について，これまで述べてきた学習内容の変遷から追うと，表１のように示すことができるだろう[26]。

表1　高齢者学習の変容

<table>
<tr><th>年代</th><th colspan="2">高齢者学習の内容</th></tr>
<tr><td>1950年代</td><td>戦後民主主義の学習→戦後社会政策と戦争責任と民主化教育</td><td rowspan="2">教育＞福祉</td></tr>
<tr><td>1960年代</td><td>高齢者への対策の学習→高齢者への福祉政策の整備と高齢者の福祉組織化</td></tr>
<tr><td>1970年代</td><td>家族と高齢者の問題→家族のなかの高齢者の役割と核家族化への移行</td><td rowspan="4">福祉＞教育</td></tr>
<tr><td>1980年代</td><td>高齢者の福祉問題→高齢者への福祉政策としての居場所づくりの拡充</td></tr>
<tr><td>1990年代</td><td>高齢者の主体形成と教養の学習→高齢者の生涯学習政策の展開</td></tr>
<tr><td>2000年代</td><td>高齢者への社会保障問題→社会保障費の削減と社会保障に頼らない「主体的」な高齢者</td></tr>
<tr><td>2010年代</td><td>高齢者の社会的活動への支援→地域政策やNPO組織による社会貢献活動の支援</td><td rowspan="2">地域自治＞福祉＞教育</td></tr>
<tr><td>2020年代以降</td><td>地域社会における高齢者問題と主体的教育実践→持続可能な地域福祉実践を担う主体としての高齢者</td></tr>
</table>

（久保田，2018より作成）

おわりに

高齢者教育は，高齢者自身のための教育だけでなく，高齢者福祉としての教育や，高齢者対策としての教育など，様々な側面で論じられてきたという点を抜きに語ることはできない。さらに，高齢者教育における学習内容は，その時代の社会状況によって変化していた。そのために，高齢者教育を進めるための教育システムは，一貫して深まっていたわけではなく，多面的な高齢者ニーズに即して広く浅く浸透していったといえる。したがって，高齢者教育の目的や学習内容，教育・学習方法などが個々の教育論理のもとに行われてきたといえる。第二次世界大戦後の混乱と貧困のなかで，公民館を中心として社会教育は，教育と福祉に分化することなく学習実践が行われてきた。高齢者の社会教育も，時代的な高齢者への眼差しがあったものの，青年や女性の教育に遅れて，高齢者教育がスタートした。その後，1970年代以降，高齢者への福祉政策が拡大するとともに，高齢者教育は，福祉行政のなかで行われるようになり，高齢期の社会教育とは何かということに即して，学習活動が行われてきたのではなく，高齢者への慰安としての学習という側面が強くなっていった。しかし，2000年代に入り，バブル経済崩壊後，日本では多くの震災も経験し，社会保障費の見直しも相まって，高齢者が主体的に自立した生活を送るための学習支援が注目される。一方で少子高齢社会のなかで，地方都市，とくに中山間地域では，高齢者が自立した生活を送るために地域自治として地域福祉に関する学習実践が注目されるようになってきた。したがって，2000年代以降は，教育や福祉の政策のなかでの高齢者の学習論から，地域自治活動を行うための地域福祉学習論へと移行してきている。

これまで高齢者の学習保障として教育と福祉の問題が語られてきたものが，自治を行うための学びという公的な社会教育の学習論へと移行するということは，一方で高齢者の個人の学習要求，いわゆる生涯学習としての側面が減少してきているという意味として考えることができる。

これまでのように，高齢者の当事者論や発達保障論，高齢者問題学習としての社会的弱者／排除論だけで，高齢者教育について議論することができなくなっている。今後は，地域自治の問題の将来的課題である地域の次世代についてどのように高齢者自身が考えていくのか，そして，公的社会教育はどのような学習支援を行なっていくのかについて検討する必要があるといえる。

【注】

1）小川利夫「教育と福祉の間：教育福祉論序説」小川利夫・土井洋一編『教育と福祉の理論』一粒社，1978年，pp.3-30. 小川利夫『教育福祉の基本問題』勁草書房，1985年。

2）大橋謙策「高齢者教育と高齢者福祉」塚本哲人編『高齢者教育の構想と展開』全日本社会教育連合会，1990年，pp.97-112. 大橋謙策『地域福祉の展開と福祉教育』全国社会福祉協議会，1986年。

3）日本老年学会・日本老年医学会編『「高齢者に関する定義検討ワーキンググループ」報告書』2017年。

4）「読売新聞」1954年8月12日，朝刊5面「家族制度復活を警戒する」「旧民法では妻子は奴隷あつかい」。
5）田邊繁子「家族制度復活の声と戦う」『世界』通号第111号，1955年3月，p.128.
6）「読売新聞」1954年6月29日，朝刊5面「家族制度復活への不安」「再軍備と結びつくおそれ」。
7）辻 浩『現代教育福祉論』ミネルヴァ書房，2017年。
8）小林文成『老人は変わる』国土社，1961年。久保田治助『日本における高齢者教育の構造と変遷』2018年，風間書房。
9）久保田治助「戦後高齢者教育の創設期における高齢者の学習：犬山としより学校の事例を中心として」『社会教育学研究』No.54，2018年，67-85.
10）小林文成『老後を変える』1978年，ミネルヴァ書房，pp.13-14.
11）福智盛『たのしい老人大学』ミネルヴァ書房，1975年。
12）副田義也「老年期の教育」『社会教育』1971年9月号（特集「高齢者をめぐる諸問題」)，6-10.
13）小川利夫，前掲「教育福祉論」，同，前掲『教育福祉の基本問題』。
14）高橋正教「教育福祉の問題状況と課題」小川利夫・高橋正教編『教育福祉論入門』2002年，光生館，pp.10-26.
15）大橋謙策，前掲「高齢者教育と高齢者福祉」，同，前掲『地域福祉の展開と福祉教育』。
16）堀薫夫「老人大学の課題と展望」大阪教育大学生涯教育計画論研究室編『都市型老人大学受講者の実態と意識に関する調査研究』1999年，p.63.
17）上野谷加代子・杉崎千洋・松端克文編『松江市の地域福祉計画：住民の主体形成とコミュニティソーシャルワークの展開』ミネルヴァ書房，2006年。
18）辻 浩『住民参加型福祉と生涯学習：福祉のまちづくりへの主体形成を求めて』ミネルヴァ書房，2003年。
19）松田武雄編『社会教育福祉の諸相と課題：欧米とアジアの比較研究』大学教育出版，2015年。同編『社会教育と福祉と地域づくりをつなぐ：日本・アジア・欧米の社会教育職員と地域リーダー』大学教育出版，2019年。
20）辻 浩「『小さな自治』の指標を考える」社会教育・生涯学習研究所編『社会教育・生涯学習の研究』第43号，2019年6月号，1-2.
21）荻野亮吾『地域社会のつくり方：社会関係資本の醸成に向けた教育学からのアプローチ』勁草書房，2022年。
22）内田純一「高知県における地域社会教育の展望：『集落活動センター』の設置をめぐ

る地域学習の契機」日本社会教育学会編『地域づくりと社会教育的価値の創造』（日本の社会教育第63集）東洋館出版社，2019年，pp.82-94.

23）吉田弥生「中山間地域における自治にむけた協同的関係の構築に資する公民館の役割」『日本公民館学会年報』No.16，2019年，34-44.

24）宮﨑隆志・内田純一・阿知良洋平・大高研道「限界状況における価値意識の再構成：地域健康学習における生命思想の生成に着目して」北海道大学大学院教育研究院社会教育研究室編『社会教育研究』No.39，2022年，1-15.

25）辻 浩「教育福祉実践を担うNPO・市民活動と公的社会教育：新しい価値観の創造と行政的・市民的承認の地域における結合」名古屋大学大学院教育発達科学研究科社会・生涯教育研究室編『社会教育研究年報』第35号，2021年，1-12.

26）久保田治助，前掲書（2018年）をもとに作成。

第Ⅱ部

高齢者学習支援の理論

地域活動を通した高齢者のエンパワメントの過程

―「コミュニティ・エンパワメント」の観点からの事例分析―

菅原 育子・荻野 亮吾

1．地域における高齢者のエンパワメントの理論化の必要性

少子高齢化・人口減少が進むなかで，日本の地域コミュニティは，従来の公的な支援の枠組みや，自治会等の既存組織では対処できない地域課題に直面している。人口減少が進む地方部では，自然災害や獣害等の深刻化への対応や，生活機能の維持が重要な課題になっている。また，都市部の集合住宅（団地）や大都市近郊住宅地では，心身の虚弱化につれて高齢住民が買い物や通院等を行うことが困難になり，外出・移動や日常生活の支援を行い，介護予防の活動を進める「互助」「共助」に向けた地域づくりが必要とされている。

これらの地域課題は，各地域コミュニティの特性を如実に反映するため，町会単位や小学校区等の小さな範域で，地域の住民組織が主体になって，課題解決に向けた合意形成や取り組みを進めることが期待されている。しかし，これらの組織は，加入率の減少や，高齢化に伴う担い手不足や固定化の問題に直面している。ただし，「動員」等の批判はありつつも，地域コミュニティの高齢化により，地域活動の多くを高齢者自身が担う状況は避けられない部分がある。実際，内閣府の調査によると，社会的な活動に従事している人の半数近くが，活動を始めた時期として60代や70代以降，あるいは定年

退職後を挙げている[1)]。つまり，少なからぬ人が歳を重ねてから地域コミュニティに関わる活動を始め，地域活動の担い手としての役割を中心的に担う構造がある。以上のことから，超高齢社会を迎える地域コミュニティにおいて，地域活動を通して高齢者，そして地域コミュニティが力を得ていくエンパワメントの過程について，理論化を進めることが重要になると考えられる。

高齢者を含む住民主体の地域のエンパワメントの過程に関しては，社会教育の領域で，公民館事業等を通じて地域の社会関係を創出し，住民の地域課題への関心を徐々に高め，地域活動への関わりを促す過程が明らかにされてきた[2)]。また，地域福祉や地域看護の領域では，小地域での住民主体の活動を基本とし，専門職の「伴走型支援」により，高齢者個々人や，グループの課題解決能力を高める過程が重視されてきた[3)]。農山村計画や都市計画の領域でも，地域の実態把握から入り，ワークショップ等の対話の手法を用いて共通意識を高め，住民主導で地域の課題解決を進める方法がとられてきた[4)]。それぞれの領域において，地域コミュニティのエンパワメントを目指す点は共通するが，これらの取り組みのなかで，活動の担い手である高齢者がどうエンパワーされるか，その結果，組織の活動や地域コミュニティの活動がどのように進展するかという，相互影響的な関係は充分に捉えきれていない。

以上の課題を受け，本論は「コミュニティ・エンパワメント」（以下では，CE）の概念に基づき，エンパワメントを個人，組織，コミュニティの三層で捉え，その相互関連性を追究する枠組みを提起し，高齢者が地域活動に関わるなかで，地域社会に対する能力や意識を高める過程を明らかにする。

2．コミュニティ・エンパワメントの理論的枠組み

(1) コミュニティ・エンパワメントの概念

エンパワメントは，教育学に限らず，人びとが課題に対峙し，自らの行動

を変容させるとともに課題を取り巻く環境に働きかけ，変化をもたらそうとする過程を扱う多様な領域で，重要概念として取りあげられてきた。ただしその定義は，学問領域や研究者，実践者により異なり，また歴史的な背景のなかで変容を遂げてきた。代表的なのが，コミュニティ心理学の領域で，ジマーマンとラパポート（Zimmerman, M. A. & Rappaport, J.）が示した「個人が自分自身の生き方についての統制と支配を獲得し，コミュニティにおける生活に民主的な参加を獲得する過程」[5]という定義である。このように，エンパワメントの概念には，個人や集団が自分（たち）の抱える課題を統制・制御し，さらに自らを取り巻く環境をより良くしていく力を得る過程と，その結果得る力そのものが含まれている。

さらにエンパワメントの議論では，その概念構造が多層的であることも指摘されてきた。例えば，ジマーマンはエンパワメントを，個人，組織，コミュニティの三層で捉え，各層における力を得る過程（empowering）と，力を得た結果としての状態（empowered）に分けてまとめた[6]。これら三層の関係は，個人レベルでエンパワーされる人が増えることで，組織の活動が活性化され，コミュニティ全体が新しい取り組みに挑戦する力と意欲を得るという影響関係や，コミュニティ全体で多様な活動に関わる機会が拡大することで，コミュニティを構成する組織やメンバーが課題に向き合う機運が高まり，それがコミュニティのために自分は力を発揮できるという個人レベルの統制感を高めるといった関係等，相互に関連・影響し合う関係性にある[7]。

これらの議論を受けて，本論ではCEを「コミュニティ及びそれを構成する組織，個人が，直面している課題を解決しより望ましい状況に向かうことを目指して，自身と自身を取り巻く環境に変化をもたらそうと行動する力の状態，およびその力をつける過程」と定義する。

(2) コミュニティ・エンパワメントにおける評価の重要性

CEの概念では，上記の定義で強調されるように，個人や組織が自ら課題を発見し解決していく知識やスキル，能力を得ること，それらを用いて実際の行動に移す過程が重視される。ここで重要になるのが，CEの評価である[8]。

これまで地域コミュニティの実践の評価では，外部の専門家や組織が一方的に評価を行い，住民や当事者は評価される側に位置付けられることが多かった。近年では，協働的で省察的な過程としての評価の見直しや[9]，当事者が主体的に評価過程に参加する参加型評価やエンパワメント評価といった手法の開発が進んでいるが[10]，いまだに特定のプログラムの短期的な成果評価が少なくない。しかし，CE のプロセスを考えると，住民自らが組織や地域コミュニティの直面している課題を自らの手で明らかにして批判的に評価し，課題解決の能力や資源をもっているかを客観的に把握し，それに応じた活動計画の修正，推進を行うことが重要となる。くわえて地域活動では，地域コミュニティが直面する複雑な課題に対し，多様な関心や価値観をもつ人びとが集まり，状況に合わせてその都度対応していく即応性が求められる。このような地域活動の特性を踏まえ，活動に関わる当事者が自らの地域や地域活動を評価し，評価を通して自らのエンパワーを進める手法の開発が必要となる。

以上のことから，CE の評価では，そのプロセスを当事者の手に委ね，評価活動自体が当事者の対処能力の獲得と拡大につながり，エンパワメントになるという「評価能力の獲得（キャパシティ・ビルディング）」を基本に据えるべきである。この考え方に基づくと，評価の主体は地域コミュニティのメンバーとなり，評価専門家の役割は，当事者らを活動に巻き込み，評価技術を教え，適切な助言を行う「批判的な友人（critical friends）」と表現されることになる[11]。

３．コミュニティ・エンパワメントの観点からの事例分析

(1) 事例の背景と概要

１節で述べたように，かつてニュータウンとして開発された団地や大都市近郊地域は今後急激に高齢化が進むことが予測され，これらの地域で高齢者が安心して暮らせるまちをどうつくるかは，喫緊の課題である。そこで本節

では，高齢化が急速に進むニュータウンにおいて，評価の活動を組み込んで，住民主体のまちづくりを進めている千葉県柏市布施新町の住民有志による「布施新町みらいプロジェクト」を事例に，CE の過程の分析を行う。

布施新町は，人口約3,000人，1,300戸ほどの戸建住宅地である。1970年代より開発されたニュータウンであり，主な住民層は東京で働いていたサラリーマン家族である。時代が下るにつれ，この地域で生まれ育った子どもが大人になって転出し，残った親世代を中心に急激な高齢化が進んでいる(2022年４月時点の高齢化率49.8%)。都市近郊のコミュニティの典型的事例を分析することにより，高齢者主体の地域活動とその評価を通して，高齢者個人，組織，コミュニティのエンパワメントが展開する過程を描くことにしたい。

以下では，このプロジェクトの過程を次の４段階に分けて考察を行う。第一は，専門家主導で地域のニーズ評価活動が実行された段階である。第二は，ニーズ評価の活動に参加した住民有志による世話人会が立ち上がり，住民主体の活動を開始した段階である。第三は，住民有志による「世話人会」が自立し，町内会をはじめとする地域関係者との協働体制の構築に取り組んだ段階である。第四は，新型コロナウイルス感染症の拡大下で新たな地域課題，すなわち ICT を用いた地域のつながりづくりに取り組んだ段階である。

⑵ 組織レベル・地域コミュニティレベルのエンパワメントの過程

まず上記の各段階で評価がどう実行され，組織レベル・地域コミュニティレベルでのエンパワメントがどのように促されたかをみる。プロジェクトにおける評価は，４つの段階を経て，徐々に住民主体のものへと遷移してきた。

第１段階では，大学研究者ら外部専門家グループによる地域のニーズ評価が実施され，住民は当初その評価対象であった。具体的には，2016年11月から外部の専門家グループが地域に入り，既存組織や地域キーパーソンへのインタビュー調査を実施した。ここで，のちに活動の中心メンバーとなる地域のボランティア団体関係者，自治会役員，町内の福祉活動や趣味活動の参加者等が，インタビュー調査の対象となった。次いで，調査対象となった住民らが，専門家グループの会合に招かれ，調査結果が共有された。この場で，専門家グループにより地域住民悉皆調査とまちづくりワークショップの実施が提案され，住民らもそれらの調査やワークショップに関心を示した。その後，専門家グループと地域の自治会，地域ボランティア団体の三者が協力し，計画や実施を進めた。さらに，2017年6月に，住民の実行委員と専門家が協働して，評価活動の成果を広く住民全体に向けて報告するイベント「みらい広場」を開催した。住民らの発案で，地域の小学校をイベントの会場とすることになり，実行委員自身が小学校との交渉を行なった。このように住民らは，外部専門家の提案にのる形で，徐々に評価の計画や実行に関わっていった。

これらの活動の結果，2017年7月にイベント実行委員が中心となって「みらいプロジェクト世話人会」という住民組織が立ち上げられた。地域住民がニーズ評価によって地域の現状を把握し，地域の将来に対する危機感が共有されたことと，ワークショップやイベントへの関与から，具体的な活動案が生まれたことが，住民組織の立ち上げを後押しした。

第2段階では，みらいプロジェクト世話人会主催の活動として，不定期イベント「ぶらりゆめプラザ」が2回開催された。「ぶらりゆめプラザ」は，様々なアイデアを「お試し」する場であり，誰もが企画者または参加者として関わることができるようにした点に特徴がある。また，その場での「お試し」に対する住民の反応や結果を得る評価活動としての側面を重視し，参加者による投票やワークショップ形式での自由な意見交換等を行なった。実際に，住民の多くの支持を得た地域内施設を活用したサロンや，地域住民が講師となる趣味や勉強の会，住民によるICT教室，多世代交流イベント等に関する活動グループが立ち上げられ，その後の継続的活動につながった。この「ぶらりゆめプラザ」は，コロナ禍以前まで年に3回から4回の頻度で実施された。

同時に，活動内容を地域住民に知らせる広報誌「みらいたより」を継続的に発行することも決まった。広報誌の発行は，定期的に自分たちの活動を振り返り，まとめ，その結果を活動メンバー以外の住民に示す手段となった。

さらに，研究者や市社会福祉協議会の橋渡しで，市内外の住民活動団体との交流や意見交換の機会が設けられた。これらの機会に自分たちの活動を対外的に紹介し，外部の組織の意見を参照できたことが，活動に対する外部評価として機能した。外部とのコミュニケーションは，自分たちの活動の強みや弱みを客観的に見つめ，活動改善のアイデアを得る機会となった。

第３段階では，活動が専門家主導から地域住民主導へと徐々に移行した。第２段階で発足した各活動やイベントを継続しつつ，住民主導の運営体制が整備された。この期の評価は，地域の既存組織である町会やボランティア団体に対して活動の意義や目標，達成してきたことを説明し，他の組織の支持を得ることを目的として実行された。また，2018年12月に活動継続のために助成金申請を行なったが，その申請にも活動資料が活かされた。この時期には，メンバー自らが活動の説明資料を作成し，自身の言葉で他の組織のメンバーに具体的な活動目標を語り，活動実績の「見える化」が進められた。

これらの活動継続の成果は，第４段階，すなわち2020年初頭からの新型コロナウイルス感染症拡大に直面して発揮された。これまで進めてきた対面活動の全面停止という状況に陥った際に，従来と同じ形態での活動は不可能でも，何らかの方法で自分たちの目標を達成したいというメンバーの合意が形成された。新たなプロジェクトを立ち上げるにあたって，第３段階の時期に共有された活動目的が再確認され，「住民の誰もが地域とつながるまちの実現」という活動目標が，「住民の誰もが対面または ICT を通じて地域とつながるまちの実現」へと変更された。メンバーはオンライン会議のノウハウを学び合い，会合を再開した。2020年夏に，ICT を用いた地域のつながりづくりという新たなプロジェクトを立ち上げる際には，地域の ICT 利用に関するニーズ調査を企画し，研究者チームと協働して実施した。この調査結果を踏まえて，住民向けの ICT 講習会やオンラインサロンを開催するとともに，地域の ICT 環境整備に賛同する企業に協力を求め町会が管理する地域内施設に無料の Wi-Fi を設置し，町会イベントのオンライン中継を実現する等，町会とも連携して，ICT を活用したまちづくりという新たな活動を展開している。

以上のように，このプロジェクトは専門家が企画した地域評価活動に住民が参画する形で始まり，活動主体が住民に移行し自立するなかで，住民自身での評価活動がなされてきた点に特徴がある。具体的には，自分たちで話し合い活動を振り返る，資料をまとめて活動の「見える化」を進める，地域内外に活動の根拠資料を示しフィードバックを得る，フィードバックを踏まえて活動内容や運営体制を修正する，これらの活動を進めることで活動への自信をつける，という一連の評価の過程を見出すことができる。

(3) 個人レベルのコミュニティ・エンパワメントの過程

次に，上記の４段階で個人レベルのエンパワメントがどのように進んだのかを，高齢男女４名（A～Dと表記）の発言を引用して検討する[12)]。この４名は，プロジェクト当初から企画や運営に関わる主要なメンバーとして活動を担ってきた。特に，他人ごとだった地域活動が自分ごととなる過程や，自分たちの活動と地域の課題が結びつき，活動を通して地域を変えようとする行動や態度につながった過程に注目する。発言中の括弧は筆者の補足である。

プロジェクト開始時点の2016年実施のインタビューで，参加者A（女性，当時60代後半）は，「地域のことは何も知らないまま，（自治会の）役員が順番で回ってきたので始めた。すべて役員だからと思って参加しているので，活動にはまあ参加するだけ」と話した。参加者B（男性，当時60代前半）も「自分は自治会にやむを得ず入り，流れでこの活動に関わるまではまったく関心がなかった。まちのことは考えてもいなかった」と自治会に関わり始めた経緯を振り返った。このように，活動メンバーが地域活動に関わり始めた第１段階では，その関わりは必ずしも主体的でなかったといえる。

しかし，プロジェクト開始から２年半ほど経過した2019年に実施したインタビューの時点で，参加者Bは，地域に主体的に関わろうとしない他者の存在や視線に気づいたことを以下のように表現した。「（活動を）やってみると，周りからあいつら何か勝手にやっているなという目で見られていることがわかった。活動がじわっと浸透して，（活動している人とそれ以外の人との間の）境界線が見えないようになるにはどうしたら良いだろうか」。

この段階で多くの参加者が，自分たちの活動と地域課題を結びつけた発言をした。例えば，参加者C（男性，当時70代前半）は，「５年後にここはどうなるんだろうと思ったことがあります。それが一番のまちの危機感なんです。（将来）子どもがこの土地をどうするか。ここに住む価値観っていうのをつくっていかないと，誰も出ていくだけになるんだろうな」と話した。そして，「この会も若い人の意見，希望をきかないと。そのためには若い人たちの巻き込み方っていうか，やり方は勉強しなきゃいけない」と，地域全体の課題と自分たちの活動の課題のつながりを指摘した。また参加者D（女性，当時70代前半）は，「この地域には小さなイベントすらなかった。そこだけでも少し変化はあった。（今年参加しなかった）子ども会のお母さんたちのなかにも，来年もあれば参加させたいっていうお母さんがいたようで，それだけでも変化があった，やって良かった」と自分たちの活動を評価した。いずれの発言も，地域課題および活動が地域にもたらす影響を長期的な視点で捉えていることが特徴的である。

さらに第４の段階で，参加者Cは「これからはICTが使えないと高齢者こそが地域で暮らし続けるのが難しい。まちで暮らし続けるために，みんなICTが使えるまちにしたい」と新プロジェクトに挑戦する動機づけを地域課題と関連づけた。一方参加者Dは「これまでがむしゃらにやってきたことがこれ（コロナ禍）でゼロになるのは忍びないし，これ（オンライン会議システム）で顔を見てお話ができるなら，コロナが収まった後の他の場合でも，例えば暑い日でも雪が降っても，つながれるから良いわよねって」と新しい活動への挑戦を，これまでの活動と今後の活動とに接続させる形で肯定的に捉えた。ここでは，ICTツールの習得は参加者個人のスキルアップであると同時に，地域課題解決につながる新たな取り組みとして理解されていることがわかる。

４．本研究の知見と課題

⑴ 高齢者のエンパワメントの過程の特徴

３節で取り上げた事例から，活動の担い手である高齢者のエンパワメントの過程の特徴を，地域コミュニティレベル・組織レベルでの実践の進捗と，個人レベルのエンパワメントの過程とを重ね合わせて，３点に分けて考察する。

第一に，高齢者個人の市民としての能力（キャパシティ）が高まる過程がみられた。第１段階のＡやＢの発言にみられるように，個々人の参加当初の動機は必ずしも積極的なものではなかった。しかし，地域について知るとともに地域のありように関心をもち，より良い地域の実現を目指す市民としての意欲や能力を獲得する過程がみられた。このような個人レベルでの意欲と能力の高まりは，地域内外の関連団体等との関係構築や，活動助成金の獲得を通して組織レベルのエンパワメントをもたらし，組織としての自立化や活動継続につながったものと考えられる。そして個人および組織レベルでのエンパワメントが，コロナ禍に直面した際に活動を継続しようという意欲，さらに新プロジェクトに取り組むという行動につながり，ひいてはICTを町会活動に取り入れるという地域コミュニティ全体の変化につながった。これはまさに「人びとは参加によって，市民としての知識，スキル，価値観を習得し，自分たちには所属するコミュニティをより良くすることができるという信念を醸成していく」[13]過程を示したものであるといえよう。

第二に，活動を通して，メンバー個人のなかに「コミュニティ感覚（Sense of Community）」が醸成されていく過程を見出すことができる。マクミランとチェイビス（McMillan, D. W. & Chavis, D. M.）は，コミュニティ自体がメンバーに大きな影響を与えていると同時に，メンバー一人ひとりがコミュニティに対して影響力をもっており，それらは互恵的な関係性であるという「相互的な影響力」の認知を，コミュニティ感覚の重要な構成要素であると指摘した。くわえて，個人のニーズがメンバー間で共有されることでコミュニティ全体のニーズとして統合され，統合されたニーズの達成がコミュニティの場で実現されていくという「ニーズの統合と充足」の認知をもう一つの構成要素とした[14]。これらの，個人とコミュニティが互いに影響し合い，相互のニーズが充足する関係性にあるという感覚の高まりは，コミュニティに対して個人がもつ情緒的なつながりの感覚やメンバーシップの感覚とともに，コミュニティ感覚を構成するとされる。実際に，3節で取り上げたBやCの発言では，活動を通して自分の暮らしと地域の状況とを分かつことが難しいという感覚が深まることが示されている。

第三に，未来への視点や関心を見出すことができる。子ども世代が住み続けるまちや，コロナ禍の後もICTでつながれるまちという地域の未来像に関するCやDの発言からは，自分たちの活動が現在の地域や住民に必要とされるだけでなく，数年後，ひいては自分たちがいなくなった後の地域にも影響を及ぼすという感覚が見出される。この感覚は，エリクソン（Erikson, E. H.）が発達段階論において中年期以降の発達課題として示した「世代継承性（generativity）」，すなわち次世代を確立し導くこと，次世代へ継承することへの関心[15]や，超高齢期にむけて高まるとされる「老年的超越（gerotranscendence）」[16]の側面，すなわち自己の存在をより大きな流れの一部と捉え，祖先や子孫等とのつながりを深く感じる心理的発達の視点からも解釈が可能である。

(2) 今後の研究課題

最後に，本論の課題を3点挙げる。第一に，扱った事例の一般化可能性の問題がある。本論では，大都市近郊のかつてのニュータウンにて，成人して働き始めて以降にこの地域に転入した人びとが，高齢期に差し掛かってから地域活動の担い手になっていく過程を分析した。住民誰もが転入者という地域でもCEの過程がみられるという点は重要だが，他方で，古くからの住民と新しく転入してきた住民が混在する地域や，多くの住民が何世代にもわたり同じ土地に住んでいる地域においては，地域活動への住民の関わり方やエンパワメントの過程が，本事例と異なる経路を辿ることが予測される。この点については，本事例と異なる地域の事例研究を蓄積し，その結果を比較することで，地域特性や住民特性によるエンパワメントの過程の違いや共通性を明らかにすることができるだろう。

第二に，個人・組織・地域コミュニティのエンパワメントの過程と，相互の関連性を捉える方法の精緻化である。本論では，組織・地域コミュニティレベルの変化の過程に，高齢者個人の認識の変容を重ね合わせる分析を試みたが，中長期的な射程で三層の関連を詳細に分析することが求められる。

第三に，研究上・実践上の課題として，エンパワメント評価の方法を検討することである。本事例における評価とは，住民主導で活動内容や実績の可視化を行なったことを指す。しかしエンパワメント評価の観点からすると，高齢者自身が，評価を通じて自分たちの能力の伸長やコミュニティ感覚の醸成という個々人の変容を実感し，各々の評価の可視化・共有化を通じて組織レベルの集合的感覚を形成できるような，尺度や評価手法の開発も重要となる。

【注】

1）内閣府「平成28年高齢者の経済・生活環境に関する調査結果（全体版）」 https://www8.cao.go.jp/kourei/ishiki/h28/sougou/zentai/index.html, 2022.4.26.

2）例えば，荻野亮吾『地域社会のつくり方：社会関係資本の醸成に向けた教育学からのアプローチ』勁草書房，2022年等を参照。

3）例えば，松端克文『地域の見方を変えると福祉実践が変わる：コミュニティ変革の処方箋』ミネルヴァ書房，2018年等を参照。

4）例えば，小田切徳美編『新しい地域をつくる：持続的農村発展論』岩波書店，2022年等を参照。

5）Zimmerman, M. A. & Rappaport, J. Citizen Participation, Perceived Control, and Psychological Empowerment, *American Journal of Community Psychology, 16*(5), 1988, p. 726.

6）Zimmerman, M. A. Empowerment Theory: Psychological, Organizational and Community Level of Analysis, in Rappaport, J. & Seidman E. (eds.) *Handbook of Community Psychology*. Kluwer Academic Publishers, 2000, pp.43-63.

7）Ohmer, M. L., Coulton, C., Freedman, D. A., Sobeck, J. L. & Booth, J. *Measures for*

Community and Neighborhood Research. Sage Publications, 2019, Chapter 7.

8）詳細は，菅原育子・荻野亮吾・久保田治助・堀薫夫「地域コミュニティにおけるコミュニティ・エンパワメント手法の比較」『西武文理大学サービス経営学部研究紀要』第38巻，2021年，77-90を参照のこと。

9）例えば，日本社会教育学会編『社会教育における評価』（日本の社会教育第56集）東洋館出版社，2012年等を参照。

10）例えば，源由理子編『参加型評価：改善と変革のための評価の実践』晃洋書房，2016年，デヴィッド・M・フェッターマン，シャケ・J・カフタリアン，アブラハム・ワンダースマン『コミュニティの社会活動におけるエンパワメント評価：福祉，教育，医療，心理に関する「参加と協働」の実践知』（衣笠一茂監訳）福村出版，2020年等を参照。

11）フェッターマン他，前掲，pp.52-54.

12）インタビューは，東京大学倫理審査専門委員会の審査を経て，2016年に半構造化インタビュー，2019，2020，2021年にはグループインタビューにより実施したものである。紙幅の関係でここでは代表的な発言を抜粋して示す。

13）Elrich, T. Civic Learning: Democracy and Education Revisited, *The Educational Record, 78* (3-4), 1997, 57-65.

14）McMillan, D. W. & Chavis, D. M. Sense of Community: A Definition and Theory, *Journal of Community Psychology, 14*, 1986, 6-23.

15）岡本祐子・上手由香・高野恵代編『世代継承性研究の展望』ナカニシヤ出版，2018年。

16）増井幸恵「老年的超越」『日本老年医学雑誌』第53巻，2016年，210-214.

付記：本研究は，JSPS 科研費（課題番号：19K03206，19K02472，20K20827）の助成を受けて実施された。１・２節を荻野，３・４節を菅原が執筆分担したうえで，相互に原稿をチェックし合い修正を行なって，論文を完成させた。

高齢者の学習参加の意義

―ケイパビリティ・アプローチ適用の可能性―

高橋　満

はじめに：課題の設定

私たちは，なぜ，そして，いかに学びつづけるのであろうか。高齢期にある学習者の学びのプロセスと意義をケイパビリティ（capability）の視点から明らかにしたい。

学習を考えるとき，大切なのは，学習者たちが学ぶ目的は何か，ということである。ビースタ（Biesta, G.）は，生涯学習が求められる要因として，教育の目的に関する3つの次元を区別する[1)]。すなわち，「経済的次元」，個人の発達や成長という「個人的次元」，そして「民主主義の次元」である。こうしたとらえ方は機能主義的であり，それはあくまで「手段」であって，「目的」ではないと，アマルティア・セン（Sen, A.）であれば批判するだろう。他方，各国の社会政策形成では幸福感を高めることが目標として重視されている[2)]。センは，こうした心理的尺度による評価についても，重要ではあっても，あくまで間接的評価であると批判している[3)]。では，なにが学ぶ目的となるのか。教育の目的とは，暮らしのwell-beingの向上を実現するように，自らのケイパビリティを高めることにある，という理解に立つ。

本章では，センのいうケイパビリティとは何か。それは教育とどう関係するのか。とりわけ，高齢者の学習を通して拡張されるケイパビリティの具体的内容を明らかにしたい。内外を問わず教育学研究の領域では，センの議論はほとんど取り上げられていない状況にあるため，試論的な試みとなろう。

1．学習への参加をどうとらえるのか

(1) 参加の３つの側面

高齢者たちが学習に参加することは，いうまでもなく望ましいことである。しかし，学習に参加することが権利だというとき，私たちは，もう少し丁寧に参加の内容を吟味する必要がある。少なくとも3つの「参加」を区別するべきである。

第一に，「学習機会への参加」である。ユネスコの“Education for all”評価レポートには学習機会への参加率の国際比較が示されているが[4]，日本の学習への参加率は4グループ中の第3グループにとどまり，先進国では低いグループに属している。しかも，性別，学歴，階層等により社会的格差が見られることはいうまでもない。一般的には，経済的な発展が成人教育への参加率に大きな影響を与えているといえるだろうが，注目すべきなのは，社会政策などの制度的条件（福祉国家類型と成人教育との関係）が学習への参加率の格差となって現れているということであろう[5]。

第二に，「意思決定過程への参加」であり，日本には公民館運営審議会，社会教育委員の会議などすぐれた制度化された参加があるが，それは形式的参加の段階にとどまり[6]，それも形骸化しつつある。これは，高齢者をふくむ成人の学習をケイパビリティの視点から論じるときに大切な点である。なぜなら，何を学習するのかを選択し，決定するのは学習者でなければならないからであり，制度的参加はいうまでもなく，学習のプロセスにおける意見の表明と，それが尊重されるべきであるからである。日本の政策ではこの視点が決定的に欠落している。

第三に，「参加としての学習」（Learning as Participation）である。周知のように，学習論では構成主義の立場への転換がある。この構成主義に立つ学習理論は多様であるが，このうちの状況的学習論などの研究などによれば，実践コミュニティへの参加を通して，より具体的には，メンバー同士の

相互作用を通して自分らしいものの見方・考え方，感情や動機，規範やルール，知識，実行力，コミュニケーションの仕方までを学ぶプロセスを明らかにしようとしている。つまり，参加を通して自らのアイデンティティそのものを形成していくものとして学習はとらえられている。「獲得としての学習」から「参加としての学習」への転換である。

問題は，従来の生涯学習・社会教育研究では，これら3つの側面を統合的に議論している研究が少ないということである。この点，ケイパビリティ・アプローチは，これら3つの視点を踏まえた参加の理論であり，この参加を通して学びが展開するという点で，すぐれて学習に関連する理論であるといってもよいだろう。

⑵ 高齢者の参加をめぐるポリティックス

周知のように，日本の政策では，超高齢社会に対応するため，高齢者の参加がことさら強調されている。1995年「高齢社会対策基本法」にもとづき「高齢社会対策大綱」が策定されたが，そこでは超高齢社会に対応するため，自助・共助が強調され「意欲と能力のある高齢者には社会の支え手となってもらうと同時に，支えが必要となったときには，周囲の支えにより自立し，人間らしく生活できる」社会，「国民一人ひとりの意欲と能力が最大限に発揮できるような全世代で支え合える社会を構築する」ことが目指される。とくに，高齢者の労働への参加，ボランティア活動などを通した社会貢献，そして学習活動への参加が重視される。

ここで教育に関連して注目すべきは，国家の役割が等閑視されており，高齢者像の社会的再構成（re-framing）が図られているということである。従来，「依存する」高齢者，能力がしだいに衰えていく過程にある高齢者のイメージが典型的な像としてつくられてきた。それが，いまや「意欲にあふれ」「自立する」高齢者，社会に貢献することのできる高齢者像へと視点が転換している。

これを象徴する概念が，WHOの提唱するアクティブ・エイジングであり，各国政府の政策目標として掲げられるサクセスフル・エイジング

(successful aging) というラベルである。ステファンス (Stephans, C.) は，サクセスフル・エイジングという言説に対して，本来社会的である問題を高齢者自身の問題に個人化することにより，社会的諸条件の改善や介入などの施策の必要性を捨象する議論であること，また，エイジングにともなう衰退と死を正常な現象として認める余地を奪う抑圧的な議論であるとして批判する[7)]。したがって，これらの政策概念を無批判に受容することは，支配的イデオロギーに組み込まれかねない危険性を孕んでいるといえよう。

(3) アマルティア・センの参加論

では，参加をどう考えるべきであろうか。この点，センの参加論は示唆的である。彼は，まず，参加の概念は自由と自発性を不可欠とすることを確認する。「参加の概念は，人びとに特定の社会プログラムを押しつけたり，特定の社会関係への参加を強制したりする試みに対立する」ものであると指摘する。そして，こうも主張する。「よい人生とは，部分的には真の意味での選択された人生であり，特定の人生として強制されるものではない——たとえ，別の視点から見て豊かであろうとも」[8)]。

第二に，参加の概念には，より積極的な意味がある。つまり，「所与の制度やルールのもとで自己や選択や行為に責任を持つという〔個人的責任〕」とともに，所与の「制度やルールのあり方を社会的に決定していく責任であり，政治的参加の自由そして民主主義のもとで人びとが協同して担うべき〔われわれの責任〕」が付随している，という。したがって，センのケイパビリティ論では社会をつくることへの参加をことに重視した議論が展開される。

ここでの責任の意味は政策のそれとはまったく異なる主体像をもっているといえるだろう。つまり，民主主義を実現しようとする社会参加の主体として行為することが，「われわれの責務」として求められる。センが言うエージェンシーである[9)]。

2．アマルティア・センのケイパビリティ・アプローチ

⑴ センのケイパビリティ・アプローチとは

センはノーベル経済学賞を受賞した著名な研究者である。しかも，人間の安全保障や人間開発をめぐり国際的政策形成に大きな影響を与えつづけてきた。その彼のもっとも野心的な理論的提起こそ，ケイパビリティ・アプローチである。留意する必要があるのは，それは理論ではなく，施策や政策を評価する分析枠組みを提供するものである，とセンが考えていることである[10)]。

では，ケイパビリティとは何か。センは，「機能」（function）と「ケイパビリティ」（capability）という概念を使用しているが，「機能」が財や資源によって「なしたこと」を意味するのに対して，ケイパビリティとは，「人が達成できる諸機能（『あること』と『なすこと』being and doing）の多様な組み合わせである」と説明する[11)]。つまり，ケイパビリティは，諸機能の選択と組み合わせにより明らかになる人間のできることの広がりを意味している。もう少し簡潔にいうと，人びとが選択した目標を実現する力であるといってよいだろう。

教育の目的は，このケイパビリティを育む，つまり，拡張（expansion）することにある。それは，人びとにより異なる選択の集合の広がりとしてとらえられる。しかし，センの教育への具体的な言及は基礎教育・識字教育にとどまり，成人の学びの広がりを十分に論じているとは言いにくい。

高齢者の学習を念頭に，センを越えて教育の営みをとらえようとするとき，選びとられた新しい生き方とは何か。学習はそれをどう実現しているのか。ここではケイパビリティ・アプローチを取ることにより学習者の多様性と，これを前提とした学習の意義を明らかにしたい。

⑵ ケイパビリティへの転換因子

サイトー（Saito, M.）は，子どもだけに視野をおきつつ，教育を通したケイパビリティの拡張について，２つの視点を提示している[12)]。第一に，学習機会の拡大である。第二に，教育を通して「獲得」された機能である。例えば，数学を学ぶ機会をもち，そして数学ができること（具体的例示としては水泳があげられる）として例示される。サイトーの議論は重要であるが，その内容を見ると，古い学習観にたった議論にとどまり，したがって，ケイパビリティのもつ豊かな内容をとらえることはできていない。

ここでは高齢者を念頭におき仔細に考えてみたい．まず，学習機会という意味でケイパビリティ・アプローチと教育との関連を考えるときに重要なことは，資源を機能へ変換する際に影響する因子をいかにとらえるかである[13)]。その意味では，センは手段としての資源の側面を無視するどころか，重視しているともいえるだろう。しかし，それだけには止まらず，ケイパビリティ への変換のプロセスを問題にする。

例えば，高齢者について考えると，収入が同じ額であっても，病弱で歩行の困難な高齢者と健康な高齢者とでは，享受できる学習の機会に大きな違いがでてくる。財貨だけでは，私たちの暮らしの well-being を評価することはできないのである。障害者と健常者，女性と男性の違いにも同じことがいえるだろう。

センはロールズ（Rawls, J.）を高く評価しつつも，彼が人びとの多様性を捨象し，かつ財の平等な配分だけを重視する「物神崇拝」に囚われていると厳しい表現を使って批判している。したがって，生活の well-being の評価は，資源や効用の視点ではなく，機能やケイパビリティの視点から考えられ，測定されるべきであると指摘する[14)]。くり返しになるが，むしろ大切なのは，資金や財貨をケイパビリティに変換するプロセスとはどのようなプロセスをとるのか，という視点である。

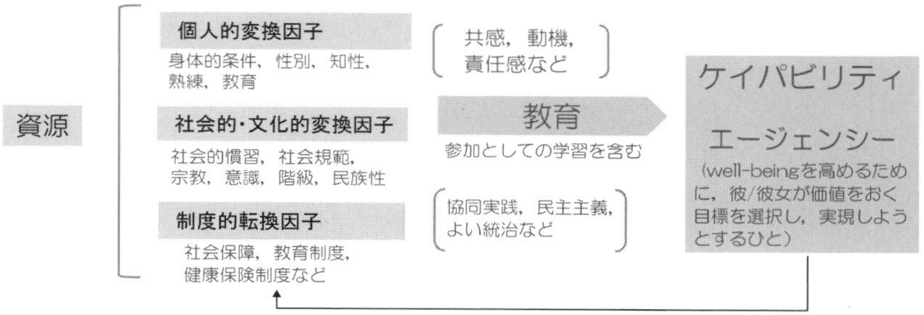

図１ 資源のケイパビリティへの変換過程
注：高橋満作成.

一般に，これらは，図１に示したように，３つの因子に分けることができる。①個人的変換因子（personal conversion factors)，②社会的・文化的変換因子（social and cultural conversion factors)，③制度的変換因子（institutional conversion factors）である[15)]。「よい教育」（good education）をつくるためには，これら３つの因子をよりよいものに変えることが求められるだろう。

この転換のプロセスを少しく紹介してみよう。例えば，学習の機会を考えてみよう。地域に学習機会として公民館がある。しかし，個人的因子である条件として身体に障害（impairment）がある場合，あるいは，これまで学習した経験がなければ，公民館に行って学ぶということはむずかしいだろう。加齢にともなう身体的行動の制限という個人因子は重要なファクターである。少し離れた公民館に行くことが加齢とともにしだいにむずかしくなる。また，社会・文化因子としては，「公民館に行くのは暇な人だけ」という意識をもっていたり，自分が受けてきた学校教育を想い出しつつ「もう学ぶのはこりごり」というような意識があれば，学びはじめることはないだろう。「女性には教育はいらない」という規範（gender bias）も教育への参加の制限となる。最後に，地域に学習施設がない場合には，そもそも学ぶことはできないことになるだろう。これは制度的因子である。

このように，人の意欲や学習課題というものを知るだけでは，彼／彼女が達成できる機能を知ることにはならない。

この変換因子をケイパビリティに変え，同時に，変換因子をより適切なものに変える主体がエージェンシーであり，これを育むものが教育である。教育実践の課題としては，どのような教授・学習のプロセスをつくる必要があるのかを，あるいは，より広い視野で教育実践（実践的介入）を考えることが必要となるだろう。

３．学習の目的：個人の主観的幸福か，公共的推論か

(1) 自由選択と社会教育の目的

センのケイパビリティ論では，第一に，財貨や資源の量よりも，人生に本質的な価値があるものに焦点をあてる。しかし，同時に，手段的なものの価値を十分認識していることも事実である。第二に，学ぶことに価値を見出すのは，高齢者自身だということを強調する[16)]。なぜならば，ケイパビリティ・アプローチでは当事者が価値を見出すことを実現する＝機能に変えることが出発点である。センは，その選択可能性にこそ自由の意味を見出している。つまり，それぞれが価値を見出すことを実現することが大切なのである[17)]。こうした課題を自ら見出すこと自体が高齢者の学習においては重要である。

では，教育の目的をあくまで学習者の選択に委ねるべきだという主張を取るべきだろうか。ただ自分が楽しいことだけを学ぶことでいいのだろうか。いうまでもなく，教育実践はすぐれて価値的な働きかけ，すぐれて規範概念でもある[18)]。したがって，自由であればいいというわけではない。

参加を重視するセンは，こうした問いに対して，批判的な精査への開放性を主張する。つまり，広い人びとの「同意」をつくることが必要である，という。なぜなら，公共的な推論と民主的な議論を通してつくられることによって，恣意性を排除し，公共性を見いだすことができると考えるからである。重要なことは，広く議論すること，公共的な推論によって選択することである。この点は，教育という事業が協同の課題であるゆえに，とくに重要だといえるだろう。

(2) 主観的幸福とケイパビリティ

もう一つの有力な考え方としては，とりわけ主観的な幸福感を重視するという主張がある。それは，現在の社会政策的根拠として各国政府や国際機関が重視している指標でもある[19]。確かに，学習者自身が自らの学習を通して満足感や充足感を得ることは，高齢者たちの人生にとって大切である[20]。

しかし，自分たちの暮らしにどの程度満足しているのか，という指標でとらえることは主観主義であり，高齢者の多様性を無視する議論に陥る恐れがある。さらに，飢餓に瀕している状態にありながらも，心は満ち足りているという現象はよく見られる。これは「適応選好の問題」（The Problem of Adaptive Preferences）と呼ばれる意識であるが，にもかかわらず，その意識を政策形成の根拠とすることは妥当であろうか。

こうしたなかで，客観的基礎を提供する評価基準を明らかにしようという研究が出されている。それを代表するのがマーサ・ヌスバウム（Martha C.Nussbaum）の議論である[21]。彼女は，ケイパビリティを規範的概念としてとらえる際に，すべての人に適用できる「普遍的要素」があると主張する。具体的には，①生命，②身体の健康，③身体の不可侵性，④感覚・想像力・思考力，⑤感情，⑥実践理性，⑦連帯，⑧他（ほか）の種との共生，⑨遊び，⑩自分の環境の管理である。

彼女がとくにリスト化し，重視するのは「実践理性」，すなわち，「よき生活の構想をたて，人生計画について批判的に省察することができる」こと，「連帯」（他の人たちとともに生き，社会に参加できること）である。なぜなら，「それによって人は真に人間らしくなる」からである。

周知のように，彼女の議論は国際機関で大きな影響力をもってきているが，私は，優れて研究者が自らの理想を一般化しようとしていることに疑問をもっている。これに対して，センの議論では，基本的ケイパビリティの評価軸をつくることに一概に反対するわけではない。そうではなくて，それをどのようにつくるのか，ということをめぐる批判である。ヌスバウムのように，普遍主義を標榜し，研究者・理論家が設定するのではなく，個々の学習者と状況に応じて，当事者（学習者，教育者，住民）たちが民主的な議論を通して創り上げるべきだということを主張する。彼は手続き的正統性・正義をとりわけ重視する。これは参加論という視点から見ると，意思形成過程への参加のプロセスであり，公共的な推論を通した参加者の学びのプロセスという面を重視していると理解してよいだろう。

言い換えれば，センのケイパビリティ・アプローチそのものが参加の理論であるといってもよいだろう。しかも，先に検討した参加の３つのレベルでいうと，学習機会への参加だけでなく，ケイパビリティの選択を通して意思決定過程への参加を深めること，そして，対話や議論を通した学習としての参加を統一的にとらえる見方を取っていることが彼の理論の特徴であり，また，その意義でもある。

(3) 高齢者の学習とケイパビリティの拡張

ケイパビリティとは，学習者が価値をおく機能を実現する能力を意味する，したがって，学習の目的も人により異なることになろう。私たちは，教育を通してケイパビリティを拡張することにより well-being を実現することができる。しかし，そこでケイパビリティを拡張するとはどういうことなのか。そもそも教育を通して得られるケイパビリティとは何なのか，ということを明らかにする必要がある。

かつて，私は高齢者の基礎的ケイパビリティ[22)]について提案したことがある[23)]。すなわち表１に示したように，①「健康であること」，②「家族・近隣の人びととの対話や交流があること」，③「地域や社会的における諸活動に参加すること」である。それぞれの項目に対して，どのようなケイパビリティが対応しているのかを示している。これらを受けて，具体的学習活動を整理すると右の項目内容となる。つまり，健康で活動ができること，人びととの交流とコミュニケーションがあること，そして，社会に参加することである。

表1　高齢者の学習とケイパビリティ

基礎的ケイパビリティ	ケイパビリティの内容	学習活動
健康であること	身体的・精神的に健康な状態にあること，基本的に移動することができること	散歩 ダンスなど軽い運動
家族・近隣の人びととの対話や交流があること	家族・友人との対話や交流，近隣の人びととの対話や交流	家族・友人との交流 学習仲間との対話・交流
地域や社会的における諸活動に参加すること	高齢者が選択した様々な協同活動（学習活動を含む）に参加すること	学習活動への参加 地域活動への参加 社会的・政治的活動への参加

注：高橋満作成.

これらの相互に関係する機会への参加を通して，人びとのwell-beingを高めることにつながることは間違いない。しかし，これでは高齢者が教育を通して達成することのできる暮らしのwell-beingの内容を示すものではあっても，教育を通して拡張するケイパビリティの基礎的内容が明らかではない。ケイパビリティとは「人が達成できる諸機能の多様な組み合わせ」だと考えると，教育を通して拡張される能力の基礎的内容を整理することが求められる。それは学歴や資格取得，キャリアアップのための知識獲得などの手段的価値の実現としてではなく，より一般的な能力としてとらえられるべきである。

高齢者が学びはじめる契機は多様であろう（離婚，災害への遭遇など人生の転機）が，学びが深まるとは，多様なことに対して学習への「興味・関心が広がる」，さらに学びつづけるうちに「学問のつながりがみえてくる」こと，「多面的視角や新しい視点で社会をみる」ことなどを核として（新しい見方・考え方を得ること），学習する高齢者自身が「自分を理解する」「自信をもつ」などの力を得ることが基礎的に重要ではないか（自己認識の転換）。さらに，学ぶことが「楽しくなる」ことによって，暮らしのなかで学びつづけることにも結びつく。それらは，学習を通したエンパワーメントのプロセスを構成するものといえるだろう。

既述のように，私たちが大切にしていること（valuable being and doing）を達成するということが出発点となる。しかし，それは勝手な個人の選択としてではなく，センが重視する公共的推論の過程，より具体的にいえば，学習者同士の対話，協同活動への参加をくぐり抜けたなかでつくられる選択となるべきである。つまり，それは個人的であり，かつ公共性を有する選択となる。

こうした理解に立てば，教育のあり方も自ずから明らかになるだろう。「獲得」をめざす個体主義的な学習ではなく，参加を重視する協同的な学習（non-formal education）であったり（協同学習），相互作用（交流を含む）を通した学び合い（informal education）に価値が見出せるのではないだろうか。

5．おわりに：ケイパビリティ・アプローチの意義と課題

以上，センのケイパビリティ・アプローチについて教育の視点から検討してきた。そこからケイパビリティ・アプローチをとることの学術的意義を考えたい。

第一に，教育の目的の明確化である。例えば，筆者の関心の一つに「地域づくりと社会教育」がある。このテーマであると，往々にして，地域づくりの成功と挫折という点に焦点をおいた議論をしがちである。地域の活性化の「成功」が教育の成功であるかのような議論である。センは，それは「手段」であり，決して「目的」ではないというだろう。ケイパビリティの視点からは，学習者が選択した生き方を実現するケイパビリティを拡大できたかどうかが問題となる。手段論は大切だとしても，目的ではないことに留意すべきである。

第二に，高齢者の変化を含む多様性を認識すべきである。しかし，これまで支配的な言説により構築される高齢者像を理想とする議論にとどまるものであった。その結果，私たちの研究から少数者，社会的弱者の声がかき消されてきたのではないか。この点，ケイパビリティ・アプローチには，人間の多様性，人びとの異質性，および複数性を組み込んだ研究を進める可能性があると指摘できる。ケイパビリティとは，学習者が価値をおく機能を実現する能力を意味する，したがって，高齢者による学習の目的も人により異なる

ことになろう。ところが従来の研究では，高齢者一般，女性一般，学習者一般という枠組みのなかで，強くいうと，架空の学習者を念頭においた議論にとどまっていた。こうした限界を超えてよりリアルな学習者像に迫ることが求められるのである。その際に，ライフコース・アプローチが有効な研究方法となろう。

第三に，教育を通して達成される高齢者の暮らしの well-being を確認し，かつ，ケイパビリティの拡張の内容について内容を提示した。しかし，その内容についてはあくまで試論の域にとどまり，実証的な把握には至っていない。センのいうエージェンシーとして，社会への参加とよりよい地域社会をつくる活動への参加にどう結びつくのか。アイデンティティ，協力，利他主義，共感などの動機をいかに得られるのか。その究明は今後の課題としたい。

【注】

1）Biesta, G. *Good Education in an Age of Measurement: Ethics, Politics, Democracy.* Paradigm Publisher, 2011, pp.59-70.

2）Austin, A. On Well-Being and Public Policy: Are We Capable of Questioning the Hegemony of Happiness? *Social Indicators Research, 127,* 2016, pp.123-138.

3）Sen, A. *Inequality Reexamined.* Harvard University Press, 1992, p.54. さらにいえば，飢餓に瀕していながらも，心満ち足りているという現象もよく見られる，つまり，「適応選好の問題」（the problem of adaptive preference）がある。

4）Desjardins, R. *Participation in Adult Education Opportunities: Evidence from PIAAC and Policy Trends in Selected Countries,* 2015, pp.1-35.

5）この点は，K. Rubenson らの比較研究がある。Desjardins,R.& Rubenson,K. Participation Patterns in Adult Education: the Role of Institution and Public Policy Framework in Resolving Coordination Problems, *European Journal of Education, 48* (2), 2013, pp.262-280.

6）Arnstein, S. A Ladder of Citizen Participation, *Journal of the American Institute of Planners, 35* (4), 1969, pp.216-224.

7）Stephens, C. *A Capabilities Approach to Healthy Ageing: Towards More Inclusive Identities for Older People,* International Network for Critical Gerontology, *December*

8. 2016, https://criticalgerontology.com/capabirities-approach-health- aging/, 2022.6.4.

8）Sen, A. *op.cit.*(1992). Sen,A. *Development as Freedom*. Oxford University Press, 2000. Sen, A. *The Idea of Justice*. Harvard University Press, 2009.

9）Sen, A., *op cit.*(1992). とくに，第4章のエージェンシー論を参照。

10）ロベンス（Robyens, I.）は，一般的には，①達成された well-being の評価，②社会的ルールや制度の評価，③政策形成の枠組みを提供するものとして定義する。Robyens,I. *Wellbeing, Freedom and Social Justice: The Capability Approach Re-Examined*. Open Book Publishers, 2017.

11）Sen, A. *op.cit.* (1992), p.40.

12）Saito, M. Amartya Sen's Capability Approach to Education: A Critical Exploration, *Journal of Philosophy of Education, 37* (1), 2003, 17-33.

13）センは，正義の条件とは資源や財の平等だけではなく，「資源を実際の自由に変換していく能力の多様性である」と指摘している。Sen, A. *op. cit.*（1992），p.85. ここに変換のプロセスを明らかにすることの意義を理解することができる。

14）Alkire, S. Choosing Dimensions: The Capability Approach and Multidimensional Poverty, *CPRC Working Paper 88*, Oxford Poverty & Human Development Initiative, 2007, pp. 1-28.

15）Sen, A. *On the Ethics and Economics*. Blackwell Publishing, 1987. ここでは制度的因子としているが，一般には，個人的，社会文化的転換因子に加えて環境転換因子が挙げられている。その内容は，気候，地震の有無，海，河川，山などの要素であり，それ自体を教育により変更しえない要因なので，ここでは社会的因子のなかの制度的な因子として分類している。

16）既存の社会教育の議論では，研究者が見出した「学習課題」を学ぶことが想定され，議論されてきた。「必要課題」と「要求課題」という考え方自体が，こうした認識にもとづく。

17）こうしたセンの主張は，個人主義的であるという批判があるが，彼の立場は，つねにケイパビリティを関係的なものとしてとらえるというところに特徴がある。

18）Gopinath, M. Thinking about Later Life: Insights from the Capability Approach, *Aging International, 43*(2), 2018, p.255.

19）オースチンは，各国政府の政策形成における主観的幸福指標の席捲状況を「幸福ヘゲモニー」と表現し，いかに批判すべきなのかということを論じている（Austine, 2016, *op.cit.*）。

20）センは，こうした主観主義を批判しているが，それが重要でないと考えているわけではない。彼が拒絶するのは，もっぱら精神的状態に寄りかかる議論に対してである。Robeyens,I. The Capability Approach: A Theoretical Survey, *Journal of Human Development,6* (1), 2005, p.97.

21）Nussbaum, M. C. Non-Relative Virtues: An Aristotelian Approach, Nussbaum, M.C. & Sen, A.(eds.) *The Quality of Life: A Study Prepared for the World Institute for Development Economics Research (WIDER) of the United Nations University*. Oxford University Press, 1993, pp.242-269.

22）テリジ（Terizi, L.）は，子どもを念頭におきつつ，その（教育を念頭においた）基礎的ケイパビリティとして，識字，算数，社会性と参加，学習意欲，身体活動，科学・技術，実践的理性の７つを上げている。Terizi,L. On Education as a Basic Capability (Draft Paper for 4th International Conference on the Capability Approach: Enhancing Human Security), University Pavia, Italy, 2004, Sept., pp.5-7.

23）アマルティア・センのケイパビリティ・アプローチのより詳しい理論的な検討については，高橋満「高齢者の社会教育への参加：『ケイパビリティ・アプローチ』の可能性」放送大学宮城学習センター編『研究収録』第５号，2022年，23-40. この中で高齢者の基本的ケイパビリティの内容について提案している。

第Ⅲ部

高齢者学習支援実践論（具体的な高齢者学習の現場に近いもの）

高齢期の民族的アイデンティティ形成の学習

―アイヌ民族・浦川太八のライフヒストリーを手がかりに―

若園 雄志郎・廣瀬 隆人

はじめに

本論では，アイヌ民族の工芸作家である浦川太八のライフヒストリーから，文化財の保存伝承と民族的意識の形成に影響を与えた自己学習の実態を明らかにし，高齢期の民族的アイデンティティ形成について考察していく。

アイヌ民族については2008年６月６日にアイヌ民族を「独自の言語，宗教や文化の独自性を有する先住民族」と認めることを求める決議が衆参両院でそれぞれ満場一致で採択された。2019年には「アイヌ文化の振興並びにアイヌの伝統等に関する知識の普及及び啓発に関する法律」（アイヌ施策推進法）が施行され，2020年には国立アイヌ民族博物館を含むウポポイ（民族共生象徴空間）が開業するなど，関連する施策が本格的に行われるようになった[1)]。これまでも本学会では年報第58集『アイヌ民族・先住民族教育の現在』[2)]において，アイヌ・先住民の問題を社会教育の側面から論じてきた。

一方で，アイヌ民族への施策の不十分さや差別問題に起因して，民族としてのアイデンディティを継承し形成する機会が得られなかったということもしばしば起こっている[3)]。そのため，アイヌ民族自身が近年になってようやく自らの民族性を見つめ直すことができるような社会状況となり，また民族としてのアイデンティティを改めて獲得する事例も多くみられるようになってきた。

アイデンティティ獲得にあたっては，成長に伴って徐々に形成されていくことが多い一方で，壮年期や高齢期における何らかのきっかけで強く認識されるということもある。本論では後者の事例としてアイヌ工芸作家である浦川太八を取り上げる。太八は1941（昭和16）年北海道浦河町に生まれ，現在は北海道アイヌ協会が認定した「優秀工芸師」[4]であり，アイヌ民族文化財団の「アイヌ文化活動アドバイザー」を務めている。また，同財団の「アイヌ工芸品展」やアーカイブ記録[5]，北海道大学総合博物館が行なった企画展示におけるアイヌ民具の複製依頼など，工芸領域の第一人者である。

堀薫夫は高齢期に活性化される芸術のスタイルとして，リンダウアー（Lindauer, M. S.）の「オールド・エイジ・スタイル」を論じた。その中で，「高齢期に創造的な仕事をするという場合，若年期からずっと継続してその仕事に携わってきた場合と，中高年期からその創造性が表面化する場合とがある」[6]としているが，太八の学習活動の特徴が高齢期の工芸活動につながっていることを踏まえれば，堀の指摘のうち後者にあたると考えることができる。つまり，「表面化しない部分での熟成や下積みの期間があることが多い」[7]ということと一致しているといえるだろう。また，堀はオールド・エイジ・スタイルの事例としてミステリ小説家のクリスティ（Christie, A.）を取り上げ，そのオールド・エイジ・スタイルの礎となった人生経験を５点指摘しているが，太八に関してもその「特異性」として母の影響・研究者との出会い・講師経験の３点を指摘することができるだろう。

こうしたアイヌとしての民族意識や文化財の保存伝承に係わる意識の形成過程に着目し，高齢期の学習の具体的な在り方と自己形成，特に主として民族意識，文化伝承に関する意識の形成について包括的に考察する。これにあたっては浦川太八に関するこれまでの文献や先行研究の検討と半構造化面接法による本人に対する聴き取りを行い，文化財の保存伝承と民族的意識の形成に与えた自己学習の実態を明らかにする。

１．浦川太八のライフヒストリー分析

高齢者の学習について「浦川太八」を実名で取り上げる理由について述べ

ておきたい。それには太八の木彫り職人としての「特異性」を挙げることができる。北海道アイヌ協会の優秀工芸師として認定され，同協会のウェブサイトでも紹介されている工芸作家のうち，主に木彫を行なっている作家は6名である[8]。他にも北海道内には木彫を行う工芸作家は数名いるが，いわゆる伝統的な民具を忠実に再現するとともに，実用として機能する作品を制作する作家は太八のみであるといっていいだろう。太八は自ら鹿や鮭を解体したり捌いたりするが，その過程を丁寧に調査し，成果を生かしてマキリ（小刀）等を制作できるほぼ唯一の作家であり，職人である。一貫して伝世資料と実体験から学び実用として機能するという民具を再現している。さらに太八の木彫は，多くの木彫工芸作家が使用する三角刀・平刀・丸刀などのいわゆる彫刻刀ではなく，伝統的な切出し刀のみを用いていることに特徴がある。これはアイヌの伝統的な技法に限りなく近いと推察できる。

さて，聴き取り調査[9]をもとにすれば，太八の自己形成に大きな影響を与えた「学習」としては次の３点が指摘できる。１点目は，太八自身が「母親の影響が最も大きい」と述べているように，母である浦川タレがアイヌ文化の伝承と普及を組織的に進めていたことを幼少の頃から見ていたこと，さらに創作性よりも自ら研究し，伝統的な技術を再現し，それを普及するという一連のプロセスについてその影響を見ることができることである。２点目は，頻繁に母のもとを訪れる研究者との出会いである。太八の木彫り技術は徒弟制度のなかで形成されたものではない。これもやはり伝世資料と自ら猟師としての生活体験のなかから生み出された知識と自己学習による再現が基本となっている。その時に北海道開拓記念館（現・北海道博物館）学芸員の助言や配慮により，収蔵資料を十分な時間をもって観察できる機会を得たことである。当時，収蔵資料を間近に観察することは知遇を得た職員立ち会いがなければ容易ではなかった。なお，研究者との交流の一環として，太八自身が母親タレに対する聴き取り調査を行なっている[10]。３点目は60歳代以降，北海道ウタリ協会（現・北海道アイヌ協会）が受託した「機動訓練」[11]や，アイヌ文化振興・研究推進機構[12]がアイヌ民族博物館に委託した「伝承者育成事業」（後述）の講師を経験したことである。

以下では，これら３点に関して分析を加えていく。

(1) 母・浦川タレの影響

前述の「特異性」には，太八の母親であるタレが影響していることを本人が述べている。浦川タレ（1899-1991）は，優れたアイヌ文化の伝承者として広く道内に知られた存在である。浦河町立郷土博物館にも代表的な伝承者として，本人の写真とともに「浦川タレ」という実名で制作資料が展示されている。タレが伝承するアイヌ文化は周囲の人びととの暮らしのなかから習得した文化であるが，一方で，刺繍や編布の残された伝世資料を分解し，自らそれらを再現するなどして技術を学ぶという独特の手法もとっていた[13)]。

この資料そのものから学ぶという技術の習得により，それらを次の世代に継承する特異な伝承の方法は太八に影響を与えている。同博物館の「アイヌの人々のくらし」展示解説には，「1946（昭和21）年頃からアイヌ民族の文化保存継承の必要性を意識するとともに，同族の生活向上民族の誇りを取り戻すことへの活動を開始しました」と紹介されており，1966年に地元で「姉茶民芸品研究会」を設立し，近隣のアイヌの人びとに歌・踊り・刺繍・木彫り・アットゥシ織などの伝統的なアイヌの工芸を伝えるための学習機会を主として生活館で提供してきたという。これが1960年に設立された浦河アイヌ文化保存会の前身である。保存会は文化の普及啓発を目的とした社会教育活動であるとともに，道内外の芸術祭等に精力的に参加し，活動発表や交流により，質の向上を図ってきた。こうした活動は，「浦河町文化奨励賞」(1975)，「北海道文化財保護功労者表彰」（北海道文化財保護協会，1982)，「浦河町指定無形文化財」(1983)，「アイヌ文化伝承功労者表彰」（北海道教育委員会，1989）などに至り，広くアイヌ文化伝承者の「浦川タレ」として周知され，また太八自身もそのような社会教育の場を目の当たりにしているのである。

一方で，浦川家は，父の太郎吉が町議会議員を務めたこともある地域のリーダーとして活動していたこと，幕末には探検家松浦武四郎が訪問した名家であり，タレは日高地方の代表的なアイヌ文化伝承者であったことから，固有名詞としての「浦川太八」という名前に誇りをもっていると語っている[14)]。

⑵ 研究者との出会いと民具の複製

太八は40歳頃より工芸品の制作販売を行なっていたが，60歳を過ぎた頃から，自らのアイヌとしての生活体験を通じて，実用的・機能的な視点に立つ伝統的工芸品（道具）の制作を意識し，日高地方固有のアイヌの生活文化，伝統技術の伝承と担い手育成に貢献する活動を展開するようになった。また，アイヌ文化の象徴的な民具であるマキリを制作できる数少ない工芸師であることから，その技術の普及啓発に大きな役割を果たしている。

太八の工芸品の制作方法の特徴は以下の２点を挙げられることができる。第一に，自身が現役の猟師として熊や鹿の猟に山へ出かけ，仕留めた獲物を解体する道具として制作した工芸品を利用することで，機能を科学的に検証し，伝世資料の残した情報（意図）を深く読み取り，改良を加えるという技術を習得していることである。また，北海道庁の許可を得てアイヌ民族の伝統的な道具（マレㇰなど）を用いた鮭漁も行なっている[15]。太八は「使えないものはつくらない」と断言しており，実際の生業で使用することによって，伝統民具の妥当性，合理性を検証し，それに基づいて工芸品を制作しているのである。これは，単に「土産物」を制作しているのではなく，アイヌ文化の知識，技術，思考が工芸品そのものの中に刻み込まれるといってよい。

第二に，太八は様々な収蔵資料や伝世資料を丹念に観察し，記憶し，そして再現することができることにある。⑴で示したタレのもとには北海道開拓記念館の学芸員が何度も調査に訪れていたが，その学芸員から聴き取り調査を含めてアイヌ文化の科学的な方法論や視点を獲得してきた。さらに同館に収蔵されている実物資料の観察の機会を得ることとなり，それを教材として自己学習が深まり，「良いものをつくって残しておけば，次の世代がそこから技術を学ぶことができる」[16]という言葉になって結実する。熟練の技術による精緻な細工にはそうした丁寧な観察や反復される学習に裏打ちされた学習成果が生かされている。そのため，多くの博物館からの複製品作成依頼[17]が行われており，そのことによってさらに学習が深まっているのである。この執拗なまでの研究熱心さは実用性を越え，文化性の高さを示す。

太八にとっての「アイヌ文化」を代表するものは民具の複製であるが，太八が個人的に北海道開拓記念館の収蔵資料をもとに複製したもの以外に，博物館等の企画展示のために複製したものもある。主なものとしては以下の2展示が挙げられるだろう。

①アイヌ工芸品展「海を渡ったアイヌの工芸　英国人医師マンローのコレクションから」（アイヌ文化振興・研究推進機構）[18]

・会期（会場）：2002年4月26日～6月9日（北海道開拓記念館），7月27日～9月1日（神奈川県立歴史博物館）

・複製3点（イタ・マキリ・イクパスイ）

②企画展示「teetasinrit tekrukoci，先人の手あと，北大所蔵アイヌ資料　受けつぐ技」（北海道大学アイヌ・先住民研究センター，北海道大学総合博物館）[19]

・会期（会場）：2009年2月1日～3月29日（北海道大学総合博物館）

・複製2点（鹿笛・小刀鞘）

太八が制作する工芸品は，「道具」としての機能をもつことに特徴があるが，同時にそのことは，多くの学習の必要性を生み出していた。近隣の博物館や郷土資料館，道立博物館などを頻繁に訪れることで，担当学芸員との関係を構築し，実際に実物を手に取るという調査研究と学習経験を蓄積してきた。

独立当初は一般的なお土産物の木彫りで生計を立てようと考えていたというが，しだいにアイヌの精神文化の表象としての民具の在り方を丁寧に検討し，道内のみならず海外の博物館へも調査に出かけ，先人の残した民具から学び，伝統的な文様の継承とその技術の普及を図っている。

⑶ 講師経験と後継者

⑵で挙げた①②の企画展示におけるインタビューでは，「冬になると3か月間アイヌの子弟を集めて機動訓練で木彫りを教えている」「1人でもそういう昔の技術を受け継いでくれる人がでてくれば」[20]，「アイヌ工芸の未来への心配事の一つは，後継者不足です」[21]と述べており，今回の聴き取りにお

いても現在の課題として後継者についての言及があった。

太八は，他に類例を見ない実証的な経験と実物から学び取った知識と技，アイヌの伝統的な素材の選択や彫りの技術を継承する唯一の職人として注目されるようになり，60歳代後半からしだいに「教える」という経験が増えてくる。宗教的儀式や所作などについては細部にわたる強いこだわりは見せないが，とりわけマキリの制作工程には自らが調査した経験的な根拠に基づく方法が注意深く選択されている。マキリの彫刻を行うにあたって，それまで工芸品として流通していたものに使われている技法や材料が伝統的なものではないと感じたことが，太八が文化の継承に向き合うようになったきっかけであるともいえる[22)]。

こうした継承すべき技術としてのアイヌ文化を強く意識しはじめたのは，指導者として活動する経験を通じて形成されたという。太八の「教え方」は，例えば若者を鹿猟に同行させ，自作のマキリを用いた解体のプロセスを見学させ，その一部を体験させる。長時間にわたって理念や背景について語ることはなく，いつも実物や実体験による観察と実技による方法が選択されている。こうした方法は，前述のタレの影響もあると考えられるが，太八はこうした指導者としての経験によってその実物，実体験を核とした文化伝承をより純化させているとみることができる。

また，「伝承者育成事業」での講師経験も文化の伝承を意識した経験の1つである。この事業は2008年より始まったもので，その当初の主旨について「伝承者育成事業受講生募集要領（アイヌの伝統的生活空間の再生事業）」によれば，「アイヌ文化の伝承者が高齢化し，伝承活動が減少している現状において，アイヌ民族，文化に関する総合的な知識や技術・技能を身につける伝承者の育成が必要不可欠であり，アイヌ文化を根底から支える総合的な人材（伝承者）を育成する」ための研修であるとされている。受講生の条件としては，「アイヌ民族，文化に関して関心が高く，文化伝承者となることを希望し，３年間の研修を全うできる意志を持っている者」「18歳から35歳までの者」「アイヌの子息であること」などが挙げられている。また，受講にあたっての経済的な支援も行われており，白老町内の住居を斡旋するとともに，アイヌ文化振興・研究推進機構による家賃および上下水道・ガスの基本料負担，道内研修などの旅費支給，参加奨励費の支給がされている[23)]。育成期間は3年間，各期とも概ね5名が参加しており，この第2期（2011～2013年度）および第3期（2014～2017年度）において太八が講師を担当していた。

第2期を例にとれば，研修は月20日間程度，1日6時間（自主研修の時間を含む）であり，午前と午後にそれぞれ2時間の研修を行なっている。単位制ではないため受講生は基本的に研修科目を選択することはできず，すべての科目への参加が求められている。研修科目は大分類として11科目あり，カリキュラム案では「共通」「動物利用」「植物利用」「工芸」「身体技法」「料理」「精神文化」「アイヌ語」「歴史」「法学」「教材基礎」となっている[24)]。ここでは，アイヌ文化に関する伝統的な知識を総合的に学習することが基本となっている。さらに情報を伝達するための技術や現代の課題といった非常に幅広い研修範囲をもつ内容となっている。

太八が講師を担当したのは「動物利用：シカ猟と加工処理等」（3日間）および「工芸：マキリ製作」（5日間）の2科目8日間であったが，これらは当然，素材の選定や具体的な処理方法を実地で示し，太八が培った経験をもとにしてそれらの加工や制作の方法を丁寧に示すものであり，ここでの指導経験は文化伝承の考え方に大きく影響を及ぼしたと考えられるだろう。

この後より，しばしば関心の強い木彫り工芸家を目指す青年が太八のもとを訪れるようになり，町内に移住し週1回程度訪問してくる青年もいる[25)]。こうした「教える」という経験の蓄積が太八の自己形成に影響を与えている可能性が強いと考えられる。それは「教える」「伝える」という営みによって，これまで所作として積み重ねられてきた技術の発達を含む自己の成長は，これにより自分の中に言語化・客観化されてきたといえるのである。

2．高齢者の学習と民族文化伝承

以上見てきたように，高齢期に入ると，受動的な学習というよりは，指導者となる，教える側に立つことによる「学習」が意識変容に与える影響が大きいことがわかる。ここでは民族的意識の形成，担い手不足への気づきなどであるが，「教える」という営みは，高齢者自身の学習必要や技術の高度化を促し，どのように教えるのかという問いを生むことにつながっている。このことは成人教育の特徴とも重なるといえる。成人教育において，学習活動は「自ら学ぶ」ことを目的として展開されるが，「他人に教えながら，自らも学ぶ」[26)]という学習の循環が起こっているとみることができるのである。

高齢期に入り，「教える」「伝える」という経験が増加することによって，これまで自己の中に深く蓄積されてきた知識や技術は，しだいにふりかえる必要性が高まり，言語化・客観化された。人との対話のなかからインスパイアされるのではなく，実物と向き合い，伝世資料と対話するなかから工夫や制作者の意図を読み取り，それを忠実に再現することに力を注いできた太八は，若者からの問いに誠実に回答することや作品の善し悪しの判断など，人とのかかわりのなかで技術や知恵を再構成している。太八は若手から学ぶこともあり，若手の問いのなかから，自分の蓄積を検証し，さらに確信をもつことや逆に新しい気づきが生まれている。いわば一方的な営みではなく，学び合うという学びの循環が起きていると考えることができる。

このように太八は幼少期からアイヌ文化を継承する家庭で育つという特異な環境で自己学習の習慣が形成され，社会人となってからは，その自己を高めることが繰り返されていった。伝統的な木彫りの技術もアイヌ民族としての生活のなかで蓄積されたわけではない。むしろ，伝世資料と向き合い，調査研究し，そこから技術を習得するという自己学習が核となり自己を形成してきた。さらに，高齢期に入るとその習得した技術をもとにアイヌ文化の知恵と技術を若者に教えるという経験によって改めて自己変容が起き，担い手育成に強い思いをもつに至ったのである。

太八の自己形成は，このように高齢期の学習による変化の好事例であるということができるのである。

おわりに

本論ではアイヌ民族の工芸作家である太八の文化財の保存伝承と民族的意識の形成に影響を与えた自己学習の実態について考察を加えてきた。民族的意識と自己形成へ至る重要な点としては，社会教育的活動を行なっていた母である浦川タレや地域のリーダーとして活動した父太郎吉の影響があげられる。くわえて研究者との出会いによる実物をもとにした伝統的かつ実用的な民具の複製を通じて，儀式等の精神性ではなく，民具の技術のなかに埋め込まれたアイヌ文化を引き出し内面化したところに太八の独自性，特異なアイデンティティを見ることができる。

アイヌ関連団体における講師経験による後継者への気づきなど，その民族的アイデンティティの形成には一貫して「学習」がエポックを形成している。これは堀が指摘する「オールド・エイジ・スタイル」であると見ることができるが，さらに芸術的な意義だけではなく，本人だけではなく若者を含めた民族的なアイデンティティ形成にも関わる重要な学習であると考えられる。

地域の社会教育活動を展開してきた家族とそれに伴う研究者との出会いなど，一貫した研究や学習という環境と自身の強い探究心と向上心が衰えることなく維持されている。寡黙であり，寡欲ではあるが，経験に裏打ちされた知識と技術は，工芸品という形で次世代に継承する強い意思を読み取ることができる。それは，高齢期にはその時期に応じた適切な学習の環境や多様な学びの在り方を模索することが必要だということを伝えている。アイヌ文化の担い手や文化を継承する人びとが少なく，この文化はもう何年もの間，危機的な状況にある。伝承者育成事業も展開されているが，若手の育成だけでなく，高齢期の学習の多様化，個に対応する学びの在り方の再検討もまた，こうした課題の解決に貢献するものと思われる。

【注】

1）詳細については内閣官房アイヌ総合政策室ウェブサイト https://www.kantei.go.jp/jp/singi/ainusuishin/index.html を参照。

2）日本社会教育学編『アイヌ民族・先住民族教育の現在』（日本の社会教育 第58集）東洋館出版社，2014年。

3）明治期以降の差別的同化主義的な施策は，アイヌ民族やその文化は「劣ったもの」という認識を植え付け，家族や親族内における文化伝承の断絶がしばしば生じた。例えばアイヌ民族の貝澤正は，『アイヌ　わが人生』（岩波書店，1993年）において，「私に“シサム（筆者注：主に本州以南に居住してきたいわゆる「日本人」のこと）は良いものだ”と思わせ，私は“シサムになりたい”，そのことだけを思い続けて成長し大人になった」（pp. 5-6），「教育行政も無定見で形式のみに走り，精神を忘れ，アイヌの風俗，習慣，信仰についても無理解な蔑視と干渉を行ったのである」（p.71）と述べている。

4）北海道アイヌ協会主催の「北海道アイヌ伝統工芸展」において上位入賞を３回受けた個人を認定するものである。北海道アイヌ協会ウェブサイト「優秀工芸師一覧」，https://www.ainu-assn.or.jp/member/craftman.html，2022.5.6.

5）例えば，アイヌ文化伝承活動アーカイブス事業によるDVD『技』vol. 2（アイヌ文化振興・研究推進機構，2017年）などを参照。

6）堀薫夫「オールド・エイジ・スタイル論」堀薫夫編『教育老年学』放送大学教育振興会，2022年，p.126.

7）同上。

8）前掲，北海道アイヌ協会ウェブサイト「優秀工芸師一覧」。

9）浦川太八への聴き取り調査（ホロベツ民芸（北海道浦河町）にて，2022年３月19日実施）による。以下同。

10）アイヌ民族の現在と未来を考える会編『明日を創るアイヌ民族』未來社，1988年。

11）北海道からの委託により各地のアイヌ協会等が実施する，再就職のための知識・技能・資格の取得を目指す職業訓練のことである。

12）公益財団法人アイヌ文化振興・研究推進機構と一般財団法人アイヌ民族博物館は2018年に合併し，「公益財団法人アイヌ民族文化財団」となった。2020年より民族共生象徴空間（ウポポイ）の運営を行なっている。アイヌ民族文化財団ウェブサイト参照，https://www.ff-ainu.or.jp/web/session/details/post_24.html，2022.5.6.

13）浦河町立郷土博物館常設展示「有形無形民俗文化財伝承保存の功績」キャプションによる。

14）本人への聴き取り調査による。

15）鮭漁については，民族文化の伝承や調査研究目的であれば許可されるが，2020年にはアイヌ民族が鮭漁を生業として行うのは民族としての権利であるとして，「先住権」をめぐる訴訟が起こされている（2020年８月18日付『朝日新聞』北海道版朝刊，p.28）。

16）本人への聴き取り調査による。

17）例えば北海道開拓記念館から依頼され，1975年に民具の復元を行なっている。アイヌ民族文化財団ウェブサイト「アーカイブス」，https://www.ff-ainu.or.jp/web/learn/live/files/technique2_booklet.pdf，2022.5.6.

18）アイヌ文化振興・研究推進機構編「海を渡ったアイヌの工芸　英国人医師マンローのコレクションから」（アイヌ工芸品展展示図録）アイヌ文化振興・研究推進機構，2002年。

19）山崎幸治・加藤克・天野哲也編「teetasinrit tekrukoci　先人の手あと　北大所蔵アイヌ資料　受けつぐ技」北海道大学総合博物館／北海道大学アイヌ・先住民研究センター，2009年。

20）前掲，アイヌ文化振興・研究機構，p.140.

21）前掲，北海道大学総合博物館他，p.15.

22）本人への聴き取り調査による。

23）第４期までを含めたこの事業の問題点と課題については，上野昌之「アイヌ文化伝承者育成事業の実践例と課題の研究」『東京未来大学研究紀要』Vol.14，東京未来大学，2020年，153-161を参照。

24）研修内容のうち，太八に関連するのは「動物利用」と「工芸」である。「動物利用」は，アイヌ民族と関わりの深い鮭や鹿といった陸海の野生生物資源の処理や加工について学ぶものである。「工芸」は「植物利用」とあわせて実施された。「植物利用」は，食用・薬用となる植物の採取・保存・処理・栽培，工芸のための素材となる植物の採取や加工を行うものである。実際に道具や祭礼具への加工や彫刻，編む・織る・縫うなどについては別科目である「工芸」として設定された。

25）太八が育てた担い手の１人として，2012年度にアイヌ民族文化財団の「伝統工芸士」となった白老町在住の水野練平が挙げられる。水野は2009年度より３年連続して優秀賞を獲得している。アイヌ民族文化財団ウェブサイト「伝統工芸家名簿」，https://www.ff-ainu.or.jp/web/overview/business/details/post-186.html，2022.5.6.

26）岡本包治「成人教育の目的・内容・方法」国立社会教育研修所編『成人教育』国立社会教育研修所，1975年，p.12.

高齢者ボランティアにおける プロダクティヴ・エイジング概念の再検討

齊藤 ゆか

はじめに

高齢者の生き方は複雑で多様なものである。しかし誰もが最期まで生を実感し，尊重される生き方を望むものである。本論では，高齢者を福祉の「客体」ではなく「主体」として捉えた「プロダクティヴ・エイジング（productive aging）」概念を用いる。とりわけ，ボランティアのもつ潜在的可能性に着目したい。

これまでの「プロダクティヴ・エイジング」研究においては，高齢者の健康維持に関する老年医学や老年学，高齢者の福祉・心理・環境等を扱ったものが多数を占め，教育学からのアプローチは少ない。筆者も，これまで高齢社会日本における雇用労働者の，定年退職後のライフステージにある男女の活動に着目し，そのなかのボランタリー活動部分を「プロダクティヴ・エイジング」の視点から検討してきた。また，自治体の生涯学習事業および市民大学等においては，高齢者ボランティアの主体者育成に主眼をおいた研究を行なってきた[1)]。

しかし，「プロダクティヴ・エイジング」は，「老衰や老化としてのエイジング論を軽視」している，という批判を払拭できていない。このことについて堀は，「老化としてのエイジング論を遅らせ，抗うという論だけでは袋小路に逢着する」ことを指摘し，ポジティヴ・エイジングを論じている。堀は，「老いのネガティヴな側面を包み込めるだけのポジティヴィティ」や「衰えるがゆえのポジティヴさという視点を摘出」し，「人間存在のポジティヴな力を引き出す」論理を探求している[2)]。

そこで本論では，以下の4点から，従来の高齢者ボランティア論ではあまり包摂されてこなかった，後期高齢期の高齢者をも「プロダクティヴ・エイジング」概念に位置づけて検討していく。第一に，「プロダクティヴ・エイジング」概念と研究の蓄積を踏まえつつ，新たに必要な視点を明記する。第二に，高齢者ボランティアの現状を明らかにし，今後検討が必要となる研究の観点を示す。第三に，後期高齢期を含めたボランティアの事例からProductivityと活動継続の葛藤と課題を考察する。最後に，人生後半部の老いをも包み込む「プロダクティヴ・エイジング」概念のあり方を検討する。

1．プロダクティヴ・エイジング研究の到達点と課題

(1) プロダクティヴ・エイジング概念

「プロダクティヴ・エイジング」は，1975年にアメリカ国立老年研究所の所長のロバート・バトラー（Butler,R.N.）が提唱した概念だとされている[3)]。これは，エイジズム（年齢差別）に対するアンチテーゼを問うものでもある。高齢者を社会的弱者や差別の対象としてとらえるのではなく，すべての人が老いても社会にとって必要な存在としてあり続けることを強調した。

プロダクティヴ・エイジングを直訳すると「生産的な加齢」となるが，高齢者がもつ「潜在的な生産性」をより広い枠組みから捉えている。生産性（Productivity）とは，「活動が，収入を伴うか，収入を伴わないか（家事や社会的な活動などの無償労働）にかかわらず，人間が自然と人間自身に働きかける活動の総称」である。生産的活動の範囲は，バトラーによれば「有償労働として働き，ボランティア活動を推進し，家族を援助し，個人が可能な限り自分自身の自立性を維持するための，個人及び人々の全体」[4)]を指した。つまり生産的活動は，有償労働・無償労働の両面を指し，うち後者は，家事（家事・育児・介護），ボランティア活動，学習活動の全般を含む。

(2) プロダクティヴ・エイジング研究の到達点と課題

冒頭でも述べたが，高齢者の Productivity について，これまで老年学を中心に個人や社会への影響に関する実証研究が多数出されている。主な観点は，次の 3 点である。

第一に，高齢者と健康との関連についてである。柴田は「高齢者の Productivity が自身の心身のウェルビーイングに良い影響があること」に言及した（なお柴田は Productivity を「社会貢献」と訳しているが，この視点が後期高齢期を射程に入れたプロダクティヴ・エイジングの視点として必要になるのではなかろうか）[5]。

健康余命の延伸には，「機能的健康」（心身機能・生活機能・社会機能）に左右され，特に「ソーシャルキャピタルが高い地域に住んでいる高齢者ほど，心理的健康や身体的健康が良い」ことが東京都健康長寿医療センターで明示された[6]。そのため，同センター「社会参加と地域保健研究チーム」では，高齢者の Productivity を維持し，人とのつながりや社会関係を保持する活動モデルとして世代間交流の実践研究等を藤原らが牽引してきた[7]。

第二に，高齢者とボランティア活動との関連についてである。「ボランティア活動が高齢者の心身の健康に及ぼす影響」について，医学および地域保健福祉の視点からの分析が多数ある。柴田は「高齢者の社会貢献活動は，自身の身体障害と認知障害を予防し，余命も伸長させる」とし，健康と社会参加との関連を示した[8]。また杉原は「職業から引退すると抑うつ的になる男性が多いが，退職後にボランティア活動をしている男性は抑うつ的になりにくいこと」等を検証した[9]。

第三に，高齢者と幸福感との関連についてである。権藤は，老年学の研究領域で注目された「エイジング・パラドックス（aging paradox）」現象について，「加齢に伴ってネガティブな状況が増えるにもかかわらず，高齢者の幸福感は低くない」とした。その理由を近年の縦断研究から導き出した。それは，「幸福感が高い個人が長生きしやすい」という可能性である。また，「自ら超高齢者となり身体的虚弱を経験」し，「その状態を受け入れ，喜びを感じる」という老年的超越の概念を説明した[10]。この特徴は「加齢に伴う資源の喪失を自然なものとして受け止め，困難な状況を困難だと感じない，心理的な強さの発達」を表すものである。しかし，活動理論に立脚する「プロダクティヴ・エイジング」論とは論拠が異なるが，人生後半部の生き方への深化につながるものと考えられる。

以上から，今後「プロダクティヴ・エイジング」研究の発展に帰する点を指摘したい。まず，「プロダクティヴ・エイジング」の対象年齢は，人生100歳時代を見据えた後期高齢期を含む概念へ修正が必要な点である。とりわけ，高齢者ボランティア研究は，これまで定年退職前後の元気な前期高齢者を前提とした研究が中心であり，後期高齢者を念頭においた研究は少なかった。

次に，「プロダクティヴ・エイジング」にも，高齢者の〈老い衰えゆくこと〉[11]（以下〈老い衰え〉と略）の視点を導入し，生産性と非生産性の両面からの捉え直しが必要な点である。特に後期高齢期になれば，抗えない〈老い衰え〉の自然現象がある。これを個人・家族・地域・社会はどう受け止めていくべきか，具体的な事例分析を通じて「プロダクティヴ・エイジング」概念を再考したい。

2．高齢者ボランティアの実態と政策的課題

(1) ボランティアの定義

ボランティアは，一般に自ら進んで行動をとる主体者を指す。金子は，「困難な状況に立たされた人に遭遇したとき，自分とその人の問題を切り離して考えるのではなく，相互依存性のタペストリーを通じて，自分自身も広い意味ではその問題の一部」としての存在をボランティアとし，「相手への関わり方を自ら選択する人」ととらえた[12]。

ボランティア論の胎動期は，「人道主義」や「チャリティ思想」などの人間復興運動，救貧法の制定などの社会的弱者への救済制度，ナショナルトラスト運動などが誕生し，篤志家の社会的活動は，従来の血縁や地縁を超えて広がった[13]。また，日本の社会的活動の源流は，土着に生きる人びと「土」

が，旅人である「風」をもてなす行を重ねることで豊穣な「風土」を築き，日常の地縁社会をささえる互助組織や，相互扶助精神を基盤とした活動である[14)]。さらには1923年の関東大震災を機に学生を中心とした「大学セツルメント運動」など，博愛主義や人道擁護思想に基づく社会教育事業に端緒をなす。こうした背景から，ボランティアは「社会的問題の解決に自主的に取り組む人」[15)]を指し，社会教育との関連性が大きい。日本社会教育学会では，1997年に『ボランティア・ネットワーキング：生涯学習と市民社会』を刊行し，また1999年の『高齢社会における社会教育』では，「高齢者を自らの生活の主体」と捉える教育の論理を示した[16)]。すなわちボランティアは「主体性」や「自主性」を前提とするものなのである。

なお同書で梨本は，高齢者の「社会参加が活発になるにつれて，活動は必然的に高齢者という枠を超え，他の世代と関わる形で広がっていく」異世代交流の機会を含んだ，「学習のネットワーキング・モデル」を論じた[17)]。そのうえで「老い」と「死」という現実のなかで，「学習活動が人生の中でどのような意味をもつのか」という問いは本論の重要な視点である。

(2) 高齢者ボランティアの実態と政策的課題：政府既存統計を用いて

高齢者ボランティアでは，「高齢者のための活動か」「高齢者による活動か」が問題となる。この領域の主たる研究は，①高齢者を客体とする研究，②高齢者を主体とした研究，③当事者性の育成およびいのちの持続性の研究，④世代間交流に関する研究，⑤地域の仕組みや場に着眼した研究の５点である[18)]。このうち，本論の関連研究は，②主体としての高齢者と③当事者性の育成である。ここでは，高齢者ボランティアの実態を各種政府統計から明らかにしたうえで，それにかかわる政策的課題を指摘しておきたい。

まず高齢者ボランティアは５人に１人程度にすぎない。「社会生活基本調査（2018）」[19)]によれば，ボランティア行動者率（年齢別）は，60～64歳が28.6％，65～69歳が29.8％，70～74歳が30.0％，75歳以上が20.0％で，加齢に伴い行動者率も低下し，女性の行動者率が低くなる。その要因としては，自身や家族の健康，病気，介護等での不自由さの影響が想定される。

次に「社会の役に立ちたい」社会貢献意識は，60代が65.6％と６割強で，総じて女性より男性の方が高かった[20)]。しかし70歳代は59.3％，80歳代は42.6％（男性47.3％，女性39.1％）で加齢とともに貢献意識も下降する。60歳以上の社会参加に「全く参加経験がない」は2015年調査47.3％，2020年調査35.0％であった[21)]。活動しない理由では「健康上の理由，体力に自信がない」「時間的・精神的ゆとりがない」「団体内での人間関係がわずらわしい」などが挙げられる。

このように，日本では，高齢社会対策の施策分野の一つである「学習・社会参加」の活動促進の強化を行なってきた。しかし，現実的には「活動する人／活動しない人」「支援する人／支援される人」など二者区分される場合が多い。しかし，日本人の多くは，「役に立ちたい」（＝社会貢献意識が高い）がそれが行動には表れない，「潜在的ボランティア」がその多くを占めているものと考えられる。かれらの多くは「主体」と「客体」の中間を揺らぎ，往還しているものと考えられる。

３．後期高齢期ボランティアの事例：活動の継続性と課題

年をとるということは，たしかに体力が衰えたり，生気を失ったりすることかもしれないが，それだけではなく生涯のそれぞれの段階がそうであるように，その固有の価値を，その固有の魅力を，その固有の知恵を，その固有の悲しみをもつ[22)]。そこで，後期高齢期を含めたボランティア個人の事例から Productivity と活動継続の葛藤と課題を考察する。

⑴ 研究協力者の選定と方法

後期高齢期となっても続けるボランティア活動は「人生のなかでどのような意味をもつのか」，また活動を継続するうえで「どのような葛藤や課題が生じているのか」を明らかにするために，（筆者による）半構造化インタビュー調査を実施した。調査協力者は，表１の通り５名である。事例選定の原則は，次の３点である。①75歳以上の後期高齢者，②10年以上のボラン

ティア経験をもち，かつ組織の中でもリーダー的立場にある者，③本研究の趣旨を理解し，公開承諾を得た者である。調査実施時期は2022年３月～５月で，個別に約１時間半のインタビューを行なった。調査実施にあたり神奈川大学「人を対象とする研究に関する倫理審査委員会」にて倫理審査の承認（2022-09）を得た。

表１　後期高齢期におけるプロダクティヴな活動の事例

	年齢・性別	プロダクティヴな活動			活動継続を阻む要因	必要条件
		ボランティア活動	活動歴	きっかけ		
事例A	75歳女性	O地区民生委員児童委員協議会，保護司	35年	地域および行政からの依頼	任期制の役員，近隣の苦情等，若手ママとの考え方の乖離	行政からの後押し，家族からのサポート，新たな生きがい
事例B	81歳男性	認知症家族の会	12年	母親の介護と自身の認知症発症	体調に波があり，つねに健康と相談	一緒に動けるサポーター
事例C	81歳女性	O自治会の世話役	22年	町内会役員を機に	世代交代	若い世代の役員と新しい仲間。わずかな収入
事例D	83歳女性	傾聴ボランティア，森林ボランティア	13年	仕事で家族にできなかった傾聴を学び直し	活動の負担が大きい，体力の衰えへの自覚	相談できるコーディネーター
事例E	82歳男性	子育て支援のNPO代表，健康体操教室	22年	退職を機に地域のたまり場拠点を創設	健康に不安を覚えるようになった	一緒に活動する仲間

⑵ 個人の事例

表１より，特に活動を続けるか否かの葛藤が大きい３事例を取り上げる。

〈事例Ａ（75歳女性）〉

専業主婦として32年間，O地区民生委員児童委員協議会を継続してきた。独居の高齢者の見守りや子育て中の母親の悩み相談など，地域の「おかあさん」役として奔走した。特に独居高齢者等への日常の見守り役として「きずなチーム」（各地区社会福祉協議会）を立ち上げ，ボランティアの運営促進を行なってきた。活動は，手紙を出したり，訪問して世間話をしたりと生活に一歩踏み込んだ活動や配食・昼食会，敬老会，サロン等である。とりわけ朝のゴミ出しや話し相手など日常的な支援ニーズがある。

Ａは長年地域の功労者ではあるが役職の定年期を迎えている。しかし，内心は「本当はまだ活動を続けられる」という活動に対する強いパッションをもっている。一方，地域では役職の固定化・高齢化が問題視され，支え手の流動性や新規性が難しい状況にある。それゆえ，役職の任期終了を機に地域活動に一区切りをつけるか否か決断に惑いがある。また，個のやりがい感の喪失に対して，同居家族が気を揉む一面もみられた。

〈事例Ｂ（81歳男性）〉

「認知症の家族と歩む会」を千葉県東葛地域にて主導している。Ｂは母親の介護中の2004年（当時68歳）に脳梗塞で倒れ，３年後には自身が認知症を発症した。この間「新しいこと始めないと馬鹿になっていく。生きれ！」と自問自答をしてきた。しかし「社会では，認知症になると，普通の人間として扱われない。一番ダメなのは，家族が一番都合の良い判断をすること。親切心から病気だから外に出てはいけない」と言う。また，認知症当事者は「周りの人に知られたくない」「迷惑をかけるから」と公共の場から遠ざかる現実を問題視する。Ｂは自分の気持ちに向き合うために，活動を精力的に展開した。Ｂは「肺がんや心筋梗塞になり４回も死に損なった」と言う。今は歩行者の練習中である。「いずれ死ぬんだよ。だから年を取った経験を誰かに伝えたい」と強調する。Ｂが望むのは「自分の存在を感じられる」尊厳であり，「サポーター」ではなく，一緒に動ける「パートナー」の存在である。健康を害してもできることを見つけ，高齢者をもっと輝かせる土壌をつくるべき，と訴えた。

〈事例Ｄ（83歳女性）〉

70歳退職後からＨ市の「傾聴ボランティア」と「森林ボランティア」を始めた。しかし，コロナ禍を機に活動場面が減ると同時に，傾聴の際に相手の声が聞き取り難く，体力の衰えと自らの判断力に不安を覚えた。特に，高齢者施設から個人宅訪問への傾聴ボランティアに切り替えた際，当事者の認知症が急速に悪化して，ボランティアの負担が過重となった。適宜，福祉専門職のスタッフの助言があったが，コロナ禍の最中に「傾聴ボランティア」を辞する決断を下した。その要因は，傾聴はつねに高度な技術が求められるからだ。例えば，活動の段取り，優先順位への判断，物事を同時に進める機転を要する。一方，後期高齢となった活動仲間のなかには，「漠然と活動を継続している者」「自己満足感を満たす形式的な者」「健康の衰えに対する無自覚な者」にDは疑問を呈している。

Dは「何のためにボランティアを続けるのか」の意味を問い続ける。そのうえで，高齢者ボランティアが活動を継続するには，「専門職の支援が重要だ」という。それは，個々人の経験や能力，健康や体力に見合った活動の適正を見極めるコーディネート役割と同時に，ボランティアへの相談や助言などを適宜行い，意図的な介入が必要になるからだ。

(3) 後期高齢期のボランティアの特徴と継続への葛藤

ここでは後期高齢期にボランティアを継続する葛藤と課題を考察する。まず人間の視点から，「健康や体力の衰えへの葛藤」と「自己有用感とやりがい喪失への葛藤」がある。加齢による体力の衰えは抗えない。例えば，耳が聞こえない，目が見えない，足元がおぼつかない，判断力が鈍る等である。また，衰えに対する周囲の目も気になり，公共の場から遠ざかる傾向にある。一方，長年続けてきた活動を，高齢期に中断したり，変更したりする決断は容易ではないことが窺える。

次に地域・社会の視点から，「活動に伴う技術や能力への葛藤」と「地域の社会的役割の喪失への葛藤」がある。個々人の人生経験と蓄積は異なるため，技術や能力の差異が大きい。しかし活動にあたり，適宜，学び直しの機会が必要である。また，状況に応じて助言できる他者の存在が活動継続の要となる。これまで地域から期待と責務を長年果たしてきた者の，役職の引き際は容易ではない。地域からの助言や相談ができるキーパーソンおよび専門的なコーディネーターに対する期待の声が挙げられた。すなわち後期高齢期において,「健康か／否か」によって,活動継続が「できるか／できないか」を二者区分するには無理がある。むしろ,個人の意思と尊厳との狭間でどう折り合いをつけるべきかが課題である。これは,エリクソン (Erikson,E.H.) のいう「かかわりあいからの撤退」のなかで「最後の相互作用」をいかに存続できるかの問いに通じる[23)]。

4．後期高齢期を射程に入れたプロダクティヴ・エイジング概念の再考

これまでの考察をもとに,「老い」の問題と「ボランティアの問題」の両面から「プロダクティヴ・エイジング」概念の理論的課題について,以下三点を挙げたい。

⑴ 人間：〈老い衰え〉の現実と一人ひとりの存在価値

〈老い衰え〉の現実を直視し,人間一人ひとりの尊厳と存在価値に意味がある。特に高齢期は「生涯のひとつの段階」であり,「生き続けることそれ自体が本質的にひとつの成就を意味する」[24)]ものである。後期高齢期の個人事例からも明らかなように,人生後半部における人間の存在は,２つの成長・発達の意味をもたらす。まず,高齢者自身が〈老い衰え〉の現実を認めたうえで,ボランティア行動をすることが,自らを形成し続ける存在を再認識する方法になることである。これは,人間の可能性を価値ある方向に引き出す,従来型の「プロダクティヴ・エイジング」の考えである。また新たな考え方として,高齢者がたとえ「無力で依存的な存在」であっても,ただそこにいるだけで,他者に影響を与える存在であることにも着目すべきである。高齢者は「自分の存在は何かのため,またはだれかのために必要であるか」を問いかけてくれるのである[25)]。それは,〈老い衰え〉の「状況を生き抜く彼らのような存在が,いつか人間全体を救うような『何か』をもたらす」[26)]。つまり,高齢者の存在自体が「社会貢献」を表すのである。

⑵ 家庭・地域：「主体と客体」「障害と健常」の連続線上で揺れる高齢期

人間は，「主体」と「客体」の中間を揺らぎ，往還する存在である。高齢者ボランティアの事例においても，「する／しない」「できる／できない」「主体／客体」の区分でなく，その中間の存在が露わとなった。渡辺によれば，「『障害』と『健常』という概念はますます境界線があいまい」になっていることを指摘し，誰もが「障害と健常の連続線上を揺れ動きながら生きて」いる点を強調した[27)]。したがって，高齢者を「主体」か「客体」かの二者択一として明瞭に区分することは妥当ではない。むしろ「ＡとＢ」の境界は不明瞭である。「Ａか，Ｂか」ではなく，「完全なＡ，Ａに近いＢ，ＡＢの全く中間，Ｂに近いＡ，完全なＢ」のように分けることが現実の姿に相当するだろう。

⑶ 地域・社会：「助けると助けられる」を射程に入れた環境整備

人間には，「助ける／助けられる」の相互に交換できる混在域が必要である。また，特に後期高齢期における活動場面では，「助ける／助けられる」の双方の混在域を把握し，適切に相互関係性を変換させる能力をもつ地域人（キーパーソン）の存在が重要である。「助ける」タイミングを見守り，声掛けや後押しは暗黙知を要する。すでに日本では，フレイル期間を短くしようと，保健福祉分野では多世代共生の地域環境を整備した，新たな「プロダクティヴ・エイジング」の可能性を検討している。

オルタナティヴな親密圏を研究する妻鹿も，「支え合いを体現できる居場所」の要件は，「①利用者とスタッフの境界が曖昧，②利用者どうしの関係構築が意図的に行われている，③他者を受け入れる姿勢を持つ，④インフォーマル性と公共性を併せ持つ」[28)]とする。これは，福祉教育・ボランティア学習研究における，多様性を認めあうことができる共生社会の創出や「共に生きる」考え方に合致し，「弱さを認め合える」社会を志向するものである。しかし，「助ける／助けられる」混在域を変換させられる地域人（キーパーソン）の暗黙知の明瞭化は，今後の研究課題といえるだろう。

以上から，高齢者の存在価値や連続線上をむしろ社会貢献としての「プロダクティヴ・エイジング」概念に組み込むことこそ本論でいう再考になるのではないだろうか。しかし，本論の後期高齢期ボランティアの検討事例が少ないという課題は否めない。今後は事例数を増やし，後期高齢者一人ひとりが生きている存在を認識できる「自発的・生産的な生涯の構築」を目指した研究を進めていきたい。

【注】

1）齊藤ゆか『ボランタリー活動とプロダクティヴ・エイジング』ミネルヴァ書房，2006年，p.3. 同「市民性と地域参画力を育てるサービス・ラーニングの可能性と評価」『日本福祉教育・ボランティア学習学会』*Vol.35.* 2020年，39-50.

2）堀薫夫『生涯発達と生涯学習（第2版）』ミネルヴァ書房，2018年，p.80.

3）ロバート・バトラー他『プロダクティブ・エイジング』（岡本祐三訳）日本評論社，1998年。

4）前掲書1）（2006年），pp.8-9.

5）柴田博「日本型プロダクティブ・エイジングのための概念整理」『応用老年学』7,2013年，4-14. 同『8割以上の老人は自立している』ビジネス社，2011年，p.31.

6）東京都健康長寿医療センター研究所健康長寿新ガイドライン策定委員会編『健康長寿新ガイドラインエビデンスブック』2017年，pp.ii-iii.

7）藤原佳典「高齢者のシームレスな社会参加と健康の関連」『日本福祉教育・ボランティア学習学会研究紀要』*Vol.29,* 2017年，21-34.

8）柴田博「Productive aging とは何か」*Aging & Health,* No. 91，長寿科学振興財団，2019年，6-9.

9）杉原陽子「国際的にみた日本人高齢者のプロダクティビティ」*Aging & Health,* No.91，長寿科学振興財団，2019年 , 10-13.

10）権藤恭之「超高齢期の心理的特徴」*Aging & Health,* No.79，長寿科学振興財団，2016年，28-31.

11）天田城介『〈老い衰えゆくこと〉の社会学〔普及版〕』多賀出版，2007年，pp.7-13.

12）金子郁容『ボランティア：もうひとつの情報社会』岩波書店，1992年，p.9.

13）大阪ボランティア協会ボランタリズム研究所監修『日本ボランティア・NPO・市民活動年表』明石書店，2014年，pp.11-16.

14）興梠寛『希望への力』光生館，2003年，p.7.
15）早瀬昇『「参加の力」が創る共生社会』ミネルヴァ書房，2011年，p.i.
16）日本社会教育学会編『ボランティア・ネットワーキング：生涯学習と市民社会』（日本の社会教育第41集）東洋館出版社，1997年。同編『高齢社会における社会教育の課題』（日本の社会教育第43集）東洋館出版社，1999年。
17）梨本雄太郎「高齢者の社会参加過程における学習の意味」，同上，pp.74-85.
18）齊藤ゆか「アクティヴ・シニアのエンパワメントをめぐる課題」『日本福祉教育・ボランティア学習学会研究紀要』*Vol.29*, 2017年，6-20.
19）総務省編「社会生活基本調査報告」総務省統計局，2016年.
20）内閣府「社会意識に関する世論調査」2020年，https://survey.gov-online.go.jp/r01/r01-shakai/index.html, 2022.6.1.
21）内閣府「高齢者の生活と意識に関する国際比較調査」2020年，https://www8.cao.go.jp/kourei/ishiki/r02/zentai/pdf_index.html, 2022.6.1.
22）ヘルマン・ヘッセ『人は成熟につれて若くなる』（岡田朝雄訳）草思社，1995年，p.64.
23）E. H. エリクソン他『老年期』（朝長正徳・朝長梨枝子訳）みすず書房，1990年，p. 32.
24）同上，p.68.
25）神谷美恵子『生きがいについて』みすず書房，2004年，p.32.
26）渡辺一史『なぜ人と人は支え合うのか』筑摩書房，2004年，p.68.
27）同上，pp.58-61.
28）妻鹿ふみ子「『ボランティアからの卒業後』の着地点はどこか」『日本福祉教育・ボランティア学習学会研究紀要』*Vol.29*，2017年，72-85.

「デスカフェ」の実践を手がかりとした高齢者の学習

飯塚　哲子

はじめに

日本は世界に類を見ないスピードで高齢多死社会に突入しつつある。病院死が約80%を占める一方[1)]，「終活」の展開や葬儀の多様化が進み，「その人らしい死」「死の自己決定」という死の文化的，社会的変容が起こっている。

平均寿命が世界最高水準となっている現在，老年期になってからの人生も長くなってきている。その長い老後の先にある「自分自身の死」についてどのように準備していくかが，人生を統合するためには大きな課題である。自分自身にやがて訪れる死，死生観，家族観，人生課題について考えるときには，他者との語り合いや語り合う安全な場所が求められる。それは「死の日常化」として取り戻すことにつながる。そこで本論では，近年注目されている「デスカフェ・ムーブメント」に焦点を当てて，デスカフェ(death café)の実践を手がかりに，現代日本における高齢者学習支援あるいは高齢者にかかわる社会教育実践から得られた知見や課題を明らかにし，高齢者に対する社会教育のあり方を探る。

1．デスカフェとは

ここでは，死を語ることでの連関，帰属，さらに昨今のコロナ感染症問題により，死を考える機会，死と隣り合わせの日常の実感をもつ現実のなかで，近年注目されている「デスカフェ・ムーブメント」に焦点を当てる。デスカフェに関連する研究は現状と課題についての今後の動向，蓄積が待たれるところである。ここではカフェの由来，デスカフェの誕生とその後の経緯について触れ，研究動向の現状を整理する。

(1) カフェの由来

カフェの形態の歴史は古く，紀元前に遡る[2)]。カフェの類似形態としては，古くは紀元前6世紀から古代ギリシアにおいてアゴラという民の集会が含まれる。その後，文学サロンとして，17世紀初めにフランスで自宅に教養ある人びとを招き，私的な集まりが開かれ，19世紀ベルリンでは，自由な雰囲気が育まれ，裕福な婦人たちがサロンを開いた。また，文学カフェは18世紀半ばにロシアのサンクトペテルブルクで中国カフェ（Cafe chinois）として開店し，菓子店を含めたクラブ風カフェを展開した。そこにはプーシキン，シェフチェンコなどの文豪が集まった。以上の概要から，本論では，ひとまず，カフェは，コミュニケーションが生まれる都市空間における第三の居場所だと述べておく。

(2) デスカフェというムーブメントの誕生

以下，吉川直人の論を参考にしつつデスカフェの展開過程を述べる[3)]。デスカフェは，1999年スイスから発信され，ジュネーブ大学などで教鞭を執った社会学者のベルナルド・クレッタズ（Crettaz, B.）が妻との死別を機に，気軽に死について語らうcafe mortelを開始した。2011年英国の社会起業家ジョン・アンダーウッド（Underwood, J.）によって，「限られた生を有意義なものにするよう，死について考えよう」という趣旨で，Death cafeという非営利団体が2011年に設立された。英国の死に関連した政策動向では1991年，環境に配慮してどう死ぬかを考える非営利団体Natural Death Centreの設立，2009年Dying Matters（死について考える連合）が創設されている。デスカフェは，2018年56か国で6,600回以上開催されている[4)]。死を語る土壌が醸成されつつある英国で始まったDeath caféだが，日本でも葬儀社や僧侶たちがDeath caféと銘打ったイベントを主催するようになっている。2015年前後から開催の動きが始まり，日本各地でデスカフェの試みは進んでおり，デスカフェは，統一されたルールや登録制度，国・地方自治体による補助金もなく手探りの実践として発展を続けている[5)]。

⑶ 日本におけるデスカフェの動向

日本におけるデスカフェの名称を用いた実践は，2010年頃のスロー・デスカフェが最初だとされている[6)]。国内で展開されているデスカフェの形態は，①ネット上開催，②医療福祉系団体が中心[7,8)]，③僧侶が寺院を開放[9)]，④高齢者の生涯学習と多岐にわたっているのが現状である[10)]。以上を整理すると表1[11)]のようになるだろう。

表1　デスカフェの形態

	開催形態・開催の拠点・主催
①	ネット上開催・全国各地域のデスカフェオンライン
②	対面・医療福祉系団体による交流会
③	対面・僧侶が寺院を開放・ワークショップ
④	対面・オープンカレッジによる高齢者の生涯学習

次にデスカフェについての機能分類を提示する。吉川らによると，デスカフェには表2に示した6つの機能があると考えられる[12)]。

表2　デスカフェの機能

カテゴリー	コード	データ
デスカフェの機能	死を語るハードルを下げる	ハードルが高い分かち合いの会やカウンセリングではない場で，死やグリーフのハードルを下げる機能。
	癒しの機能	出入りしやすいカフェで，胸のうちに秘めていたものを吐き出し安心や癒しを得る空間。
	探求の機能	専門家だけにまかせず，自分たちで支えあい，学びあいを得る。
	死について語る	死について考えているが，対話する場がないため，消化できてない人が語ることができる場。
	死について考える機会	自分たちにいずれ訪れるものから逃げずに歩み，死について考える機会になる。
	緩やかなコミュニティ	死を媒介として，出入り自由な緩やかなコミュニティとなる。

（吉川・萩原，2021参照）

一方，デスカフェをテーマとした研究は，吉川論文のほか，萩原真由美「デスカフェ参加者の死生観：死を意識することが人生観にどのように関係しているか」[13]，藤井圭「高齢者の死の捉え方：デスカフェ参加者を対象として」[14]などがあるが，高齢者に焦点を当てたデスカフェの実践についてはまだあまり論じられていない。高齢者はデスカフェの実践のなかで，何を経験して何を学んでいるのだろうか。次に，デスカフェの実践を手がかりに高齢者の学びについて考えていく。

2．オープンカレッジで行われている「死に関する講座」の実践

(1) デスカフェの前身としてのオープンカレッジ講座

近年，少なからずオープンカレッジ（＝大学公開講座）で「死に関する講座」が開講されている。そのなかで，デスカフェ・ムーブメントとして展開をみせた，都内大学オープンカレッジ講座「Death Education：死と向き合って生きる」の実践を見ていく。死に関連する学習の動向として，現在，

そう多くはないが，高等教育機関のオープンカレッジ講座でさまざまな性格をもって開講されている（表３参照）。ただここにあげた講座の多くは，修了後に自主グループの誕生に至っていない。それに対してデスカフェ・ムーブメントとして展開をみせた，都内オープンカレッジ講座「Death Education：死と向き合って生きる」では，受講修了後も継続して「死を語る」実践が展開されており，デスカフェとして位置づくと考えられる。オープンカレッジに注目した理由は，近年，オープンカレッジの参加年齢は，高齢者層が多い傾向にあり[15]，オープンカレッジの受講生を対象とすることはすなわち高齢者について理解を深めることにつながると考えたからである。以下，生と死について語る場や機会づくりとなっているオープンカレッジから生まれた，高齢者のデスカフェの実践について記述する。

表３　オープンカレッジ「死に関する講座」学習実践の例

年度	開講機関	テーマ・内容
2007	島根県立大学短期大学部（島根県）	童謡と絵本を用いたデス・エデュケーションの試み
2016	仁愛大学（福井県）	“いのちの教育”のすすめ 1．なぜ「いのちの教育」か 2．現代人のいのち観 3．いのちの教育（デス・エデュケーション） 4．いのちを見つめる 5．アメリカのデス・エデュケーション事情 6．日本の生命倫理教育事情 7．いのちの教育の思想的原理 8．自然に生かさせる
2020	東京純心大学（東京都）	韓国の詩と絵本は“いのち”をどう描いてきたか ～いのちの描かれ方を通して考える日韓比較文化論～
2020	神奈川大学（神奈川県）	死の体験旅行　死を前にした人の苦しみ・悲しみを疑似体験し，何が本当に大切なものなのかを再確認する

（各大学のホームページより抜粋）

(2) 早稲田大学オープンカレッジ「Death Education：死と向き合って生きる」

本オープンカレッジは，1988年に「早稲田大学エクステンションセンター」から改名したもので，本講座は2000年から開講され，2022年で22年目を迎える（講師　大槻宏樹）。講座案内[16]によると，講座詳細は「死ぬ時だけが尊厳ではないはずです。生きている時こそ尊厳でありたいものです。そのためには，人と人との関係の大切さ，自立よりも依存の大切さを学びたいと思います。生と死が響きあえるように念願しています」「内容は，生とは何か，死とは何か，脳死，悲嘆のケア，終末期医療とホスピス，安楽死と尊厳死，老いとエイジング，『きけわだつみのこえ』，自死及び死刑の是非，極楽と地獄の思想，病院死と在宅死，死者儀礼，墓と墓碑銘，死生観，遺書，辞世などから生命倫理の課題や生命の質のあり方を学んでいきます。《死と向き合って生きる》ことを考えましょう」と綴られている。以下に「Death Education：死と向き合って生きる」の受講からその後の「デスカフェ」に至る高齢者の学びのプロセスを追っておく。

⑶ 講座の概要

本講座の受講人数は，毎年20～40名が受講しており，少なく見積もって延べ400名余りになる。受講生年齢は，20歳代の受講生が散見されるが，ほぼ60歳以上が多く，後期高齢期の受講生は毎年３割程度である。オープンカレッジ受講生の傾向から，生産年齢を経て定年後再学習を望んで受講する方々が多い現状から，上記の年齢層となるといえる。

講座は年間を通して週１回のペースで１回につき90分，それが20回開講される。年間の講座の構成は，①講座での講義，②講座修了時の文集（卒業文集）作成，③講座修了後の修了生が中心となって行う公開発表会の開催，④修了生による学習会の組織化と４つの時期に分かれる。デスカフェの実践もこの４つの視点から見ていく。

①　講座での講義

各回の講義内容，年間の講義予定は表４のとおりである。

表４　2016年度　年間講義一覧

回数	講義日程	講義内容
第１回	４/13（水）	私の教育論
第２回	４/20（水）	生とはなにか
第３回	４/27（水）	脳死
第４回	５/11（水）	安楽死と尊厳死
第５回	５/18（水）	悲嘆の教育
第６回	５/25（水）	動物の死
第７回	６/１（水）	老い
第８回	６/８（水）	病い
第９回	６/15（水）	ホスピス
第10回	６/22（水）	「きけわだつみのこえ」
第11回	９/28（水）	自死，孤立死
第12回	10/５（水）	死刑
第13回	10/12（水）	地獄と極楽
第14回	10/19（水）	在宅死と病院死
第15回	10/26（水）	死者儀礼
第16回	11/２（水）	墓碑銘
第17回	11/９（水）	生命科学と生命倫理
第18回	11/16（水）	生死観
第19回	11/30（水）	遺言，辞世
第20回	12/７（水）	QOL（Quality of Life）

（出典：2016年度早稲田大学オープンカレッジ講座案内より抜粋）

②　講座修了時の文集（卒業文集）作成

年間の講座修了時に卒業文集を講座初年から毎年作成しており，2022年で22号となる。卒業文集は，内容に応じてほぼ毎年２部構成で編集されている。毎年の号は100ページから150ページ前後のボリュームで，現在も発行が続いている。第１部は，自由投稿編で，ほぼ全号にわたって「講座を受講して」に関連した投稿で構成されている。第２部は，テーマ投稿ならびにアンケート調査編で，死・生・人生・仕事に纏わるテーマなど，受講生が自由テーマで死に関連した文章を寄せている。ここでは，第１部の「講座を受講して」の記述からみえてくること，受講生が自らの変化を記述しているところに注目して述べる。死への向き合い方について，日常のなかに死を迎え入れ，講座をとおしての学びが以下のように記されている。受講生の視点は，自身のことや身近な家族のことにとどまらずに社会への関心へと広がりをみせている。

「死への恐怖について10回の講義から大分落ち着いたように感じています」（１期生）

「私なりに人間や他の生き物の“死”に対して“生きる”ことへの執着，愛着をもっと持ちたいと痛切に感じ致しました」（１期生）

「どのようにして毎日の『生の充実』を感じながら生きていくのか。その答えを探しながら生きていけたならばと思う」（２期生）

「死について考えることを棚上げしてきたために，その問いに向き合う術を持たない，にもかかわらず，大切な人の死や自分自身の死は誰にも必ずやってくる。現在高齢者となり，今後社会は多死社会を迎えます。死について考え，死生観を深めていくことが大切」（１期生）

各年の卒業文集に寄せられる感想は，受講期間を振り返って，受講理由を問いとしてそこからの学びへとつながっている。特に卒業文集第７号（2007年度）はそれに加えて，公開発表会が開始した年の記念号として，これまでにない総頁数191頁で編集されている。「学ぶ」「想う」「問う」「憩う」の４項目で構成されており，特に「問う」では受講生にアンケートを実施した結果を掲載しており，「憩う」では「講義の後の楠亭のひと時」「回向院を訪ねて」「懇親会風景」と題して７期生が寄稿している。「講義の後の楠亭のひと時」の中の一部を以下に抜粋する。「懇談会と言っても硬いものではまるでなく，言ってみれば350円のコーヒー又は紅茶を飲みながら，流れに任せて雑談をするなかでお互いのコミュニケーションをとるといった類のもので，…こういう穏やかで非日常的な集まりというのは滅多にありませんでした。DEATH EDUCATIONという共通のテーマを抱いた方々が週に一度なんとなく集まって，なんとなく会話を交わして，なんとなく解散する…そこには利害関係もしがらみも無く，けれども気心はしれている，そういう一種癒しのようなひと時があったのでしょうか。そういう気もします」。ほかに「回向院を訪ねて」では，2007年11月12日，受講生15名と講師が東京都墨田区両国にある回向院を訪ねて江戸時代の歴史，大火，天災の死者無縁仏に思いを寄せ，時空を超越して死を語り合い，語り継ぐ実践がなされていることをうかがい知ることができる。

③ 講座修了後の修了生が中心となって行う公開発表会と特別講演会の開催

公開発表会は，2007年に第１回を開始，毎年継続して2019年で第13回を数える。テーマは発表者の関心に基づいて，《死と向き合って生きる》に関連したものが毎年発表されている。公開発表会（以下，発表会）は例年11月土曜日の午後に行われる。発表人数は毎年，６～８名程度で，発表時間はおおむね１人15分から20分である。受講修了生は「Death Education：死と向き合って生きる」への参加のほか，毎回，オープンカレッジの受講生が集うサロンにチラシを置いて案内をしている。また，オープンカレッジ所在の区報に開催の案内を掲載できるように関連部署と交渉している。

公開発表会の各回のテーマについては，表５にその詳細を掲載しておく。

表5　オープンカレッジ公開発表会テーマ一覧

（各回は発表順に記載）

回	開催日	テ　ー　マ
1	2007.11.10	自然保護の思想・倫理 陽関（敦煌）で考えたこと 私の四国遍路体験記　―歩き終えて― 自分を見つめる心，他を思いやる心　―教育現場から考える― 絵本にみるいのちのとらえ方 良寛さんの死をめぐって 「明らめる」こと いのちと短歌
2	2008.11.8	私とボールペン デス研：6年間の歩みと今後の展望 孤立しないで　―孤独死の現場を体験して― 悲しみの記憶とともに生きる　―突然の死別体験を通して感じたこと― さわやかに生き，さわやかに死ぬ　―地域の中での小さな運動― 心に届くことば 早稲田オープンカレッジの76単位を1年で取得して 獄窓歌人島秋人の短歌と窪田空穂との往復書簡　―島秋人『遺愛集』が語りかけるもの―
3	2009.11.14	いのちをつなぐ専門職連携教育の現状　―アンケート調査の結果から― 宗教と民族史からみた「死への準備教育」　―善光寺参りをめぐって― 二宮尊徳に学ぶ 安楽死　最近のニュースから 長崎の鐘　―永井隆博士の後半生― 「よっ，元気にやってるかい」
4	2010.11.13	窪田章一郎の短歌にみる民衆死生観 地域と子育て　―甲斐善光寺と三多摩の地蔵，観音寺― 絆もとめて 老病死　その時の一句 おじいちゃんは一緒　―義父の介護・看取り・葬儀を通して― 「水と緑」と生き方　―もったいないジイさんのつぶやき― がんと迂闊なラプソディ　―再発・転移でも明るく生きようっと―
5	2011.11.12	絆 須佐之男命　―日本と韓国，現代との繋がり― 東日本大震災によせて　―打ちのめされた時のことばの力― 伊藤若冲「野菜涅槃図」について さんぽ　―都内の寺社めぐり― いろはカルタ養生訓の生い立ち いのちの教育　―ある高等学校実践事例を手がかりに―
6	2012.11.10	常楽寺ともう一つの自由大学　―北向観音の結ぶ縁― 悲しみをわかちあう　―私たちが知った大震災のその後― 故「冨部克彦」さんの思い出 往生際のひと言　―「ありがとう」，これでいいのだ― 「尊厳ある死」　―高齢者の看取り― 死からの学び―終末期看護における演習・実習の意義について―
7	2013.11.9	子どもの成長を見まもり続けて26年 今日は，残りの人生で一番若い日 Today is the youngest day of the rest of my life. ―「にもかかわらず笑う」のだ― 大切にしたい日本の良さ 自宅で看取ることの意味　―在宅死を選択した父とのかかわりを通して― 3.11東日本大震災に想う
8	2014.11.8	葬送儀礼の変遷と進化　―死・葬送・墓・そしてスピリチュアリティ（霊性）・千の風になって― 貧困と教育格差　―アイヌ民族における世代間連鎖を中心に― 女の一生　―母の想いで― 自分史12年の歩みとこれから　―思いを未来につなぐ― 世界がもし100人の村だったら……（原典：ドネラ・メドウズ「村の現状報告」"世界がもし1000人の村だったら……"） 私の人生整理術　―老いの日をスッキリ愉しむ―
9	2015.11.14	ペットの生死を考える 老年期の生きがいを探る 後期高齢者の仲間入りで感じること 遠距離介護を終えて　―思い出すこと，思う事― 看とりについて考える 老衰死をめぐって　―NHKテレビを見て―
10	2016.11.19	胃瘻からみた医療の自己決定 シニア絵本読み聞かせボランティア……四方よし
11	2017.11.11	死生学入門　―私の死生観を深めるために― 生と死について思うこと 中学生とともに実践する「いのちを考える」体験学習 屁理屈を道連れに，ありのままを受け入れる　―加齢により変わる「DE観」― 私の終活　―米寿を迎えて―
12	2018.11.10	中学3年生とつくる「いのち」の体験学習 中小病院の現場から 民法（債権関係）改正の消費者法系に及ぼす影響 俳句にみる病と死 映画「四万十～いのちの仕舞い～」と「シネマ・チュプキ・タバタ」 「百歳人生」をどう迎えるか
13	2019.11.16	現代デス・エデュケーション考 子どもの死をめぐる現状と課題　―子どもの生きる権利と虐待死― 「人道について」考える旅　―リトアニアとポーランドを訪ねて― 兄を見舞う Dの体感　Dの体験　―ガイドと行く生老病死―

また，公開発表会の時間枠で，特別講演会が過去に２回開催されている。第１回特別講演会は2006年11月11日，映画「おくりびと」の原案者であり，『納官夫日記』（1993年）の著者である青木新門（しんもん）氏を講師として「いのちのバトンタッチ」と題した講演会を開催した。2021年11月20日には，映画化された『いのちの停車場』（2020年）の原作者南杏子氏による「終末期医療の現場と『いのちの停車場』」をテーマに講演会が開催されている。

修了生が主催する公開発表会は，いわゆる内輪の発表者にとどまらず，死を語る場として地域社会への視点をもって交信をしながら展開している。

④　修了生による学習会の組織化

ここでは，講座の修了生の手によって生まれた学習会を，デスカフェ・ムーブメントとしての研究会（以下，研究会と称す）と位置づけて論じていく。研究会の活動概要は以下のとおりである[17]。

研究会は１か月に２回のペースで，オープンカレッジ近くの地域に根づいた珈琲店で開かれる。参加者は10～15名で，毎回，参加者は《死と向き合って生きる》に関連する新聞や雑誌の記事の切り抜き，書籍などを持ち寄って，特にテーマを設けずに語り合う。ときには，前回から翌回までの間に旅をした話に及ぶこともある。

デスカフェの展開は，地域と人のつながりや広がりの希薄化が背景にあるなかで，死を語る場や機会をつくり出している。くわえて地域の居場所としての役割や地域と人をつなぐなど，多様な役割を発揮する可能性を有している。

研究会誕生の経緯については，受講修了生のインタビューから以下のことが明らかになった。

・受講修了前に講師から継続の提案があり，一方受講生も学習会を行いたいと考えていた。そこで学びを深めていきたいと考えていた。
・月に２回（第１木曜日と第２月曜日）の活動で，どちらかに参加してもよいようになっている。講座との違いは，生と死に関係する雑誌や書籍の記事を持ち寄って，それに関係した意見，感想を出し合い，自由に話し合いをすることである。
・講師も学習会に参加して，講師の話を聞いたりすることもある。それについて自由な意見交換を行うこともある。
・学習者が年間スケジュールや企画を立案して，参加者や講師とそれらを共有して学習会を進めている。

3．デスカフェの実践を手がかりとした高齢者の学習

以上みてきたように，研究会を通して，学習の拡張，そして再拡張へと，学習の内容・学習の場の拡がりが確認できた。講座を通した学びには，学習の進度によって次の４つの視点がある。①講座への参加，②講座修了時の文集（卒業文集）作成，③講座修了後の修了生が中心となって行う公開発表会の開催，④修了生による学習会の組織化。

言い換えれば，①は，講座受講によって学びを深めることである。②は，文集の作成を通して，学びを記述しながら整理，まとめ，公開することである。③は，整理した学びを発表会で公開して学びを他者と共有することである。④は，講座の修了生と学習会を組織して学びを仲間と共有することで，ここに学びの循環をみることができる。このように，一つひとつ紡いでいく緩やかな学びは，高齢者の学習の特徴だといえる。またデスカフェは，死をテーマとした緩やかなコミュニティをつくることで，死の存在をふだんの生活の中に取り戻し，死を隠蔽しない「死の日常化」を果たす役割もある。デスカフェは，死を介在させながら居場所としての機能や地域と人をつなぐ役割を担い，その展開はコミュニティの広がりやつながりの可能性を秘めている。吉川は国内のデスカフェの特徴として，「自然発生的な増加によるガイドラインに縛られない自由度の高い実践があげられる」[18]と述べている。デスカフェを手がかりとした高齢者の学びの展開と可能性を論じるにあたり，学習機会，学習の場，つながりという点からサードプレイスの論に学ぶところがあると考えた。

今日，コミュニティ論におけるキーワードとして「サードプレイス（第三の場）」という言葉がさまざまな場で用いられている。これは，第一の場＝

家庭，第二の場＝職場・学校の中間的位置にあり，そこでは役割をもたない匿名の人としてもふるまえるので，くつろげる場という居場所論にも通じる。サードプレイスは，①顧客でなく一個人（個人としての価値の再確認），②「壁」の低さ（共同体意識および周囲との交流），③社会的な身分からの解放（平等主義），④オープンで訪れやすい環境，帰りたいと思ったらいつでも帰ればよい，という強制されない自由なつながりを尊重している[19)]。

上記のサードプレイス論，第三の場の特徴をデスカフェの機能に照らし合わせてみていくと，デスカフェの機能としては，前述したように，「死を語るハードルを下げる」「死について語る」「死について考える機会」「死を媒介とした緩やかなコミュニティ」があげられる。これまでデスカフェを手がかりに高齢者に対する学習支援，特にデス・エデュケーション（death education）の可能性をみてきたが，その実践を，①学習機会，②学習の場，③連携，④コミュニティという視点からみていくことにする。

①学習機会　さまざまな出会いや体験を通して，考え方や価値観も大きく異なっている仲間が集まって実践する学習の拡張，再拡張という循環のなかで，柔軟な学習機会となっている。

②学習の場　第三の場という，一個人としての価値の再確認が行われ，「壁」の低さによって共同体意識や周囲との交流が生まれ，平等主義のなかでの学習の居場所が保障されている。家庭や職場での役割から解放されたサードプレイスに，高齢者の学習の場を求める必要性が高まっていることがうかがえる。

③連携　public, informal といったオープンで訪れやすい環境のなかで，帰りたいと思ったらいつでも帰れる気軽さと自由な距離感をもつ，緩やかな連携がある。他者との緩やかで心地よい連携を体験することになる。

④コミュニティ　血縁，社縁という縛りがなく，ラベリングされない個人として第三の場に向かうことそのものが社会参加であり，やさしく寛容な死を媒介とした語りを軸とする，穏やかなコミュニティがつくられている。

むすびにかえて

今回取り上げた講座修了生による研究会，すなわちデスカフェへの実践は，死を語る場を保障し，くわえて地域の居場所としての役割や地域と人をつなぐなど，多様な役割を発揮する可能性を有しているだろう。デスカフェの展開は，死を語る場や機会をつくり出しているということだけでなく，地域と人のつながりや広がりの可能性を含んでいるとも考えられる。だれもが心地よい時間を共有することで，そのまなざしから死と死を取り巻く状況に対する価値観の変化，新しい文化を生み出すことにつながる。これは，高齢者の外出促進，孤立脱却，心身の健康維持・増進といった社会課題解決の文脈で高齢者の学びを提唱することとは一線を画すものである。高齢者の緩やかな生活世界で織りなす学習は，新たな枠組みのもとに探求していくことが求められるといえよう。

【注】

1）厚生労働省ホームページ「2019年人口動態統計年報主要統計表」の中で「死亡の場所別にみた年次別死亡数百分率」は以下の通りである。1951年の死亡は構成割合の82.5％が自宅であった。1976年と1980年の自宅での割合は，それぞれ51.7％，49.4％であり，この時期に死亡場所が自宅よりも施設内へと構成割合が移行している。2019年では，自宅での死亡は13.6％，施設内死亡は84.5％であった。https://www.mhlw.go.jp/toukei/saikin/hw/jinkou/suii04/index.html，2022.5.1.

2）飯田美樹『カフェから時代は創られる』クルミド出版，2020年。

3）吉川直人「国内のデスカフェの現状と可能性：多死社会を支えるつながりの場の構築」『京都女子大学生活福祉学科紀要』第15号，2020年，39-44.

4）横山奈緒枝「社会福祉士養成における葬送文化導入に関する一考察：多死社会の到来と弔いの変容における課題」『吉備国際大学研究紀要』増刊，2017年，55-64. このなかで，話しにくい話題である死について，カジュアルに語り合う場として「デスカフェ」の試みが進んでいることに言及されている。

5）吉川，前掲論文参照。

6）吉川直人・萩原真由美「国内デスカフェの発展過程とコミュニティとしての可能性」

『京都女子大学生活福祉学科紀要』第16号，2021年，p.76.

7）朝日新聞 DIGITAL，2019年２月25日付によると，「あなたの理想の最期は？　『デスカフェ』で気軽に語ろう」が，23日青森市の特別養護老人ホーム「三思園」で開かれ，学生や医療関係者，地域の住民ら約20人が参加した。

8）田中まひる「ワークショップ：『Death Cafe @Kobe』：お茶を飲みながら“死”について語り合う」『ホスピスケアと在宅ケア』*Vol.24*. No.２，2016年，p.168.

9）産経 WEST，2017年８月30日付。「寺で死を考える『デスカフェ』が人気」。京都市などに住む若手僧侶グループ「ワカゾー」が，2015年から「デスカフェ」を開いている。20～40代を中心に，11回で延べ約120人が参加。「死を考えると生きるエネルギーが湧く」と評判。https://www.sankei.com/west/news/170830/wst1708300025-n1.html, 2022.5.1.

10）吉川，前掲論文．吉川は国内デスカフェの発展過程について，国内のデスカフェの実態調査によって主催者の開催動機と実際のカフェの展開内容，ファシリテーションの手法，行われているワーク，開催形態などの実態を調査している。

11）引用文献６）～９）をもとにして筆者作成。

12）吉川・萩原，前掲論文，p.42.

13）萩原真由美『デスカフェ参加者の死生観：死を意識することが人生観にどのように関係しているか』（桜美林大学大学院老年学研究科修士論文）2019年。https://www.obirin.ac.jp/academics/postgraduate/gerontorogy/...att/216J6010.pdf 2022.5.1.

14）藤井圭『高齢者の死の捉え方：デスカフェ参加者を対象として』（桜美林大学大学院老年学研究科修士論文）2019年。https://www.obirin.ac.jp/academics/postgraduate/gerontorogy/...att/216J6904.pdf，2022.5.1.

15）ホームページ「大学公開講座の一覧」では，「公開講座の受講者は70代が多い」（東洋大学），「定年退職後の60代が最も多い」（文京学院大学生涯学習センター），「受講者は60～70代が多い」（武蔵野大学），「60代も多い」（慶應義塾大学）など，大学公開講座参加年齢層に高齢者が多いことが指摘されている。https://sumutabi.net/48，2022.5.1.

16）ホームページ「早稲田大学オープンカレッジ案内」より。https://www.second-academy.com/lecture/WSD22136.html，2022.5.1.

17）2020年７月29日，都内大学エクステンションセンター講座「Death Education：死と向き合って生きる」受講修了生のデスカフェ研究会副幹事代表の清家克哉氏から電話による聞き取りを行なった。

18）吉川，前掲論文，p.44.

19）レイ・オルデンバーグ『サードプレイス：コミュニティの核になる「とびきり居心地よい場所」』（忠平美幸訳）みすず書房，2013年。

シニア・ボランティアが運営する大阪府高齢者大学校の取り組み

古矢 弘道・和田 征士・小野 榮治・内海 邦彦

1．大阪府高齢者大学校の設立の経緯と理念

認定NPO法人大阪府高齢者大学校（以下コーダイと略す）は，2009年に設立された高齢者大学（大阪市中央区法円坂）である[1)]。大阪府では1979年に府が直営する大阪府老人大学（大阪府吹田市，府民生局管轄）が設立された。府内在住の60歳以上の者を対象に「老人自身の生きがいづくりおよび地域老人活動のリーダー養成」をめざした，受講料無料，１年限定，修了後には地域活動をめざすという高齢者大学であった。その後堺市・東大阪市にも同老人大学が開設されたが，府の行財政改革のなかで2008年度をもって廃校となった。

しかし，超高齢社会を迎える時代に，元気な高齢者が社会で活躍するための学びの場がなくなるのは時代の流れに逆行するという受講生の思いのもと，翌2009年には同校修了生中心のボランティア組織が運営する，NPO法人大阪府高齢者大学校が誕生した。その後2017年にはここは，認定NPO法人となり現在に至っている。高齢者の生涯学習と社会参加を総合的に支援する高齢者大学だといえる。

同校は，東日本被災者支援大学校（2013年）や子ども教室（2014年）をも開校し，2013年に姉妹校の地域密着型生涯学習校の大阪区民カレッジ（大阪市内の区部を対象）を，そして2016年に大阪府民カレッジ（大阪府内の大阪

市以外の市町を対象）を開設し，2022年現在コーダイグループは，コーダイ2,310名，区民カレッジ７校306名，府民カレッジ13校551名の，計3,167名の受講生を擁する生涯学習機関となっている（図１参照）[2)]。コーダイは総合型生涯学習を，カレッジは地域密着型学習を基本とし，それぞれ１年単位で毎年受講生を迎えている。コーダイでは受講生の年齢制限や地域制限はなく，他県からでも自由に入学できるようになっている。受講料は年60,000円である。一般的には受講生は週１日登校し，午前10時30分から12時30分までが授業で，13時30分からは自主活動やクラブ活動などが行われている。行事面では，年１回の体育祭（コーダイジョイフルゲームズ），文化祭（コーダイフェスタ），卒業時の学習成果発表会なども行われている。

コーダイの理念に関しては，コーダイでは，趣味を実践的に統一し，社会で積極的な活動を行うことをねらいとして，次のような理念が掲げられている[3)]。

私たちは，地域社会にあって身の丈にあった活動を行ないます。そして，一般の市民の方々と共に心身ともに豊かな地域のコミュニティ作りの活動を行な

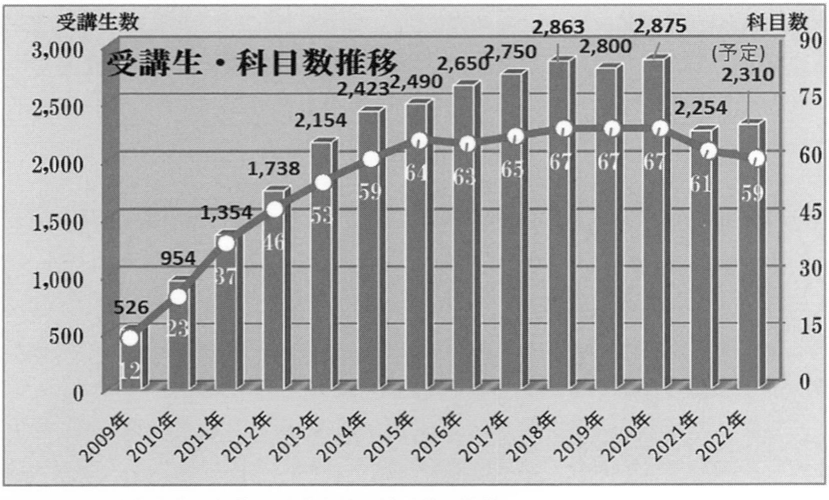

図１　大阪府高齢者大学校の受講生数・科目数の推移

います。

①私たちは仲間と一緒に楽しみながら学習します。
②私たちは何よりも自らと仲間の趣味を大切にします。
③その趣味を仲間と共に深め，更に拡げて，外部の人と共に楽しみます。
④地域の町づくりを行政，市民などと協働して実施します。
⑤私たちは活動を通じて，自らの健康づくり・生きがい感の充実を図ります。
⑥そして私たちはシニア世代の責任として地球環境問題に積極的に取り組みます。

この理念を図にすると図２のようになる[4)]。すなわち「学び」を核として，「仲間づくり」「健康づくり」，そして「社会への参加活動」がそこに包含されるのである。

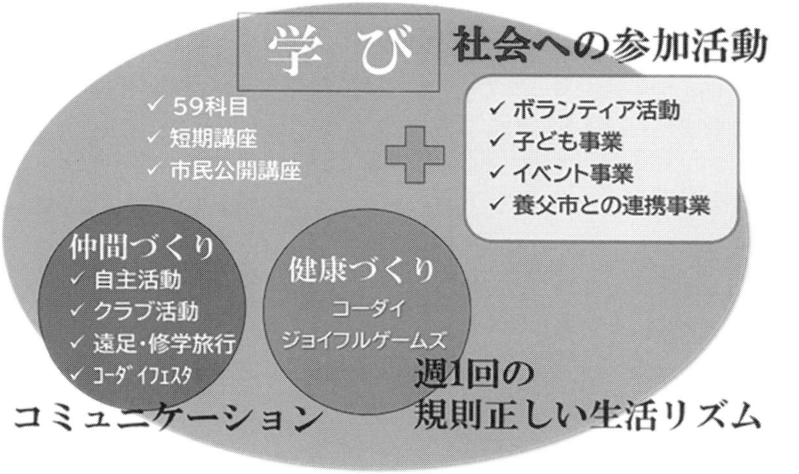

図２　大阪府高齢者大学校の理念の図式化（コーダイの３本柱と社会への参加活動）

２．コーダイの現状と問題点

次にコーダイの実態と（アンケート調査にもとづく）問題点についてふれておく。ここでは2022年２月にコーダイの事務局が実施した受講生対象のアンケート調査の結果をも適宜参照していく[5)]。

コーダイは，2022年度には12の専門分野で59科目にわたる受講科目の選択肢を有し，それぞれの専門分野にふさわしいと思われる講師陣約400名を擁する教育体制を整えている[6)]。2021年度の入学者数は2,254名で，その大まかな内訳は新入生560名（25％），リピーター1,700名（75％）となっていた。2022年度のカリキュラムは表１のとおりで，歴史・語学などの12分野とそれが区分けされた59科目から構成されている。カリキュラム開発においては，いくつかの分野を擁する講座改革委員会を設置し，数年先までの魅力的・先駆的なカリキュラムの開発，魅力的な講師陣の発掘に注力している（例えば，大人のお洒落な生き方を学ぶ科，醸造を楽しく学ぶ科，ボイストレーニングを楽しむ科，エンジョイ ICT 科など)。受講生からのフィードバックに関しては，授業後に受講生から一口メモを提出してもらい，それをまとめて講師や教育部門関係者に配布している。

前述のアンケート結果によると，講義に対する受講生の満足度は，全科目平均約80％で，分野別では満足度のバラツキが発生していた。比較的新規の科目が多い分野では，音楽（分野）96％，パソコン87％，科学・技術85％と高い数値が示された。他方長年にわたって開講している歴史が66％，語学73％，美術・芸術76％とやや低率であった。

継続受講する理由では，①カリキュラム，②教養・趣味，③楽しさ・充実感，④講師，⑤友人，⑥健康の順位であった。コーダイに期待することでは，約40％強が学習の充実および現講義のレベルアップに期待が寄せられていた。学習分野別では満足度と同様，最も多く期待されたのが歴史分野で，美術・芸術分野，語学分野がそれに続いていた。これらの結果から，長く開講している科目については，カリキュラムのさらなる見直しを進めることや，担当講師陣の適正チェックを実施して必要なアクションをとることの重

表１　認定 NPO 法人大阪府高齢者大学校開講科目一覧（2022年度）

分野	科目名
シルバーアドバイザー（2科目）	おもしろ「子ども科学・手作りおもちゃ体験」科 国際文化交流科
歴　史（9科目）	日本の起源と文化を知る科 歴史学古代科 歴史学中世科 歴史学近世科 歴史学近現代科 戦国武将の生き方に学ぶ科 歴史に輝く先人に学ぶ科 武家政権700年・合戦史科 世界史から学ぶ科
大阪再発見（4科目）	もっと知りたい大阪の歴史科 大阪の史跡探訪科 大阪の良さをアピールしよう科 日本城郭史と関西のお城探訪科
語学交流（6科目）	初歩の英会話に親しむ科 基礎英会話 旅で使えるハングル会話科 日常英会話実践科 英会話を楽しむ科火曜コース 英会話を楽しむ科金曜コース
美術芸術（8科目）	美の世界と美術散歩科 似顔絵のイロハを楽しく学ぶ科 絵の基礎を楽しく学ぶ美術科 カメラ芸術科 デッサンから学ぶ油彩画科 油彩画応用科 水彩画を楽しむ科 水彩画応用科

分野	科目名
パソコン（5科目）	初心者パソコン入門科 IT・パソコンOffice専攻科 IT・パソコンWebデザイン科 IT・デジタルフォトアート科 エンジョイICT科
科学・技術（3科目）	人生100年時代のサイエンス科 宇宙と生命の神秘に遭遇する科 脳・AI・ロボットとこれから迎える未来社会科
文化・文芸（2科目）	総合文化に親しむ科 朗読を楽しむ科
音　楽（3科目）	音楽を楽しむ科 歌を愛し歌を楽しむ科 音楽鑑賞を深める科
自然とのふれあい（5科目）	自然文化を楽しく学ぶ科 知って愉しむ淀川探訪科 世界遺産を楽しく学ぶ科 ローカル文化探検科 家庭園芸を楽しむ科
運動・スポーツ・健康（7科目）	スポーツ健康科 アウトドア科 アウトドア科アスリートコース 健康長寿を楽しく学ぶ科 シニアの健康と医療を易しく学ぶ科 ボイストレーニングを楽しむ科火曜コース ボイストレーニングを楽しむ科水曜コース
暮らし（5科目）	和食を愛する科 醸造を楽しく学ぶ科 大人のお洒落な生き方を学ぶ科 身の回りに関する法律を易しく学ぶ科 鉄道を学び旅を楽しむ科

（認定ＮＰＯ法人大阪府高齢者大学校 2022 年度配布資料より）

要性がうかがえた。リピーター率は過半数を超えており，毎年度カリキュラムの改善・更新をすることが急務である。新人への入学門戸を拡げて多くの方々が入学しやすい環境を整え，新旧比率の逆転を図ることも必要なのかもしれない。

3．地域社会貢献にむけたコーダイでの学習内容

コーダイでは，地域社会との接続を見すえた講座をも開発している。2012年度に「高大型白熱教室」（受講生が人前で自分の意見を報告しあうことを軸とする授業）を開講したが，これは，受講生参加型のアクティブ・ラーニング形式の講座である。受講生が同校を修了して地元に帰って地域の活動に従事する場合，コーダイが人材育成として進めている取り組みのなかで重要な要件となるのが，「３力」の発揮だと考えられる。すなわち，発信力・信頼力・創造力（あるいは発想力）の３つである。この「高大型白熱教室」で培った各人の資質として，これらを身につけられるかどうかが重要だと考える。地域での活動におけるリーダーシップを発揮するための下地として，この「３力」が物を言うだろう。「高大型白熱教室」にくわえて，これを一歩進めた「自主活動」（クラスごとに午前中の授業についての意見を出し合ったり，遠足などの企画を出しあったりする），「自主企画講座」（10月下旬にクラスで自分たちの受けたい授業テーマや講師を議論したうえで，受講生自身がカリキュラム作成業務に加わる）をとおして，地域社会に役立つ人材育成を図る教育を継続していくことが大切だとも考える。これらは，受講生同士で意見交換をしながら講師やテーマを決めるというものである。また，ホームページからも科目，講師等に関して提案ができる制度をも設けている。

年２回すべてのカリキュラムに組み込まれている「社会への参加活動」も，実践的な訓練の場として重要な活動となっている。このうち１コマは社会への参加活動の準備として，各科ごとにボランティア活動の経験談等の紹介や意見交換を行い，社会参加活動の目的，意義の理解を深めている。もう１コマは，実際に社会への参加活動を体験しながら学ぶものである。また社

会への参加活動のすそ野を拡げるために，コーダイでの学習者または本人が所属する団体を対象に，社会参加活動・貢献活動の成果に対して報奨する，KOUDAI AWARDという顕彰制度をも設けている。

4．組織・運営面での特徴

⑴ クラス・ディレクター制度について

次に，受講生と講師の橋渡しの役割を担っている，コーダイ独自のクラス・ディレクター（＝CD）制度についてふれる。コーダイでは，ボランティアにささえられた高度な学習システムのもとに運営を行い，活力ある人づくりをめざし，社会に寄与してきた。教室の運営責任者として，CDが各科別に原則2名配置され，現在59科目で約120名強のグループにてその任に当たっている。CDは，組織内では教育部門に属し，その部門構成は教育部門長，同副部門長，各曜日担当教務部長，そしてCDとなっている。CDの主な業務は，「授業開講前の準備に関する業務」と「授業開始からのクラス運営業務」とに分けられる。前者に関しては，6月から9月にかけては，次年度カリキュラムの作成（見直し・改善を含む）と担当講師の適正チェック・見直しを行い，1月から3月にかけては，新年度入学受講生の準備業務，受講生名簿の作成，班編成仕分け，席配置の決定，入学教室の案内送付，学科担当の講師陣との調整および懇談などを行う。

後者の授業開始後の業務は，1日単位では，教室開錠，授業準備（机配置，機器，資料等），担当講師と面談（授業開始までに），授業補助（授業時間内），自主活動・受講生へサポート（13時30分～15時），報告書提出，鍵等返却（15時30分～）となっている。年単位では，入学式・合同オリエンテーション（4月），社会への参加活動準備・募集要項リード文作成（5月），春の遠足・防災訓練（6月），合同CD連絡会（7月），次年度カリキュラム見直し改善・講師承諾依頼（9月），体育祭・講師交流会・オープンキャンパス（10月），講座説明会・秋の遠足・文化祭（11月），次年度受講申込書締切・合同CD連絡会（12月），特別表彰推薦・社会への参加活動の実施・新任CD研修（1月），修学旅行・成果発表会・新任CD研修（2・3月）となっている。

以上のように1年間にわたって多様な業務を進めるなかで，受講生のトラブル解決や講師からの要望等の処置については，各曜日担当教務部長とも相談・指導を受けて問題対応に当たっている。教室運営責任者として，教室運営計画づくりから始め，必要に応じて改善を実施している。やりがいと自己実現の実感が，CD継続の大きな原動力になっているようである。

CDに要求される資質としては，多種多様な業務範囲の処理能力が必要となる。それゆえ現CD約120名のうち毎年30%近くの辞退者が出ている。補充のためにCD公募を実施しているが，受講生からの一次応募だけでは必要人数に達しないことが多い。CD候補者として30数名をスカウトするのだが，毎年苦労して不足人数を確保している。

⑵ OKALS-Vと外部組織とのネットワーク

次にコーダイの組織・運営面での特徴のうち，とくにOKALS-V（Osaka Koudai Advanced Learning System Supported by Volunteers）活動と外部組織とのネットワークの問題に焦点をおく。なお，これら以外にも，在校生・修了生が一体となった同窓会活動，なにわの宮会（横割り組織としてイベントの手伝い，コーダイ理念の啓発事業などを行う），オープンキャンパスなども組織化されている。

OKALS-V活動とは，「ボランティアに支えられた先進的学習システムのコーダイ」を意味する。コーダイは，理事長をはじめとするボランティア・スタッフ約200名によって運営されるNPO法人の高齢者大学である。したがってコーダイには雇用職員はいないし，行政機関からの出向者もいない。またここはどこかの組織の指定管理者でもない[7)]。

外部組織との連携では，2012年以降，徳島県知事の提唱で大阪府，兵庫県，京都府，滋賀県の2府3県で毎年生涯学習校11団体が一堂に会してシニア交流会を実施してきた。コロナ禍で2年間のブランクができたが近々実施に向けて動いている。2017年には「シニア」「学びの場＝大学校」「社会」の

３者が，学習をとおして社会・地域に参加し，貢献していくというトライアングル・ニーズを示し，これを実践していくという趣旨の共同宣言を11校連名で宣言した[8)]。宣言内容は次のとおりである。「１．私たちは，シニアの自己実現のニーズに応えるために，学びの場（生涯学習機関）を担う主体として，多様な学習プログラムを提供し，シニアの生きがいづくりを支援していきます。２．私たちは，シニアの学びの成果を社会参加や社会貢献活動に活かせるように社会へ積極的に働きかけをしていきます。３．私たちは，連携を深め，広く国内外の課題に目を向けて，相互交流や情報発信をしていきます」。

2020年には，大阪シニア大学校交流会を開催したが，そこではコロナ対策をメインに協議し，2021年には第２回交流会を実施して協力関係が深められた[9)]。

首都圏との交流事業では，2018年に川崎市民アカデミーにおいてプラチナギルド・千葉自然大学，関西からはシニア自然大学校，いなみ野学園，大阪府高齢者大学校の６者が一堂に会し交流した。これをきっかけに2019年徳島県で第１回関西圏・首都圏シニアカレッジ交流会が開催された。

他方で2020年度以降のコロナ禍での運営においては，一部でオンライン講義や講演会も実施した。コロナとの共存のあり方は今後のコーダイ運営上の大きな課題でもある。

５．高齢者学習の場としての，大阪府高齢者大学校の特徴と課題

これまでコーダイの概要をみてきたが，最後にその高齢者学習の場としての特徴と課題をまとめておきたい。第一の大きな特徴は，何よりもここがシニア・ボランティアによって運営される大規模な民間立の高齢者大学であり，他に類例がうかがえない学習機関だという点であろう。コーダイのスタッフは受講生のなかから選ばれることが多く，高齢学習者が同時に学習支援者になりうる契機がそこに内在しているともいえる。なお日本における大規模な高齢者大学としては，いなみ野学園（兵庫県加古川市），鯱城学園（名古屋市）などが有名であるが，それらにはいずれも職員が配置されてい

る[10)]。

第二に運営において「民間的」特徴が出ているという点である。例えば受講料は年６万円とけっして廉価ではないが，しかしその分講師や講座内容の精選が行われ，講座運営において受講生からの評価にも敏感に反応し，より良き学習内容の開発を継続している。ただこの点はコーダイの特徴であるとともに課題でもあるだろう。というのも，学習意欲のある高齢者がすべてこの受講料を納め大阪市内に毎週出向けるのではないからである。高齢者の「貧困」や生活基盤の不安定さとどう向き合うかという課題は残るであろう。逆にいえばこの部分にこそ，社会教育行政などが積極的にサポートしていく必要があるともいえる。

今後の課題としては，学習の場の確保という問題も大きい。3,000人規模の高齢者集団が一堂に会する場を大阪市内で探すのはむずかしく，それゆえコーダイは大阪市教育会館を拠点としつつも，他方で府内に多くの学習の場のネットワークを構築しているのである。大学等との連携も今後の課題となるだろう。

また受講者の平均年齢の上昇にも留意が必要であろう。例えば1998年２月に行われた前身の大阪府老人大学調査では受講生の平均年齢は67.2歳であった。しかし現在のコーダイ受講生の平均年齢は71歳をこえている[11)]。70代あるいは75歳以上の者にとって親和的な学習内容とはいかなるものか。このあたりを探るところにも今後の大きな課題が潜んでいるだろう。

【注】

１）認定 NPO 法人大阪府高齢者大学校の開設までの足跡について次の文献などを参照。堀薫夫「NPO による高齢者大学の運営：大阪府高齢者大学校を事例として」同編『教育老年学と高齢者学習』学文社，2012年，pp.187-203. 大阪府高齢者大学校編『高齢者が動けば社会が変わる』ミネルヴァ書房，2017年。また同校の概要については，同校ホームページを参照（https://osaka-koudai.or.jp/about/#scrollNav-2, 2022.5.3.）。

２）図１は，認定 NPO 法人　大阪府高齢者大学校2022年度オリエンテーション資料より。

３）前掲，大阪府高齢者大学校ホームページ（概要）より。

４）図２は大阪府高齢者大学校，２）の資料より。

5）アンケート調査は，2022年２月に実施され，受講生1,722名中815名（回答率47％）の回答を得ている。内訳は，女性449名（55％），男性366名（45％），平均年齢71.2歳であった。

6）カリキュラムの詳しい内容については，NPO 法人大阪府高齢者大学校『受講生 募集案内』（2022年度）を参照。

7）コーダイではスタッフ全員，交通費以外の給与は支払われていない。

8）大阪府高齢者大学校，前掲書，pp.265-267.

9）大阪府高齢者大学校，大阪区民カレッジ，大阪府民カレッジ，新いちょう大学校，シニア自然大学校，大阪北部コミュニティカレッジ，大阪市立総合生涯学習センターの７校が参加した。

10）比較的大規模な高齢者大学の類型化については，以下の文献などを参照。堀薫夫「高齢者大学という『場』」牧野篤編『人生100年時代の多世代共生』東京大学出版会，2020年，pp. 73-84. 服部祥子編『シニア世代の学びを社会に活かす：神戸市シルバーカレッジでの学習と社会貢献』ミネルヴァ書房，2022年。牧野篤『シニア世代の学びと社会』勁草書房，2009年。野元弘幸「『いなみ野学園』における高齢者の学習」日本社会教育学会編『高齢社会における社会教育の課題』（日本の社会教育 第43集）東洋館出版社，1999年，pp.122-133. 三浦文夫編『老いて学ぶ 老いて拓く：世田谷区老人大学・生涯学習への挑戦』ミネルヴァ書房，1996年。

11）大阪教育大学生涯教育計画論研究室編『都市型老人大学受講者の実態と意識に関する調査研究：大阪府老人大学を事例として』1999年，p.26. 同編『現代的課題に関する調査研究：高齢者のジェンダー問題と死への準備教育を中心に』2020年，p.12.

（付記）本論は，認定 NPO 法人大阪府高齢者大学校理事長古矢弘道，会長和田征士，理事小野榮治・内海邦彦に分野別に執筆を依頼し，それらに対して堀薫夫が統合・加筆などを施したものである。

地域共生社会に向けた多世代交流プログラムの実践

藤原 佳典

1．重層的支援体制整備事業と地域包括ケアシステム

厚労省は地域包括ケアシステムの主軸の一つである介護予防事業の推進をめざし，「一般介護予防事業等の推進方策に関する検討会」のとりまとめを行なった（2019年12月13日）[1)]。その重点施策の一つに，地域高齢者のさまざまなニーズに応えるための多種多様な「通いの場」づくりが進められている。そこでは，健康福祉分野が社会教育分野と連携する「学び」や子ども・子育て分野と連携する「多世代交流」をテーマとした社会参加の場・機会も，間接的には介護予防に資するものとして勧奨されている[2)]。本来，「学び」は高齢者に限るものではなく，同一の興味・関心をもつ，すべての世代に共通する。すなわち，高齢者にとっての「通いの場」は「学び」と「多世代交流」を繋ぐ場にもなりうる。

一方，原則として高齢者を対象とする地域包括ケアシステムは，多世代を対象とする地域共生社会の構築に向けて動き出している。

2020年６月，地域共生社会の実現のための社会福祉法等の一部を改正する法律（令和２年法律第 52 号，以下「改正法」という）が厚労省から公布された。市区町村においては，既存の相談支援等の取組を活かしつつ，地域住民の複雑化・複合化した支援ニーズに対応する重層的支援体制を構築するため，世代や属性を問わない相談支援・参加支援・地域づくりに向けた支援を

実施する事業を創設することが求められている（図1）。

重層的支援体制整備事業の枠組み等について

➢ 市町村において、地域住民の複合・複雑化した支援ニーズに対応する断らない包括的な支援体制を整備するため、①相談支援（包括的相談支援事業、多機関協働事業、アウトリーチ等を通じた継続的支援事業）、②参加支援事業、③地域づくり事業を一体的に実施する事業を創設した。
➢ 当該事業は、実施を希望する市町村の手上げに基づく任意事業である。
➢ このほか、事業の実施に要する費用にかかる市町村の支弁の規定及び国等による補助の規定を新設した。この中で、国の補助については、事業に係る一本の補助要綱に基づき申請等により、制度別に設けられた各種支援の一体的な実施を促進する。

重層的支援体制整備事業における3つの支援の内容

新たな事業（I〜IIIの支援を一体的に実施）	I 相談支援	① 介護（地域支援事業）、障害（地域生活支援事業）、子ども（利用者支援事業）、困窮（生活困窮者自立相談支援事業）の相談支援にかかる事業を一体として実施し、本人・世帯の属性にかかわらず受け止める、包括的相談支援事業を実施。 ② 複合課題を抱える相談者にかかる支援関係機関の役割や関係性を調整する多機関協働事業を実施。 ③ 必要な支援が届いていない相談者にアウトリーチ等を通じた継続的支援事業を実施。
	II 参加支援事業	○介護・障害・子ども・困窮等の既存制度については緊密な連携をとって実施するとともに、既存の取組では対応できない狭間のニーズに対応するため（※1）、本人のニーズと地域の資源との間を取り持ったり、必要な資源を開拓し、社会とのつながりを回復する支援（※2）を実施 （※1）世帯全体としては経済的困窮の状態にないが、子がひきこもりであるなど （※2）就労支援、見守り等居住支援　など
	III 地域づくり事業	○介護（一般介護予防事業、生活支援体制整備事業）、障害（地域活動支援センター）、子ども（地域子育て支援拠点事業）、困窮（生活困窮者のための共助の基盤づくり事業）の地域づくりに係る事業を一体として実施し、地域社会からの孤立を防ぐとともに、地域における多世代の交流や多様な活躍の場を確保する地域づくりに向けた支援を実施 ○事業の実施に当たっては、以下の場及び機能を確保 ①住民同士が出会い参加することのできる場や居場所 ②ケア・支え合う関係性を広げ、交流や活躍の場を生み出すコーディネート機能

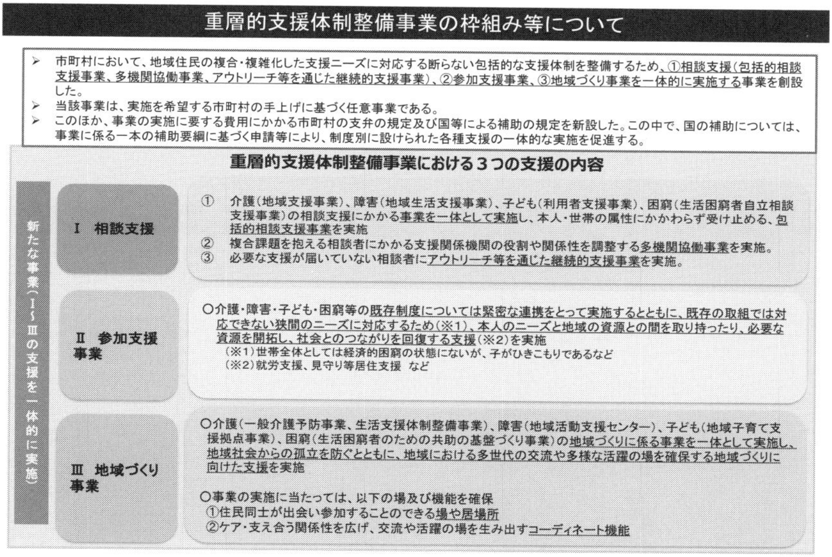

（出展：厚生労働省ホームページより）

図1　重層的支援体制整備事業の枠組み

　重層的支援体制整備事業が重層的たる所以は，図2に示すように，上記，図1の3つの支援事業が，相互に連動している点にある[3]。例えば，ダブルケア，トリプルケアといった重複する課題をもつ相談者は，その属性，世代，相談内容にかかわらず，まずは，包括的相談支援事業において包括的に相談を受け止める。受け止めた相談のうち，複雑化・複合化した事例については多機関協働事業につなぎ，課題の解きほぐしや関係機関間の役割分担を図り，各支援機関が円滑な連携のもとで支援できるようにする。なお，長期間ひきこもりの状態にある人等，自ら支援につながることが難しい人の場合には，周囲の人びととの協力を得つつ，訪問や見守りといったアウトリーチ等を通じた継続的支援事業により本人との関係性の構築に向けて支援する。相談者のなかで，社会的に孤立していたり，生活自立や生きがい・自己実現を

目的とした就労などの社会参加に向けた支援が必要な人には，参加支援事業を利用できるように，本人のニーズと地域資源の間を調整する。くわえて，地域づくり事業を通じて住民同士のケア・支え合う関係性を育むほか，他事業と相まって地域における社会的孤立の発生・深刻化の防止をめざす。以上の各事業が相互に重なり合いながら，市区町村全体の体制として伴走する支援体制を構築していくものである。

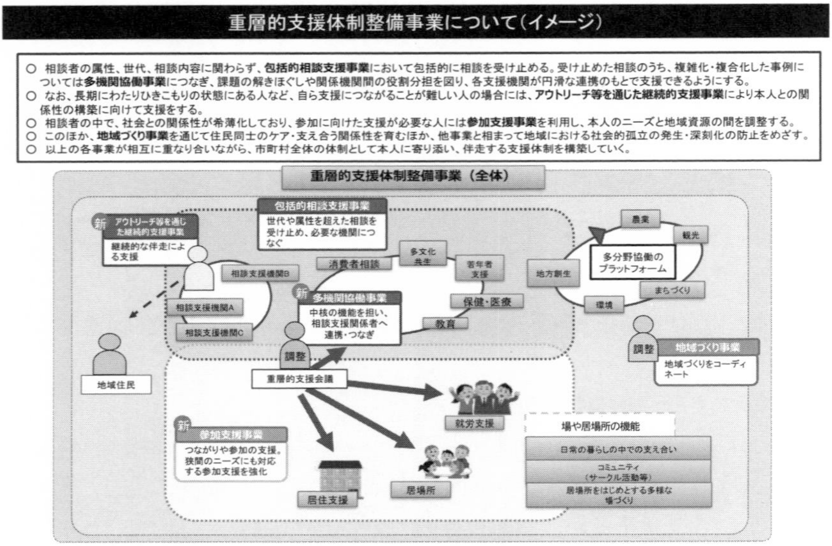

（出展：厚生労働省ホームページより）

図２　重層的支援体制整備事業について（イメージ）

以上の仕組みと仕掛けについて，端的に表現すると，現行の地域包括ケアシステムにおける地域支援事業を多世代・多領域に拡張したものだといえる。すでに，保健師や社会福祉士といった保健福祉分野の専門職は，高齢者，子ども・子育て，障害者，生活困窮者等の各現場において，いわゆる多問題家族をはじめ困難事例の個別ケースについて，地域ケア個別会議や顔の見える関係を通して対処してきたものと思われる。しかしながら，専門職の個人レベルのスキルやネットワークを蓄積していくだけの時間とエフォートが十分与えられていない現状で，これまでの何倍ものスピードで地域の課題が膨張かつ複雑化している点が危惧される。

筆者は，保健福祉施策における地域資源の連携についてポピュレーション・アプローチとハイリスク・アプローチの視点から解説する際，歴史物語における城下町（地域）を守るための堅固な内堀と広大な外堀に例えている[4)]。比較的平易で一般的な地域課題については，ポピュレーション・アプローチこと，住民組織や地域資源とのネットワーク（外堀）で可能なかぎり対応してもらい，他領域にわたる困難事例へのハイリスク・アプローチや，全体の情勢を見極め，適切な戦術を繰り出す役割として，専門職や公的機関（内堀）が位置づけられる。そもそも，全国の自治体は兵糧攻めに対する籠城戦を強いられている。つまり，人口減少が急速に進む超高齢社会において限られた税収や人材をいかに有効に配備し機能させるかの戦略が問われる。必然的に期待される戦略が，地域包括ケアシステムであり，重層的支援体制整備事業であると筆者は考えている。ここで，重層的支援体制整備事業における，内堀の機能強化策としては，専門職個人のスキルアップに加えて，他部署・他領域の専門職がいかにして効率的に連携できる体制をつくれるかが重要である。

それに先駆けて，2014年に筆者は全世代型地域包括ケアを見据えた，全国の先進事例を調査した。その結果，例えば，高齢部門にとって，子育て部門など連携したい担当課が同一フロアに「島」として隣接していることや，同一ビル内に関係各課に加えて社会福祉協議会が入居しているといった物理的な環境要因が，効率的に連携するうえで重要であることを報告した[5)]。

２．地域共生社会実現の入口は多世代型ポピュレーション・アプローチ

一方，重層的支援体制整備事業においては，どうしても困難事例を抱えるハイリスク者への対応に比重がおかれ，ハイリスク者を増やさないといった予防の概念が弱いように思われる。自治体の限られた財源や人材を困難事例に重点配分するには，ハイリスクの住民を可能なかぎり増やさないポピュ

レーション・アプローチ，すなわち「外堀」も同時に構築することが有効と考えられる。こうしたポピュレーション・アプローチの一つとしてソーシャル・キャピタル（信頼，社会規範，ネットワークといった社会関係資本等）理論が着目されてきた。国は，地域保健対策の推進に関する基本的な指針改正（平成24年7月31日厚生労働省告示第464号）において，「地域保健対策の推進に当たって，地域のソーシャル・キャピタルを活用し，住民による自助および共助への支援を推進すること」と明示している。地域のソーシャル・キャピタルとは，図1のIIIの共生型の地域づくりにほかならない。具体的には，世代や属性を超えて住民同士が交流できる場や機会を生み出すための，「仕組み」と「仕掛け」が求められる。

これは，現況の高齢者対象の地域包括ケアシステムにおける地域支援事業を共生型に拡充していけば，おのずからゴールに到達できるものと考えられる。まず，世代や属性を問わない入口は多世代のポピュレーション・アプローチであり，そのゴールは地域全体のソーシャル・キャピタルの醸成である。専門職は，ともすれば，「共生」を，さまざまな社会的弱者へのハイリスク・アプローチと捉えがちである。「我が事，丸ごと」と称された地域共生社会づくりが，必ずしも，我が事となりにくいのは，なぜだろうか。例えば，テレビのドキュメンタリー番組で難病と闘う子どもとその親を観ると多くの人は感動するであろう。しかし，身内にそうした人がいなければ，現実生活においてはなじみが薄く，「我が事」化することは必ずしも容易ではない。後述の高齢者による学校ボランティアが通う公立学校では，高齢者自身が子どもの頃を回想するとともに，さまざまな障害をもつ子や，生活困窮家庭の子，外国籍の子にも直面する。逆に，数年間にわたる高齢者ボランティアとの交流のなかで加齢に伴う姿や言動の変化から，子どもは自然に「老い」を学ぶ。多世代型のポピュレーション・アプローチのなかで，何気なくハイリスク者に出会い，相互理解そして共感へと進展するプロセスである。つまり，「子ども叱るな，来た道じゃ。年寄り笑うな，行く道じゃ」という仏教の教えこそが，「我が事」「丸ごと」の原点ではなかろうか。

ランティア（以降，りぷりんとボランティアと称する）を養成し，実際に地域で実装するものである。REPRINTS®は，首都圏都心部（東京都中央区），住宅街（川崎市多摩区），近畿圏小都市（滋賀県長浜市）の３自治体でさまざまな組織と協働しながら進められてきた。

REPRINTS®では，これまでに最長７年間の介入の成果が多数報告されている。具体的には，高齢者ボランティアへの効果として，一部の体力指標・健康度自己評価の維持・改善，ストレス対処能力の向上，認知機能，知的活動能力および動的バランスの維持，子どもへの効果として，高齢者イメージが良好に維持，保護者への効果として学校奉仕活動への心理的負担の軽減が明らかにされている。

そのなかでも，REPRINTS®が継続的に行われている地域のひとつである川崎市多摩区での介入研究に焦点をあて，ソーシャル・キャピタルの醸成につながる波及効果に関する研究成果が２つある。すなわち，小学校時のりぷりんとボランティアとの交流体験が，中学入学時の地域活動への参加意識に肯定的な影響を及ぼすことや，長年，REPRINTS®が導入されている地域ほど地域住民のソーシャル・キャピタルが高いという知見である[10)]。

REPRINTS®では2010年以降，ボランティア養成研修のさらなる普及に向けて研修プログラムの内容をさらに，読み聞かせ手法の習得を通じた認知症予防・介護予防プログラムへとカスタマイズした。その結果，2014年の介護保険法改正による介護予防・日常生活支援総合事業における一般介護予防事業「絵本読み聞かせ認知症予防講座」としての自治体委託事業ニーズが高まった。2021年度は，コロナ禍においても20自治体に展開するに至った。その理由としては，第一に多様な価値観・趣向をもつ高齢者のニーズに応えると同時に，既存の運動型プログラムを補完する事業としてエビデンスが確立されていることが挙げられる。第二に，モデル研究と同様に講座修了後には，すべての自治体で小学校や保育園，子育てサロン等の子どもへ読み聞かせを行うボランティア団体へと移行するプロセスをもつ点にある。つまり，一般介護予防事業を起点にして，多世代共生型地域づくりの担い手として期待できるからであると推察される。

また，自治体圏域を超えたりぷりんとボランティア間のソーシャル・キャピタルの強化を図り，2014年以降，15自治体のボランティア団体がＮＰＯ法人りぷりんとネットワークを結成している。総勢約450名のボランティアが，主体的に活動施設を増やし200か所あまりの学校や幼稚園，保育園，児童館などで定期的に世代間交流を行なっている。

REPRINTS®は，絵本の読み聞かせという特定のプログラムにもとづいているが，コミュニティの核といえる学校を拠点にしつつ，エビデンスにもとづく理論的枠組みが確立されていることから，他地域にも十分に応用・展開可能であると考えられる。

また，本プロジェクトは，短期的なモデル研究として終結するのではなく，多世代に互恵的影響を及ぼしているがゆえに，コロナ禍においても地域に受け入れられて継続的に展開している。とはいえ，高齢者，子ども・子育て，学校教育施策等の行政レベルの縦割りに横串を刺すことは容易ではない。

そこで，筆者らが実施した首都圏在住の一般住民への郵送調査によると，高齢者（65歳以上，3,116名），現役世代（20～40歳代，3,334名）ともに世代を問わず，同世代とだけ交流している人に比べて同世代，異世代交流ともに交流している人は，精神的健康度がそれぞれ1.74倍，1.36倍高いことが示された[11]。世代間交流が健康やQOLにもたらす影響は，ボランティア活動によるものだけでなく，一般住民における日常の交流においても然りである。

これにより，世代間交流はボランティア・プログラムという特定の人びとや地域による「線」としての社会的サポート・ネットワークやソーシャル・キャピタルを醸成するだけでなく，広く一般地域住民間での「面」に発展できる可能性がある。こうした仮説を検証すべく，筆者らは，東京都北区および，川崎市多摩区内のそれぞれ一つの地域包括支援センター圏域において地元行政等と連携し多世代互助プロジェクトを試行した（図４）[12]。

同プロジェクトは，地域包括ケアシステムの地域支援事業を基盤とし，多世代に拡大する事業であるが，公助たる介護予防・日常生活支援総合事業よりも，「緩やかな助け合い」を目的とした住民主体の互助による，いわば，重層的支援体制整備事業（図２）における，地域づくり事業にあたる。具体的には，保健師や生活支援コーディネーター等が支援する多世代のステイク

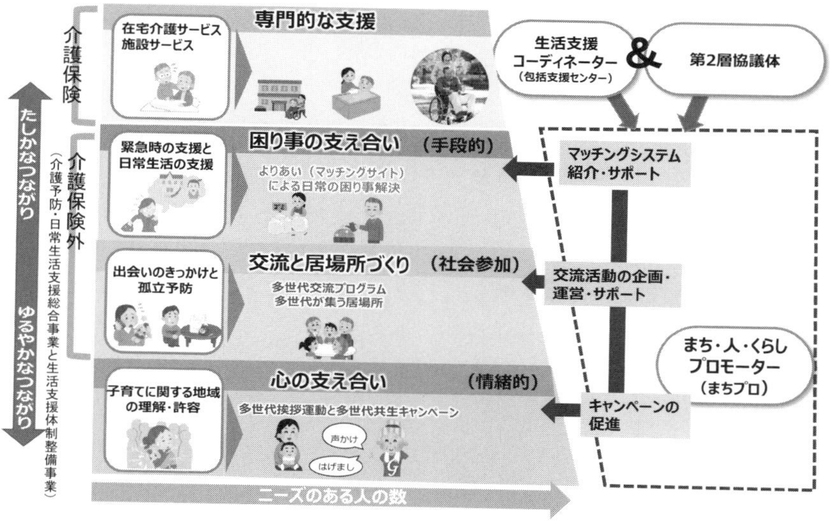

（注：藤原作成）

図４　重層的地域多世代共助システムのイメージ図

ホルダーによる協議体を核として，⑴ 日常的な声かけなどによる緩やかな情緒的支援，⑵ 多様な多世代交流の場・プログラムの開発による社会参加支援，⑶ 子育て支援と高齢者の生活支援の一元化の三層から成る重層的な支援システムである（図５）。⑴の成果の例として，地元中学生への調査の結果，挨拶したり，されたりする頻度が地域への愛着や支援意識に関連することが明らかになった[13)]。たかが挨拶，されど挨拶が，地域のソーシャル・キャピタル醸成の基盤となる可能性を示した。⑵の多世代交流の場（＝サロン）を支援するベテラン保健師からは，ハイリスク住民の社会参加・孤立防止を目的としてサロンを勧奨する。その一方で，この種のサロンは，同世代のみの交流に疎外感を抱く潜在的なリスク層が利用している可能性もあり，こうした人を個別支援に結びつけることも期待し，支援していると指摘された。つまり，専門職による相談支援と地域づくりは相補的に機能することがわかった。

4．「３つのＳ」でコロナ禍を乗り越える

2020年３月以降，新型コロナウイルス感染症の蔓延により，全国の大半のサロンや通いの場，さらには，社会参加活動の多くは休止した。そのような状況を鑑み，筆者らは「通いの場×新型コロナウイルス対策ガイド（第２版）」と「通いの場の活動再開の留意点」を公開した。そのなかから，再開前に考えたい８つのポイントを示した[14]。

その要点は，１．活動団体の目的・意義を再確認，２．活動内容の工夫と練習・学習，３．活動団体を取り巻くネットワークづくりである。

いましばらくは，「with/post コロナ」の生活が続くとともに，今後，新種の感染症や自然災害に晒される可能性もある。これからの通いの場の運営は，社会参加活動と健康危機管理をセットで進める必要がある。上記３つの要点に示すように，自粛期間は，感染症予防に留意した工夫が求められる。例えば，りぷりんとボランティアにおいては，読み聞かせ場所を屋内のサロンから公園に移したグループもある。花壇を挟んで２m 以上の距離を保って，懐かしき街頭紙芝居のごとく保育園児を出迎えている[15]。

また，自粛期間は通いの場自体の目的や運営体制について振り返る充電期間でもある。この機に役員ボランティアはオンライン会議の手法を習得した。パソコンのモニターに，隣町のメンバー数人の顔が初めて並んだときに，「文明開化！と叫んだのよ」と語る80歳の女性の笑顔が忘れられない。

「通いの場」はともすれば，三密の場として近隣や関係者から不安視される可能性がある。そのような時期であるからこそ，これまで，あまり関わりがなかった町会・自治会等地域団体の理解を得ることや，「通いの場」を支援する地元の地域包括支援センター，社会福祉協議会等の関連機関と連携することの重要性を再認識しているとの声を聞く。

サロンや通いの場の主催者の大半は地域のシニア・ボランティアである。筆者はかれらに対して，「三密」を避けて，センス（工夫し），シナジー（協働効果），スマイル（明るく）の「３S」で通いの場を再開・継続すべく勧奨している。工夫し新しいことにチャレンジすること自体が，なにより認知

機能の維持に寄与する[16)]。こうした機会を支援する多様なステイクホルダーとのネットワークを構築する。そして，コロナ禍の不自由・不安は一人の高齢者としては当然のことである。しかし，それをプラス志向で対峙する明るさ，この「3S」。ボランティアとの意見交換において，絵本の読み聞かせについて学び続けるというメンバー共通の楽しみがあるからこそ，「3S」が維持できるとの意見が集約された。高齢者にとって，健康福祉的要素は日常生活の基盤ではあるものの，それだけでは，長期にわたる危機的状況を乗り越えられるものではない。つまり「学び」という社会教育的要素の重要性を，REPRINTS®を介して再認識したのである。

【注】

1）厚生労働省老健局老人保健課「一般介護予防事業等の推進方策に関する検討会取りまとめ」2019年，p.6. https://www.mhlw.go.jp/stf/newpage_08408.html，2022.5.5.

2）植田拓也・倉岡正高・清野諭他「介護予防に資する『通いの場』の概念・類型および類型の活用方法の提案」『日本公衆衛生学雑誌』第69巻第7号，2022年，497-504.

3）厚生労働省社会・援護局 令和2年度 地域共生社会の実現に向けた市町村における包括的な支援体制の整備に関する全国担当者会議「重層的支援体制整備事業における具体的な支援フローについて」（会議資料3），https://www.mhlw.go.jp/stf/shingi2/0000114092_00001.html，2022. 5.5.

4）藤原佳典「地域保健施策におけるソーシャル・キャピタルを醸成・活用した戦略と戦術」武藤孝司・磯博康・村島幸代編『公衆衛生学領域における連携と協働：理念から実現に向けて』日本公衆衛生協会，2015年，pp.205-212.

5）藤原佳典・倉岡正高・長谷部雅美他「多世代の互助・共助による社会システムは構築できるか：持続可能な社会の処方箋“Positive spiral of care”を目指して」『日本世代間交流学会誌』第6巻第1号，2017年，3-8.

6）Fried, L. P., Carlson, M. C. et al. A Social Model for Health Promotion for an Aging Population: Initial Evidence on the Experience Corps Model, *Journal of Urban Health, 81*, 2004, 64-78.

7）Murayama,H., Fujiwara,Y., & Kawachi,I. Social Capital and Health: A Review of Prospective Multilevel Studies. *Journal of Epidemiology and Community Health, 22*, 2012, 179-187.

8）Yasunaga,M., Murayama,Y., Takahashi,T. et al. Multiple Impacts of an Intergenerational Program in Japan: Evidence from the Research on Productivity through Intergenerational Sympathy Project. *Geriatrics & Gerontology International. 16* (1), 2016, 98-109.

9）世代間交流プロジェクト「りぷりんと・ネットワーク」編，藤原佳典監修『地域を変えた「絵本の読み聞かせ」のキセキ：シニアボランティアはソーシャルキャピタルの源泉』ライフ出版社，2015年。

10）Murayama, Y., Murayama, H., Hasebe, M.,Yamaguchi, J., & Fujiwara, Y. The Impact of Intergenerational Programs on Social Capital in Japan: A Randomized Population-Based Cross-Sectional Study, *BMC Public Health, 19*(1), 156,2019. doi: 10.1186/s12889-019-6480-3.

11）根本裕太・倉岡正高・野中久美子他「若年層と高年層における世代内／世代間交流と精神的健康状態との関連」『日本公衆衛生雑誌』第65巻第12号，2018年，719-729.

12）野中久美子・倉岡正高・村山幸子他『平成27年採択 プロジェクト開発調査報告書「ジェネラティビティで紡ぐ重層的な地域多世代共助システムの開発」（研究代表者：藤原佳典）』（科学技術振興機構 JST-RISTEX（社会技術研究開発）受託事業・戦略的創造研究推進事業「持続可能な多世代共創社会のデザイン研究開発領域」）2017年。

13）村山幸子・倉岡正高・野中久美子他「児童・生徒のあいさつ行動と地域愛着および援助行動との関連」『日本公衆衛生雑誌』第67巻第７号，2020年，452-460.

14）東京都健康長寿医療センター研究所社会参加と地域保健研究チーム編「通いの場×新型コロナウイルス対策ガイド（第２版）」と「活動再開の留意点（第２版）」https://www2.tmig.or.jp/spch/，2022.5.5.

15）藤原佳典「住民から発進する地域共生社会の実現に向けた取り組み」『北区地域包括ケア推進計画』東京都北区，2021年，p.66. https://www.city.kita.tokyo.jp/korefukushi/keikaku/documents/r3-5houkatukeikaku.pdf，2022.5.５.

16）Park, D. C., Lodi-Smith, J., Drew, L., et al. The Impact of Sustained Engagement on Cognitive Function in Older Adults: The Synapse Project, *Psychological Science, 25* (1), 2014, 103-112.

高齢者のためのレミニッセンス・ワーク

―団塊世代の記憶の手がかりを中心として―

志村 ゆず

1．レミニッセンス・ワークとは何か

本論では団塊世代[1)]高齢者のレミニッセンスについて考えていく。レミニッセンス（reminiscence：回想：過去の出来事を想起すること）を用いた営みには3つの類型[2)]がある。シンプル・レミニッセンス（Simple Reminiscence: 以下 SR），ライフレヴュー（Life Review：以下 LR），ライフレヴュー・セラピー（Life Review Therapy：以下 LRT）である。SR の目標は社会的交流を促し関係形成を行うことである。日本では福祉施設や医療機関で行われてきたグループ回想法[3)]がよく知られる。SR のセラピストには，回想を促し関係性を築くための基本的な技能が求められる。第二の類型には LR があげられる。LR には，構造的 LR[4)]，ガイド付き自伝法[5)]が含まれる。LR は人生の発達段階に沿って個人史を語ってもらい，過去に生じた心の葛藤を解決し主観的幸福感を高めることがその目標となる。セラピストには，SR よりもより上級者としての技能が求められる。第三の類型の LRT とは，心理療法の枠組みで行われ抑うつ感や不安などの低下をめざすものである。LRT のセラピストには，SR や LR よりもより専門的な心理療法家としての技能が必要となる。

本研究では，SR に位置づけられるレミニッセンス・ワーク（Reminiscence Work：回想を用いた活動：以下 RW）[6)]をとりあげる。RW

は，グループワークや個別ワークによって，過去の記憶を他者と共有し交流することで心の健康を高めることを目標としている。団塊世代の人びとに焦点を当て，共有できる手がかりを文献をもとに探索し，この世代以降の人びとも含めたRW の方法について提案をすることが本研究の目的である。

2．団塊世代のコホートの特徴

「団塊世代」とは，狭義には戦後生まれの最初の世代として1947～1949年生まれの人口増加の世代を示す。本論は広義の団塊世代とし，その世代文化の拡散範囲として1945～1954年に生まれた世代[7]とした。この世代は戦中・戦後世代とはまったく異なる価値観をもつコホート[8]である。戦中・戦後世代と団塊世代のコホートの特徴を比較した。

戦中・戦後世代は，軍国主義が唱えられ軍事教練がなされ，貧困で厳しい状況を生き抜いた世代である。終戦を迎えた日本の国土は「焼野原」と呼ばれた。無数の空襲や原爆により大都市は焼き尽くされ，多くの人命が失われた。戦況が深刻化すると言論の自由は失われた。食料事情は悲惨で餓死したり栄養失調となったり病で亡くなっていった人びとがほとんどであった。戦後，多くの人が日本に引き揚げてきた。

これに対して団塊世代は高度成長期とともに成長し「民主主義」教育を受けた世代である。1955年から神武景気となり，この時期から戦後意識からの脱却を求めるような社会的風潮があったが，安保闘争や三島由紀夫の自決など戦後の影も残っていた。団塊世代が成人したのは1965年以降である。「いざなぎ景気」となり多くの電化製品は普及し大量消費社会となった。1970年に日本万国博覧会が大阪府で開催された。海外の文化との調和を試みた世代でもある。他方で公害問題が表面化するとともに交通・飛行機事故が多発し，学生運動やデモが各地で起こった。団塊世代の主な社会の出来事のキーワードを表1に示した。

表１　団塊世代の社会の主な出来事のキーワード

西暦	社会の出来事キーワード
1955（昭30）	神武景気／学校給食会法公布／トランジスタラジオ
1956（昭31）	団地ラッシュ／幼稚園制度の整備／太陽族
1957（昭32）	セリエの来日／ストレスの普及
1958（昭33）	東京タワー／テレビの受信契約数100万人突破／自殺率ピーク
1959（昭34）	皇太子ご成婚／「三種の神器」／電化ブーム
1960（昭35）	安保闘争／安保改定調印式
1961（昭36）	レジャーブーム／Gパン／バスケットシューズ／カミナリ族
1962（昭37）	高校生急増対策／マイカーブーム
1963（昭38）	三ちゃん農業／45人学級／大河「花の生涯」
1964（昭39）	東京オリンピック／東海道新幹線／高等学校進学率70％
1965（昭40）	いざなぎ景気／JALパック／みどりの窓口／モンキーダンス
1966（昭41）	ビートルス／フォークソング／３C/航空機事故
1967（昭42）	学生運動・学園紛争激化／ミニスカート／交通戦争
1968（昭43）	大学紛争が激化／ラジカセ／昭和元禄
1969（昭44）	安田講堂攻防戦／公害問題／教育ママ／エコノミックアニマル
1970（昭45）	大阪万博／三島由紀夫／ロングヘア／市民の図書館
1971（昭46）	環境庁／コピー機・コンピュータ・FAX/生涯教育
1972（昭47）	沖縄返還／週休二日制／ぐうたら
1973（昭48）	海外旅行・旅行ブーム／第一次オイルショック
1974（昭49）	コンビニ１号店／健康法ブーム／ロングスカート
1975（昭50）	山陽新幹線博多まで／天皇・皇后初訪米／第１回サミット
1976（昭51）	ロッキード事件／天安門事件／ゆとり教育へ/VHS
1977（昭52）	平均寿命世界一へ／カラオケの流行／共通一次試験
1978（昭53）	成田空港開港／ファミリーレストラン流行
1979（昭54）	省エネ／３年Ｂ組金八先生／インベーダーゲーム／第１回コミケ
1980（昭55）	40人学級／校内暴力・家庭内暴力が急増／金属バット事件
1981（昭56）	中国残留孤児正式来日／文部省の「校内暴力事件事例集」
1982（昭57）	東北新幹線開業・上越新幹線開業/CDの発売／テレカ
1983（昭58）	「おしん」「積木くずし」流行／放送大学／校内暴力激化
1984（昭59）	バブル景気／グリコ・森永事件／いじめ深刻化

3．団塊世代のための記憶の手がかり

2で示したように，団塊世代は前世代と異なるコホートが想定される。つまり世代に合わせたRWのための想起の手がかりや質問が求められるのではないかということである。その理由の一つはRWの参加者との関係構築のためである。そして，もう一つの理由は「セラピストの必要にして十分な条件」を満たすためである。まず関係性の構築に関しては，語られる物語の背景を含め状況を想像し，その人の価値観がなぜ生じたのかについて類推することが大切となる。二つ目の「必要にして十分な条件」との関連では，クライエントのパーソナリティの変化の必要にして十分な条件が6つ提示されている[9)]。そのなかに「無条件な肯定的関心を経験していること」「共感的理解」の2つがあり，この2つを満たす前提となるものが時代背景を知ることだと考えられる。セラピストは，語り手の感情が生じた出来事の背景にある時代の流れがよく理解できていることで無理なく話を聞くことができる。さらには時代固有の文化を知るとより深く感情を理解することができるかもしれない。

記憶の手がかりには，自伝的記憶の全生涯にわたる分布の特徴であるレミニッセンス・バンプ[10)]（reminiscence bump：想起のコブ，その年代の想起件数が折れ線グラフでコブのように盛り上がっていることからついた名称）を根拠に，記憶が精緻化され高齢期における想起件数の多い一定の時期に焦点を当てた。団塊世代の人びとの10～30歳の時期を「児童期・青年期」（10～20歳）と「成人期」（20～30歳）の2つの時期に分けた。想起の内容は，生活者の観点からその年齢で出会う生活や娯楽を中心とした出来事や内容を文献から調査した。

(1) 児童期から青年期までに出会う記憶の手がかり

RW参加者の10歳～20歳の記憶を想定し，1955～1974年（昭和30～49年）の記憶の手がかりとした。①学校生活，②遊び，③文芸作品，④紙芝居・劇

画・漫画，⑤ラジオ・テレビ，⑥アニメ，⑦映画の７項目の内容を以下に示した。

① 学校生活[11] この世代では児童・生徒の人数は増加した。午前と午後の二部制だったり，仮校舎での授業を行なったりした。救援物資で再開された頃の給食では脱脂粉乳が出た。1960年代後半の大学では数々の憤懣が爆発し学生運動が起こった。

② 遊び[12] 伝統的な遊びと海外から輸入された遊び（フラフープなど），ごっこ遊び，おもちゃ遊び，昆虫採集，植物採集，野球があった。遊び場は，家の中，路地裏，空き地，原っぱや近所の山や川，友達の家や駄菓子屋である。路地に紙芝居屋が出たりした。特別な日には，祭り，縁日，遊園地などに連れて行ってもらう。流行り言葉などもあった。

③ 文芸作品 仙花紙に印刷された雑誌や小説が戦後には売られていた。表２には文芸作品（児童文学には△）[13]を示す。1950年には図書館法が公布されていたが，公立図書館や学校図書館は地方財政によって格差があった。貸本屋[14]や学級文庫や移動図書館を利用する人も多かった。

④ 紙芝居・劇画・漫画 戦前から街の文化として紙芝居があった。戦後の赤本漫画の価格が上昇すると貸本屋で借りる人が増えた。貸本屋専門の漫画誌があり絵物語と漫画を融合させた「劇画」という表現形体があった[15]。少年・少女雑誌が多く出版された。その後，漫画雑誌（例『月刊少年』[16]）が出版され漫画がブームとなり一つの文化となった。この頃は大学生も漫画を読む時代となった。表２に主な漫画作品[17]を示した。

⑤ ラジオ・テレビ テレビに比べるとラジオの価格は安く庶民の代表的な娯楽だった。ラジオを通じて多くの楽しみを享受し多様なジャンルの音楽や流行歌を知る。深夜ラジオでは，現在でも放送されている「オールナイトニッポン」[18]が当時も人気で，ラジオ・パーソナリティとリスナーからのお便りや「リクエスト」で構成された。1953年にNHKでテレビ放送が開始された。当時のテレビは非常に高価でほとんどの家にはなく店内のテレビや街頭テレビを見た人が多い。受信契約数が100万を突破するのは1958年頃となる[19]。ラジオ劇でもあった「少年探偵団」やテレビ人形劇「ひょっこりひょうたん島」は人気番組だった。当時の放送を無料で視聴

できる回想法用コンテンツ[20]もある。

⑥ アニメ　マニア向けホームムービーのディズニー作品から手塚治虫は影響を受け，「白蛇伝」によって宮崎駿はアニメーターの道を目指すこととなった[21]。アニメが大衆化したのは『月刊少年』に17年間連載された「鉄腕アトム」が1963年からテレビ放映された頃である。その後多くの作品が生み出され日本の代表的な文化となった。表2には主な作品[22]を掲載した。

⑦ 映画　小中学校では講堂や体育館に白幕が張られ上映され，児童生徒のみならず，家族や地域の人びとが集まった。1950〜60年代は各地に大小各種の映画館が多く点在していた。日本映画は国際映画祭[23]で受賞するなど世界の映画大国だった。1962年の映画館には年間推定13億人強をピークとしてその後テレビその他の娯楽によって動員は激減した[24]。惜しまれつつ閉館した映画館も多い。日曜洋画劇場は淀川長治[25]による個性的な解説付きの映画番組だった。表3に主な日本映画と外国映画のタイトル[26]を示した。

表2　団塊世代の主な文芸作品・漫画作品・アニメ作品

西暦	文芸作品[13, 30]	漫画作品[17]	アニメ作品[22]
1955（昭30）	みじかい夜のお月さま*△, 太陽の季節	黄金時代, 行ってしまった子	やぶにらみの暴君
1956（昭31）	セロ弾きのゴーシュ△, 夜と霧*	フクちゃん	わんわん物語
1957（昭32）	コタンの口笛*△, ゼロの焦点	山びこ少女, 幽霊タクシー	漫画ニュース
1958（昭33）	日本民話選△, 人間の条件	怪奇猫娘	白蛇伝
1959（昭34）	だれも知らない小さな国△, にあんちゃん	忍者武芸帳	少年猿飛佐助
1960（昭35）	龍の子太郎*△, 私は赤ちゃん	ポンコツおやじ	西遊記
1961（昭36）	ぬすまれた町△, 火宅の人	少年エース	安寿と厨子王丸
1962（昭37）	いやいやえん△, 徳川家康 1 〜18	おそ松くん	101匹わんちゃん
1963（昭38）	三月ひなの月△, 竜馬が行く	8 マン, 鉄人28号	鉄腕アトム
1964（昭39）	ライ麦畑でつかまえて*, 楡家の人びと	サイボーグ009	ビッグ X
1965（昭40）	チョコレート戦争△, 氷点, 抱擁家族, 黒い雨	ゲゲゲの鬼太郎	オバケのＱ太郎
1966（昭41）	柳のわたとぶ国△, 塩狩峠, 沈黙, 白い巨塔	巨人の星	おそ松くん
1967（昭42）	天使で大地はいっぱいだ△, 火垂るの墓	あしたのジョー, 山椒魚	リボンの騎士
1968（昭43）	あめのひのおるすばん△, 坂の上の雲	アタック No. 1	巨人の星
1969（昭44）	ほろびた国の旅△, 魔の山*	ドラえもん	タイガーマスク
1970（昭45）	グリックの冒険△, 青春の門, 花埋み	ど根性ガエル	あしたのジョー
1971（昭46）	トンカチと花将軍△, 戦争を知らない子供たち	バビル 2 世	天才バカボン, ルパン三世
1972（昭47）	地べたっ子さま△, 恍惚の人, ブリキの太鼓*	ベルサイユのばら	デビルマン, マジンガーZ
1973（昭48）	風と木の歌△, 人間の条件	ブラックジャック	ドラえもん

1974（昭49）	兎の眼△, カモメのジョナサン*	どろろ	宇宙戦艦ヤマト
1975（昭50）	霧のむこうのふしぎな町△, 播磨灘物語	はいからさんが通る	タイムボカン
1976（昭51）	誰もしらない△, モモ*	ガラスの仮面, 東大一直線	キャンディキャンディ
1977（昭52）	指輪物語△*, 弟*, 死の棘, 泥の河	銀河鉄道999	ヤッターマン
1978（昭53）	それいけズッコケ三人組△, 不毛地帯	パタリロ！, コブラ	未来少年コナン
1979（昭54）	胡蝶の夢, 遠雷	キン肉マン	ベルサイユのばら
1980（昭55）	ぼくらは海へ△, ノストラダムスの大予言	Dr. スランプ, 綿の国星	おじゃまんが山田くん
1981（昭56）	窓際のトットちゃん, 緑の家*	タッチ, キャプテン翼	機動戦士ガンダム
1982（昭57）	悪魔の飽食, 天窓のあるガレージ	風の谷のナウシカ	あさりちゃん
1983（昭58）	積木くずし, おしん	美味しんぼ	幻魔大戦
1984（昭59）	天璋院篤姫, 白夜を旅する人々	DRAGON BALL,AKIRA	北斗の拳

△：児童文学　*：外国文学

⑵ 成人期以降に出会う記憶の手がかり

対象者の20～30歳の記憶を想定し，1965～1984年（昭和40～59年）の素材を調査した。成人期に出会うことの多い出来事や素材を収集し，①家事，②食事，③働き方，④旅行，⑤文芸作品，⑥流行歌の６項目の概要を示す。

① 家事　電化製品ブームで合理化された家事は1960年代には定着しつつあった。「御用聞き」からスーパーマーケットへと買い物は変化した。インスタント食品の普及によって家事のかたちは変化した。家事労働が軽くなったものの女性は過重労働から解放されてはいなかった[27)]。家事分担の意識は主流ではなく女性が主に家事の担い手であった。

② 食事　大人数から少人数の食卓に様変わりし食生活は洋風化した。ちゃぶ台からダイニングテーブルでの食事へと変化した。この時期を代表する料理の本[28)]によると，公害問題が食品に影響する懸念と愛情深い手作りの工夫や食の旬の大切さが伝えられている。1960年代以降には，多数のインスタント食品が発売された。1974年にコンビニエンス・ストア１号店ができた。公害問題や添加物や防腐剤の問題が浮上した。

③ 働き方　1968年日本の国民総生産は世界第２位となっていた。1960年代は，都心部では長時間労働，深夜残業，泊まり込み，休日出勤が常態化していた。職場にはたばこの煙が立ち込めていた。職場帰りに居酒屋に立ち寄ることは日常化していた[29)]。1971年にコピー機，コンピュータ，ファク

シミリが会社に登場するようになった。連絡手段は電話か手紙やファクシミリであった。

④ 旅行　東京オリンピックが開催された1964年に，東海道新幹線が開業した。次の年にはＪＡＬがパックツアーを開始した。航空機によって日本各地への距離感は変化し，海外旅行は廉価となった。バスガイド付き観光ツアーができ利便性のある旅行が増えた。自動車の普及と高速道路の整備はマイカーによる長距離の旅を増加させた。ヒッチハイクや自転車で旅行に出かける人もいた。

⑤ 文芸作品　出版業界の好景気とともに多数の作家や外国文学の翻訳家が活躍した。表２に主な文芸作品一覧（* は外国文学）を示した[30]。

⑥ 流行歌　流行歌はある一定の時期に流布しその時代相や社会世相を反映している[31]。主な歌を表３に示した[32]。ジャズやシャンソンはすでに普及し，ロカビリーやグループサウンズがこの時期に流行した。1966年にベンチャーズやビートルズが来日し若者に多大な影響を与えた。学生運動が激化した頃にはフォーク（ソング）ブームが生じた。

表３　団塊世代の主な映画・流行歌

西暦	主な日本映画[26]	主な外国映画[26]	流行歌[32]
1955（昭30）	ノンちゃん雲に乗る	エデンの東，洪水の前，旅情，スタア誕生	月がとっても青いから
1956（昭31）	真昼の暗黒，夜の河	わんわん物語，王様と私，白鯨，赤い風船	ここに幸あり
1957（昭32）	米，純愛，あらくれ	戦場にかける橋，抵抗，道，宿命，抵抗	夜霧の第二国道
1958（昭33）	炎上，楢山節考	大いなる西部，ぼくの伯父さん，老人と海	チャンチキおけさ
1959（昭34）	野火，にあんちゃん	十二人の怒れる男，灰とダイヤモンド	僕は泣いちっち
1960（昭35）	おとうと，笛吹川	チャップリンの独裁者，甘い生活，スリ	アカシアの雨がやむとき
1961（昭36）	不良少年，用心棒	ウエストサイド物語，草原の輝き	上を向いて歩こう，スーダラ節
1962（昭37）	キューポラのある街	野いちご，ニュールンベルグ裁判，情事	いつでも夢を，なみだ船
1963（昭38）	にっぽん昆虫記	アラビアのロレンス，シャレード，奇跡の人	見上げてごらん夜の星を
1964（昭39）	砂の女，怪談	突然炎のごとく，沈黙，かくも長き不在	アンコ椿は恋の花
1965（昭40）	東京オリンピック	８1/２，コレクター，明日に生きる	知りたくないの
1966（昭41）	白い巨塔，こころの山脈	マドモアゼル，大地のうた，市民ケーン	悲しい酒，女のためいき
1967（昭42）	上意討ち　拝領妻始末	欲望，気狂いピエロ，真実の瞬間	世界の国からこんにちは
1968（昭43）	網走番外地，黒部の太陽	2001年宇宙の旅，ロミオとジュリエット	ブルー・ライト・ヨコハマ
1969（昭44）	心中天網島，少年	アポロンの地獄，ジュンとメリー，できごと	夜明けのスキャット
1970（昭45）	家族，戦争と人間	サテリコン，ストライキ，Z，テオレマ	圭子の夢は夜ひらく

1971（昭46）	儀式，沈黙	ベニスに死す，ライアンの娘，小さな巨人	よこはま・たそがれ
1972（昭47）	約束，サマーソルジャー	フェリーニのローマ，ラスト・ショー	学生街の喫茶店
1973（昭48）	恍惚の人	スケアクロウ，ジョニーは戦場へ行った	神田川，心の旅
1974（昭49）	砂の器，華麗なる一族	フェリーニのアマルコルド，叫びとささやき	昭和枯れすすき，うそ
1975（昭50）	祭りの準備	ハリーとトント，愛の嵐，アリスの恋	シクラメンのかほり
1976（昭51）	男はつらいよ	タクシードライバー，カッコーの巣の上で	横須賀ストーリー
1977（昭52）	幸せの黄色いハンカチ	ロッキー，ネットワーク，鬼火	勝手にしやがれ，UFO
1978（昭53）	サード，曾根崎心中	家族の肖像，ジュリア，グッバイガール	みずいろの雨，いい日旅立ち
1979（昭54）	復讐するは我にあり	旅芸人の記録，木靴の樹，ディア・ハンター	アメリカン・フィーリング
1980（昭55）	ツィゴイネルワイゼン	クレイマークレイマー，ルードウィヒ	ハッとして！Good
1981（昭56）	泥の河，遠雷，陽炎座	ブリキの太鼓，秋のソナタ，普通の人々	ルビーの指輪，夏の扉
1982（昭57）	蒲田行進曲，疑惑	E.T.,1900年，炎のランナー，黄昏	すみれ September Love
1983（昭58）	家族ゲーム，細雪	ソフィーの選択，ガープの世界，ガンジー	悲しみが止まらない
1984（昭59）	お葬式，Wの悲劇	ワンス・アポン・ア・タイム・イン・アメリカ	十戒，モニカ，北ウィング

4．新世代高齢者のためのレミニッセンス・ワーク

⑴ 記憶の素材の発掘からみえる団塊世代の高齢者像

戦中・戦後世代では戦時下のため，戦前にあった豊かな娯楽や文化は抑圧され生活を楽しむ余裕は失われた。団塊世代では伝統文化が再開され個人が楽しめる新しい文化が次々と創作され生活を楽しむ余裕が出てきた。家事は合理化されたが前世代が行なっていた伝統的な家事との攻防戦は家庭内外で繰り広げられた。それは家事のみならず多くの物事のあり方に及んだかもしれない。この時期には心の健康を支えていたはずの家族機能や地域社会の力が弱体化することもあった。個人がより本来の自分らしさを求めるがゆえの多くの葛藤の物語があることだろう。素材に反映された物語にも当時の実態や課題が示され警鐘を鳴らしたりこころが慰められたりするものだった。

⑵ 手がかりの用い方や RW の留意点

RW はテーマを設定し過去の記憶を題材に参加者同士の交流を促進する活動である。本論では人生の発達段階から２つの時期（児童期から青年期，

成人期）の手がかりに焦点を当て13項目の概要を作成した。導入時に，具体的なテーマ（例：学校生活，漫画など）と記憶の手がかりを参加者に合わせて設定し，参加者の連想を促す時間を設けるとよい。視覚（例：写真），聴覚（例：流行歌），味覚や嗅覚（例：料理，香），触覚（例：物に触れること）などの五感を刺激できるとなおよいだろう。自発的な交流が開始されたところで関連した質問を与える。例えば「この作品はいつ頃読みましたか」「この歌を聴くとどのようなことを思い出しますか」などである。参加者の馴染みある文化に合わせて手がかりを改訂できるとよい。質問によって記憶の想起を促すこともできるが，質問がなくても対話が自発的に開始されることもある。想起された話が手がかりとなって次の話が引き出されることもある。

生活や娯楽を中心とした素材は，主に参加者にとっての快適な物語を引き出しやすいように思われる。ところが連想される個人史やそれに伴う感情は非常に多彩なものである。肯定的な感情のみならず否定的な感情を伴う葛藤の物語も含まれる。否定的な内容を丁寧に聞くことで語り手の抑うつ感を回復させることに聞き手は貢献することもできる。長時間否定的な話にもし参加者が拘泥するようなことがあれば，別の記憶に焦点を切り替えることも精神的健康上大切である。専門性の有無にかかわらず聞き手には，自らの営みを振り返る支援や共感疲労の予防に関する支援[33]が不可欠となる。聞き手として語り手に十分な満足感を与えている実感があれば聞き手の成長につながりストレスは生じないという。話を聞いたあとに心に残る感情から距離をおき，セルフケアを十分に行うことが聞き手の健康を守る工夫となるだろう[34]。

(3) 新世代のレミニッセンス・ワークのかたち

初期のRWである回想法[35]は図版によって記憶を刺激するものであった。主に医療機関や福祉施設の利用者である認知症（高齢）者やその家族のために主に当該世代の生活が中心になった図版である。本論では団塊世代に創出され増加した娯楽素材を収集しRWの手がかりとした。

RWには「交流型」と「個別活動型」の２つの方向性が考えられる。「交流型」とは体験型回想と交流を融合した能動的なRWである。体験型回想では本研究で挙げた14の項目（例：料理，映画）を体験し，体験後に交流するというRWである。他方，「個別活動型」では，次の交流機会までのホームワークを設け[36)]，課題の一つとして体験型回想（例：読書）を課し，そこから連想される個人史（例：Ａ４用紙で１枚分）を書くというRWである。交流活動では個人史を発表してもらいルールを設けたうえで自由に意見を交わすことになる。

自らの過去の体験のみならず，その世代の人びとが当時経験できなかった豊富な文化との再会や再学習の機会をRWによって提供できるかもしれない。他方でRWは高齢者の心身の回復を促す効果が報告されている。軽度のうつ症状や引きこもりなどで社会的交流が低下した人には交流機会を与え，脳機能を活性化させ抑うつ状態を予防したり回復させたりする支援の場となる可能性もあるだろう。

他方で高齢者の社会教育の場では学習支援策についても備えておきたい。2025年問題との関連では，後期高齢者人口の増加に伴い脆弱な人びとやその予備群の増加が予測される。高齢者のための社会教育では，心のケアを含めた心身の支援機能の補足がより一層求められるのではないだろうか。その際には共助とインクルージョンの観点が求められる。必要な配慮が提供されながら個別の要請に対応した快適な高齢期の活動の仕組みを模索しながらRWを構築することが大切となろう。

従来は専門家のみが担っていた高齢者支援は，支援される側も含め社会の多くの人びとの気づきの提供と受容による補足が不可欠となる。専門家や専門職の知識や技能が社会に還元され，他方で学習に支援が必要な人びとが具体的な要請をためらわずに支援者に伝えることができるような社会環境づくりが不可欠である。他方で社会教育においては，高齢者が求める必要な支援策を外部の資源を借りながらできるかぎり提供し，社会教育の場で高齢者が学習を楽しめるための合理的配慮の枠組みが補足できるとよいだろう。

【注】

1）堺屋太一『団塊の世代』文藝春秋社，1980年。岩間夏樹『戦後若者文化の光芒：団塊・新人類・団塊ジュニアの軌跡』日本経済新聞社，2006年。

2）Webster, J. J., Bohlmeijer, E. T. & Westerhof, J. Mapping the Future of Reminiscence: A Conceptual Guide for Research and Practice, *Research on Aging, 32* (4), 2010, 549-552.

3）理論や方法は，野村豊子『回想法とライフレヴュー：その理論と技法』中央法規出版，1998年，および黒川由紀子『高齢者の心理療法：回想法』誠信書房，2005年を参照。

4）B. K. ハイト・B. S. ハイト『ライフレヴュー入門』（野村豊子監訳）ミネルヴァ書房，2016年。

5）Birren, J. E. & Cochran, K. N. *Telling the Story of Life through Guided Autobiography Groups*. The Johns Hopkins University Press, 2001.

6）Woods, B. Reminiscence Work with People with Dementia: Making Sense of the Evidence Base, in Gibson, F. (ed.) *International Perspectives on Reminiscence: Life Review and Life Story Work*. Jessica Kingsley Publishers, 2019, pp.60-84.

7）岩間，前掲書。

8）コホートという概念は，N. D. グレン『コーホート分析法』（人間科学の統計学10）（藤田英典訳）朝倉書店，1984年，pp.3-4 を参照。

9）C. R. ロジャーズ『サイコセラピィの過程』（伊藤博訳）岩崎学術出版社，1966年，pp. 117-140.

10）レミニッセンス・バンプの詳細は，都築誉史「日常記憶」箱田裕司・都築誉史・川畑秀明・萩原滋『認知心理学』有斐閣，2018年，p.144.

11）ここでは以下の文献を参照した。日本児童教育振興財団編『学校教育の戦後70年史』小学館，2016年，pp.212-215. 1947年にララ物資，1950年にガリオア資金により拡大する（同書参照）。池上彰・佐藤優『激動日本左翼史』講談社，2021年。

12）伝統的な遊びの詳細は，増川宏一『日本遊戯史 古代から現代までの遊びと社会』平凡社，2012年を参照。石川弘義・津金澤聰廣・有末賢他『（縮刷版）大衆文化事典』弘文堂，1994年，p.270，pp.111-114. 黒沢哲哉『ぼくらの60〜70年代宝箱増補版』いそっぷ社，2021年，pp.140-149. 澤宮優『昭和の仕事』弦書房，2010年，p.30. また昭和初期に豊島園，向ヶ丘遊園，上野動物園などは開園していた。詳細は，井筒清次『「団塊世代」の生活誌 昭和三十年代を中心に』アーツアンドクラフツ，2022年，p.91，pp.72-86.

13）表２の「文芸作品」の△児童文学作品は，鳥越信『はじめて学ぶ日本児童文学史』

（シリーズ・日本の文学史①）ミネルヴァ書房，2001年，財団法人大阪国際児童文学館「日本の子どもの本100選1946～1979」（http://www.iiclo.or.jp/100books.htm/，2022.5.6.）を参考にして作成した。

14）澤宮，前掲書，p.71.

15）清水勲『年表 日本漫画史』臨川書店，2007年，p.164.

16）『月刊少年』は光文社で1946年から1968年まで刊行されていた。

17）表2の「漫画作品」は，清水，前掲書および京都国際マンガミュージアム（京都市）の展示を参考にして筆者が作成した。

18）「オールナイトニッポン」はニッポン放送で1967年に放送開始された。

19）諸井薫『昭和生活文化年代記3 昭和30年代』TOTO出版，1991年，p.269.

20）NHKアーカイブス　回想法ライブラリー（http://www.nhk.or.jp/archives/kaisou/，2022.5.6.）.

21）手塚治虫『ぼくのマンガ人生』岩波書店，1997年，pp.110-122. 宮崎駿『出発点1979～1996』徳間書店，1996年，pp.100-101.

22）表2の「アニメ作品」は，津堅信之『日本アニメ史 手塚治虫，宮崎駿，庵野秀明，新海誠らの100年』中央公論社，2022年を参考にして筆者が作成した。

23）昭和20年代にヴェネツィア映画祭で黒澤明「羅生門」，溝口健二「西鶴一代女」「雨月物語」「山椒大夫」が受賞している。衣笠貞之助「地獄門」はカンヌ映画祭で受賞した。詳細は，四方田犬彦『日本映画史110年』集英社，2014年。

24）日本風俗史学会編『日本風俗辞典』弘文堂，1994年，p.50.

25）淀川長治『日曜洋画劇場』雄鶏社，1977年。

26）表3の「主な日本映画」と「主な外国映画」は，青木眞弥・アヴァンティ・プレス編『キネマ旬報ムック キネマ旬報ベスト・テン95回全史1924-2021』キネマ旬報社，2022年を参考にして作成した。

27）もろさわようこ『おんなの戦後史』筑摩書房，2021年。

28）土井勝『日本料理全書（上）（下）』日本放送出版協会，1977年。

29）柿澤弘治「残業時間250時間という日々」村松友視編『昭和生活文化年代記 40年代』TOTO出版，1991年，pp.197-203.

30）表2の文芸作品は，ベストセラー作品や秋山虔・三好行雄『原色 新日本文学（増補版）』文英堂，2016年および小林保治監修・酒井茂之編『一冊で日本の名著100冊を読む』友人社，1988年や川崎浹『一冊で世界の名著100冊を読む』友人社，1988年を参考にして作成した。

31）菊池清磨『日本流行歌変遷史』論創社，2008年，p.1.
32）表３の流行歌は，菊池，前掲書，倉田喜弘『日本レコード文化史』岩波書店，2006年，高 護『歌謡曲：時代を彩った歌たち』岩波書店，2011年を参考にして作成した。
33）B. H. スタム『二次的外傷性ストレス：臨床家，研究者のためのセルフケアの問題』（小西聖子・金田ユリ子訳）誠信書房，2003年。
34）Figley, C. R. & Ludick, M. Secondary Traumatization and Compassion Fatigue, in Gold, S. N. (ed.) *APA Handbook of Trauma Psychology: Foundations in Knowledge.* American Psychological Association, 2017, pp.573-593.
35）野村豊子・黒川由紀子『回想法への招待』スピーチ・バルーン，1992年。
36）「個別活動」の内容は Birren, J. E. & Cochran, K. N., *op.cit.*, p.6 を参考にした。

第Ⅳ部

高齢者学習支援の条件整備論（制度設計・組織運営・法体制など）

放送大学におけるシニア学生への学習環境提供

岩崎 久美子

はじめに

健康寿命の伸長や生活の質の向上を目指す「アクティブ・エイジング」(active aging) に対するWHOやEUなどの国際機関などの議論により，高齢者の学習活動に対する社会的関心が高まっている。そのような関心の根底には，高齢者にとっての継続的学習は精神的フィットネスとされる健康増進のための行動であり[1)]，ウェルビーイング（well-being）を強化する確実な手段との認識がある。また，加齢（エイジング）にあっても医療や社会的ケアに依拠するのではなく，他者とともに行われる学習活動への参加による予防的アプローチが社会で普遍化されるべきとの指摘もなされている[2)]。

このような高齢者の学習活動に対する環境として高等教育機関に目を向ければ，３つの類型が提示される。第一には成人教育を目的とする高等教育機関を創設するもの，第二としては従来の高等教育機関が学内に成人教育に専心するスタッフを擁する組織を別に創設し，そこを中核とし成人教育事業を展開するもの，そして，第三には従来の高等教育機関の既存の部局が主体的に成人教育機能を引き受けるものである[3)]。これらの類型にわが国の例を当てはめれば，第一の類型は本論で扱う放送大学が該当する。第二の類型は生涯学習センターなどの名称で講座を提供するもので，高齢者に特化したものとしては立教セカンドステージ大学が挙がる。そして，第三の類型は広島大学の中高年を対象とするフェニックス入試などが挙げられよう。

放送大学は，前述のように第一の類型である成人対象に特化して設立された正規課程を有する大学である。1979（昭和54）年度予算により放送大学創設方針が決定され，1981年「放送大学学園法」が成立，1983年４月に正式に発足した。正規の大学ではあるものの，入試はなく誰もが入学でき，また年齢は入学の障壁にならない。そのため，放送大学では他の高等教育機関と比較して，相対的に高齢者学生の比率が高い。

本論では，このような放送大学で学ぶ高齢者の学生を「シニア学生」と呼称し[4]，その特徴を明らかにしたうえで正規の大学における高齢者への学習環境提供の意義を検討する。

１．放送大学におけるシニア学生の割合と学習内容

日本の高等教育の特徴は，大学の学士課程が青年層に独占され，成人学生の割合が少ないことにある。「学校基本調査」によれば，2021（令和３）年度の通信制を除く大学学部新規入学者（学部進学率（過年度高卒者等を含む））は24歳以下が99.6％とほぼ100％に近いが，同年度の通信制学部新規入学者は25歳以上が79.6％と約８割を占める[5]。放送大学は，印刷教材とテレビ・ラジオ・オンラインの講義からなる通信制の公開遠隔大学である。2021年度第１学期入学者（全科履修生）は58,533人で，この数字は通信制大学新規入学者数の34.4％にあたる[6]。このことから，主に成人学生を対象とする通信制大学のなかでも放送大学が多くの学生を擁していることがわかる。

放送大学の学生は，全科履修生，選科履修生，科目履修生に分けられる。全科履修生は４年以上在学し所定の124単位を修得すれば大学卒業資格を取得できる正規課程学生である。選科履修生と科目履修生は選択科目履修のみで，１年間，１学期間のみといった在学期間の違いがある。このなかで通学制の正規課程学生に該当するのは全科履修生であり，放送大学は学期ごとに入学可能なため，第１学期全科履修生により学生数の変遷を見ることにしたい。

図１のとおり，全科履修生数は1985年以降なだらかに増加するが，1998年

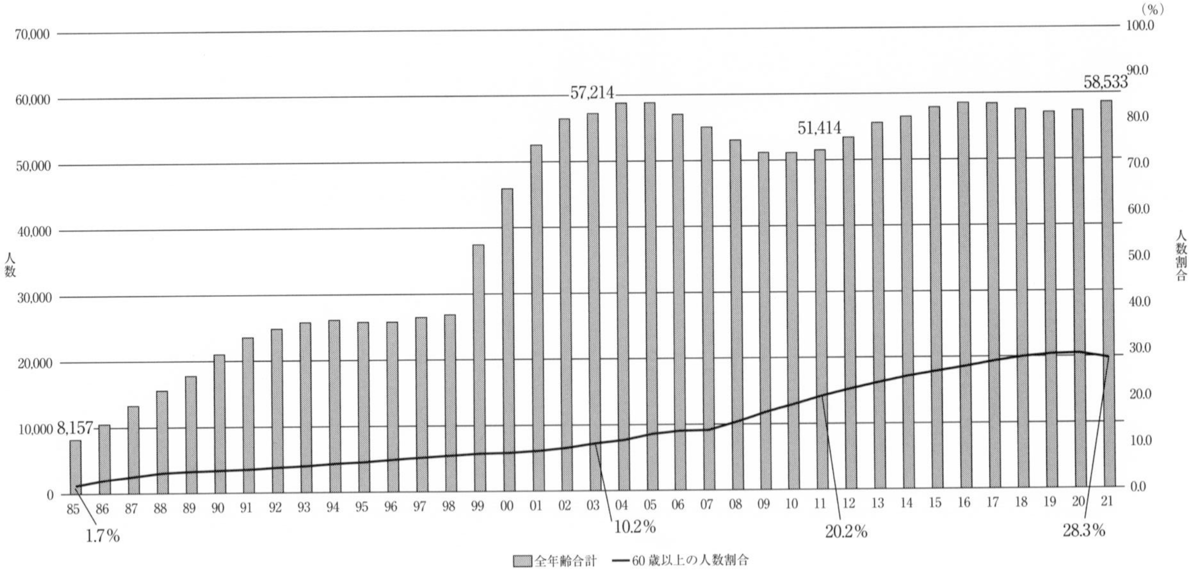

図1　放送大学の学生数と60歳以上の割合（全科履修生）

出典：放送大学「教務関係基礎データ集」，文部科学省「学校基本調査」（各年度）
注：図1ではデータの年齢区分により60歳以上をシニア学生に準じて取り上げる。
　　下段の数値は比率を示す。

第２学期に全国の学習センターで全科履修生の受け入れが開始されたことでその数は1999年から2004年にかけて急増する。そして，その後は５万人から６万人の間で減少・増加を繰り返し推移している。このうち，全科履修生全体に60歳以上が占める割合を見れば，1985年には1.7％だが，2003年には10.2％と約１割，2021年には28.3％と約３割となっている。つまり60歳以上が全科履修生に占める割合や，絶対数も直線的に増加しているのである[7)]。

それでは，60歳以上の学生はどのような内容を学習しているのだろうか。このことを示す年齢別全科履修生のコース別分布が次の図２である。

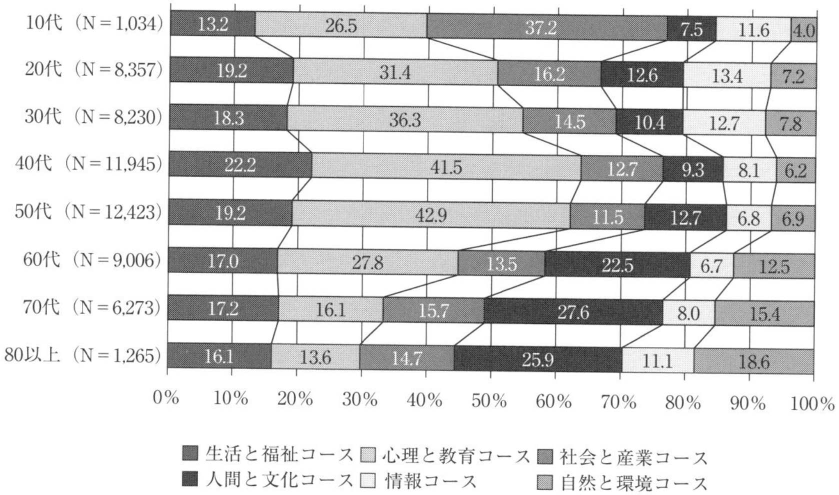

図２　放送大学年齢別コースごとの学生数の分布（N=58,533）
出典：放送大学「令和２年年代別全科履修生数」

放送大学の学士課程コースは，「生活と福祉」「心理と教育」「社会と産業」「人間と文化」「情報」「自然と環境」の６コースからなっている。６コースの中で，20代～50代は「心理と教育」や「生活と福祉」，60代以降は「人間と文化」の比率が高くなっている。若い世代が科学技術や仕事に関連する内容を学ぶのに対し，シニア学生は教養的内容に関心をもつ傾向があるとされる[8)]。また，高齢期になると人生を統合し意味づけたいとの情緒的ニーズが高まるとされ，最新の知識や資格取得や昇進・転職など実利的目的ではなく，文学や歴史など過去に蓄積された文化的学習への回帰が見てとれる。

2．高齢者の学習環境としての放送大学の特徴

次に放送大学の特徴として，高齢者大学などのノンフォーマル教育機関，ならびに同じフォーマル教育機関である他の通信制大学との相違を見てみたい。まず，ノンフォーマル教育機関である高齢者大学との違いとしては，放送大学は正規の大学として認証されたフォーマルな教育機関である。そのため，第一に，試験がなく誰でも入れるとはいえ，学問的体系性をもった講義，学期末に行われる単位認定試験の結果により単位が付与される。放送大学における単位認定試験などによる成績評価は，「参加に主な意義を見出し知識や理解力の面からその効果を測ることをしなかった」社会教育に，学問的レベルという質を重視する考え方を持ち込んだと評されている[9)]。第二に，放送大学では社会的に認められる正規の「学生」としての身分を付与し，学生証により身分保証をする。このことは，退職とともに社会的地位や身分を喪失する高齢者にとっては，新たな地位や身分を取得することである。第三に，高齢者大学が一定の年代以上の高齢者に受講生を限定するのに対し，放送大学では年齢の障壁はなく，あらゆる年代に開かれ多様な年代の人びとが交流可能な場を提供する。年齢規範から解放されることは，高齢者の主観的年齢に影響するものであろう。高齢者大学との違いについて，下記は放送大学学生の言及である（下線部は筆者による，以下同様）[10)]。

「74歳で退職しましたが，明る日から何もすることがなく…，…県で主催している老人大学を紹介され受講いたしました。老人大学は受講科目が限定されていてこの次をどうするか迷っていた時に，放送大学では，年齢に制限がなく，科目は自由選択であるとの話を聞き，早速科目履修生となりました。その後さらに体系的に勉強がしたいと考えて全科履修生となり今日に至っております」（鳥取学習センター，男性，95歳）。

次に他の通信制大学との違いとしては，放送大学が政策的意図により設立され，全都道府県57か所に全国的組織の学習センターやサテライトスペースのネットワークを有し，学生交流の場を提供していることがある。学生は，放送授業の再視聴，面接授業，学習相談，サークル活動などのために全国の学習センターを自由に利用できる。ある者は，「通教（注：通信教育）は孤独との戦いである。ただ，放送大学では，其々の地域にある学習センターに行けば，学友との日常の会話を楽しむことができるため，かつての私大の通教とは趣が異なり，あまり孤独感を感じることはない」（鳥取学習センター，男性，73歳）[11]と述懐する。このほか，学生のなかには，所属以外の学習センターで行われる特徴ある面接授業に学割証を申請し参加する者もいる。

それでは，シニア学生はこのような学習センターをどのくらい利用したいのか。65歳以上のシニア学生400名を対象に，「1か月の間にどの程度学習センターを利用したいか」を聞いたところ，回答者386名（男性246名，女性140名）のうち最も多いのは「2～5日」で48.2%，「1日」が40.2%，「6～10日」6.2%，「11日以上」5.4%の順であった[12]。希望する頻度は人それぞれだが，学習センターに行くことを習慣とし生活のリズムとする者もいる。「私は今76歳。18歳から働き始め，58歳で希望退職し現在に至る。…私の趣味は農業・旅行・ウォーキングです。また，65 歳になって入学した放送大学での学生生活が楽しみの一つに加わった。4月から大学生活は12年目に入り，今の生活は基本的に週3日は農業関係，3日は学生，1日は自由としている」[13]といった例である。あるいは，次のようにほぼ毎日学習センターに通う者もいる。「閉所日でないかぎり弁当持参で毎日登校し，夕刻には家族とともに夕食が摂れるようにするため時刻を見計らって下校する。このような生活を過ごしてはや5年目を迎える有様となりました」（岡山学習センター，男性，72歳）[14]，「山口学習センターへは，ほぼ毎日のように通学し，このような施設があることが大変有難いです。…多くの友人，先生方と話ができ，とても楽しい場所です」（山口学習センター，女性，64歳）[15]。

学習センターは，地方自治体の生涯学習関連施設や駅近くの利便性の高い商業ビルの中にある場合もあるが，多くは国公立・私立大学のキャンパス内に設置されている。大学のキャンパス内に位置する学習センターに通うことは，若い大学生とともにキャンパスの空間や時間を共有することを意味する。このことは，通学制大学の疑似体験や青春時代を回顧させる機会を与えるものでもあろう。たとえば，「学習センターの立地条件は素晴らしく，香川大学のキャンパス内にある研究交流棟の7・8階にあり，…香川大学の図書館，学生食堂も利用でき，通信制なのに通学生の大学と勘違いするほど環境と設備が整っています」（香川学習センター，男性，68歳）[16]と語る者もいる。

このほか，学習センターを利用する目的には，サークル活動への参加や学友に会うためといった社交の理由がある。学習センターでは，学生同士の交流も盛んであり，親睦団体や同窓会もある。「これまで挫折せずに学習できたのは多くの友人に恵まれ，共に学び，酒を酌み交わし，いろいろお世話いただいた『ほうゆう会』の皆さんのおかげだと思っております。…現在の会員数は200名弱，年会費1000円で会報の発行（年2回），入学式での学生交流会，ビアパーティ，忘年会，サークル活動，学習センターの行事の補助等で，特にサークル活動は，…11サークルが活発に活動を続けています」（香川学習センター，男性，68歳）[17]。このように，シニア学生のなかには，自主ゼミや勉強会，同窓会活動，特別講義や面接授業の受講など，定期的に学習センターで学友と交流し社会的活動を行なっている者も多い。

それでは，シニア学生はどのような目的で放送大学に入学するのか。65歳以上のシニア学生400名（男性256名，女性144名）の回答結果では，「教養を深めるため」71.8％，「充実した生活を送るため」49.3％，「余暇を有効に過ごすため」32.5％，「心身の健康のため」27.5％の順で多くなっていた[18]。

一方で，具体的な事例や体験談を見れば，この調査結果には表れないシニア学生の入学動機が見えてくる。それは，2つのタイプに大別される。

第一のタイプは大学卒業資格取得の目的で入学し，その後も長期にわたり放送大学で継続的に学習している者である。放送大学創設の所期の目的は，社会的公正の観点から大学への学習機会がなかった世代への補償教育にあった。「学校基本調査」によれば，1945（昭和20）年生まれの者が18歳になる1963（昭和38）年の大学進学率は12.0％，放送大学が設立された1983（昭和

58）年は24.4％である[19)]。この数字を見れば，進学機会を得られなかった者の一部は，放送大学での大学卒業資格取得を求めたと推察される。

たとえば，2019年３月に101 歳で放送大学を卒業した学生は，1917（大正６年）生まれ，12人きょうだいの四男で経済的状況により小学校高等科卒業後地元の農協に就職した。尋常小学校では優良児童として表彰され，「ほとんどの生徒は10年後には勉強しなくなる。そうなるなよ」との校長先生からの言葉を引きずり，独学で早稲田中学講義録を読むなど学習の重要性を認識し勉強を続けた。その後，80歳過ぎまで中小企業診断士として働き，80代で放送大学の「科目履修生」として入学，95歳で最初の卒業，コースを変えて2019年３月に４度目の卒業をしている[20)]。また，筆者の卒業研究ゼミに参加していた学生は，1934（昭和９）年生まれ，７人きょうだいの３番目，中学校卒業後，電報の送受信を担当する技術者養成機関である逓信省普通逓信講習所（その後電気通信学園）に入所，旧電電公社を経てＮＴＴ営業所長を最後に退職，退職後79歳まで用地折衝などの仕事に従事した。この間，子どもに肩身の狭い思いをさせないようにと30代半ばで高校通信教育を受け，40歳直前で大学入学資格検定に合格，41歳で産業能率短期大学に入学し卒業，さらに佛教大学へ入学し修士課程を修了した。その後，放送大学の全科履修生となり，10年余りで全コースを修了している。この学生は，旧電電公社が修了を条件に通信教育費用を負担する制度を有していたことで様々な通信教育を受講しつねに学習を継続してきている[21)]。わが国の2021年の大学進学率は54.9％であり[22)]，このタイプは今後減少するだろうが，学習機会を逸した者への放送大学の補償教育の意義は依然残るであろう。

続く第二のタイプは退職前後から，その後の充実した生活や心身の健康の方途として放送大学で学ぼうと考える者である。現在のシニア学生のなかには放送大学入学前に大学教育を受け，学位取得の目的以上に，さらなる学習機会や面接授業，異年齢からなるサークル活動を通じた社会的交流の場として学習センターを利用する者も多い。たとえば，「定年後を苦虫噛みつぶして生きるより，笑顔で楽しく生きる。放送大学はそれに気づかせてくれた場所です。…最初から何を学ぶか明確な目標もなく定年後自宅でゴロゴロし妻に嫌われるのを察知して，その逃げ場として放送大学を選んだのです」（高知学習センター，男性，72歳）[23]，「…勤務から解放され，今後どのような生き方を選ぶのか思案しました。健康維持のための運動と生涯学習の組み合わせでリズムを保つ，これが私の決断でした」（広島学習センター，男性，69歳）[24]といった理由である。この第二のタイプは，高齢化の進展による増加が予想され，エイジングにおける学習活動の意義に鑑み，放送大学の機能への付加的定義を求める者であろう。

放送大学で学んだ具体的成果を聞いたところ，65歳以上の400名のシニア学生（男性256名，女性144名）の回答では，「学ぶこと自体が楽しくなった」が75.5％と最も多く，次いで「充実した生活を送れるようになった」56.5％，「新しい趣味や生き甲斐を見つけることができた」45.5％が続く[25]。このように，放送大学は，シニア学生に学ぶことの楽しさ，充実した生活，生きがいを提供しているようである。体験談には，「放送大学は入学試験もなく誰でも学べる開かれた大学，生きること学ぶことの楽しさを教えてくれるところだと思います。」（高知学習センター，男性，74歳）[26]，「…学習を進めていく内に，生活習慣の中に放送大学の学習が定着すると，勉強が楽しくなり始めました」（島根学習センター，男性，65歳）[27]などの言葉が列挙されている。放送大学での学習を長年継続し，6つのコースすべてを修了する者もおり，そのような学生を放送大学では「名誉学生」として表彰している。

３．放送大学におけるシニア学生への支援として望まれること

ここまでシニア学生の学習環境としての放送大学の特徴を述べてきたが，これらを踏まえシニア学生の支援として今後望まれることについて触れたい。

第一に，高齢者の年代に応じそのニーズに特化した教育内容の検討である。たとえば，60代に対する退職前後教育は成人教育学のひとつのテーマであるが，この点についての体系だった正規の教育課程の提供はなされていない。また，高齢者大学において「地域の史跡巡り」が高い選択率となっているとの例があるように，高齢者にとって親和的な学習領域が存在している[28]。放送大学のシニア学生が文学や歴史など「人間と文化」コースを選択

する比率が高いことも同様の例である。あるいは，高齢期になると人生統合に向けたニーズが強くなるとも言われる。米国などでは，自分の人生を振り返り意味づけるストーリーワークなどの学習が行われているが[29)]，高齢期の人生の統合に向けた教育内容の検討も一考であろう。

第二に，制度化され，かつ認証された大学の特徴を活かした学習機会と社会的活動の場の提供である。放送大学は，シニア学生の比率は高いものの，高齢者に特化した機関ではない。年代を超えた学生同士の交流では，高齢者の人生経験がほかの年代の学生の生きた教材として有効な場合もある。高齢者の問題として孤独や孤立が指摘されるなかで，放送大学の学習センターは，年齢，性別，職業などの差異なく，学習活動を介して共通の土壌で交流可能な社会的活動の場を物理的にも心理的にも提供している。堀はこのような異世代交流の効果について，マクラスキー（McClusky, H.）の論を整理し，高齢者へは，①若者時代に有していた理想主義の復権，②知的発見の感覚，③未来感覚の回復，④社会の変化の流れとの有意義な接触，一方，若者へは，①高齢者の多くが有する専門的知識の教育プログラムへの貢献，②学習へのレリヴァンス，③歴史との直接的遭遇のみが提供しうる人間的事象へのはば広い知見といった相互作用を挙げている[30)]。

第三に，年齢に対する心理的障壁を除去する支援と配慮である。本論で紹介した学生は放送大学を積極的に活用している者であり，学生のすべてが学習センターで人間関係を広げる者ばかりではない。他者との交流頻度と主観的ウェルビーイングとの間に関係があるのであれば，シニア学生が学習センターを利用し，年齢を意識せず学生間で交流できるような制度的工夫や心理的障壁を除去するための支援が必要である。特に，従来は面接授業の受講や単位認定試験で学生は学習センターを利用する制度的必然性があったが，コロナ禍にあっては，学習センターでの面接授業や単位認定試験がオンラインによる実施となり，また学生の学習センターの利用が難しい状況が続いた。それに代わって，学生はICT活用による対応が求められたが，年齢がデジタル・デバイドに影響することは指摘されるところであり，放送大学としても一律適用には苦慮することが多くあった。ICTの活用は高齢者の社会的つながりを促進・維持し，社会的孤立や孤独を軽減する方途ともされる[31)]。

学習活動を可能にし，人とのつながりを維持するにも，パソコンや通信環境の整備や使用ができない者への支援，特にICT機器に心理的忌避感をもつ者に対するきめ細やかな支援体制の構築が喫緊の課題である。経験則ではあるが，学生は数回の経験を経るとオンラインでの講義にも円滑に参加できるようになる。それを左右するのは，年齢に臆さない意欲と身近な支援であろう。

おわりに：高齢期における学習活動の意義

高齢者に対する教育や学習は，これまで生涯学習の文脈で一括りに議論されることが多かった。しかし，高齢者の特性に応じ，生活の充実やウェルビーイングのための方途として，高齢期における学習活動のもつ意義を深く検討することは重要であろう。先行研究によれば，高齢者にとっては集中的な学習コースへの参加が精神的フィットネスのレベルを向上させるだけでなく，より一般的な健康レベルの向上にも寄与することが実証されている[32]。エイジングは，獲得と喪失のダイナミズムの中で喪失が獲得を上回り，かつ増大するプロセスだといわれる[33]。しかし，学習活動は，喪失に対処し新たな獲得を増加させる試みでもある。放送大学のシニア学生の体験談は，学習による知識の獲得のみならず，社会的ネットワークの広がり，異年齢の学友との交流などの新たな経験や刺激による日常生活への良い影響を物語っている。

総じて，高齢者にとって学習活動への参加は，心身ともに健康を維持できる手段の一つと考えられ，放送大学のシニア学生の例はその証左である。しかし，この恩恵を享受しているのは機会にアクセスできた者だけである。そのため今後は，医療政策などと連動した総合政策の一環として，高齢者を対象とする生涯学習政策の検討や環境整備が推進され，高齢期における学習活動の効果が広く社会に認識されることが望まれるであろう。

【注】

1）Cusack, S., Thompson, W., & Rogers, M. Mental Fitness for Life: Assessing the

Impact of an 8-Weeks Mental Fitness Program on Healthy Aging. *Educational Gerontology, 29* (5), 2003, 393-403.

2）Istance, D. Learning, Education and Active Ageing: A Key Policy Agenda for Higher Education, in Slowey, M., Schuetze, H.G. & Zubrzycki, T. (eds.) *Inequality, Innovation and Reform in Higher Education*. Springer, 2020, p.302.

3）小池源吾・佐藤進「高等教育機関と成人学習者」日本社会教育学会50周年記念講座刊行委員会編『成人の学習と生涯学習の組織化』（講座現代社会教育の理論３）東洋館出版社，2004年，p.252.

4）本論の「シニア学生」の定義は，世界保健機関（WHO）に倣い65歳以上とするが，資料の統計区分により一部60歳以上のデータを援用する。

5）e-Stat 政府統計総合窓口：文部科学省「学校基本調査」。https://www.e-stat.go.jp/stat-search/database?page=1&toukei=00400001&tstat=000001011528%2C，2022.6.15.

6）同上。

7）放送大学「教務関係基礎データ集」（平成元年10月，２年10月，７年10月，12年10月，17年12月），文部科学省「学校基本調査」（各年度）。

8）Jarvis, P. The Age of Learning: Seniors Learning. in Rubenson, K. (ed.) *Adult Learning and Education*. Academic Press, 2012, p.163.

9）児玉美意子「放送大学：大学教育・社会教育・メディア教育の接点をいく生涯教育機関」日本社会教育学会編『生涯教育政策と社会教育』（日本の社会教育第30集）東洋館出版社，1986年，p.145.

10）加藤一郎「励まされながら勉強」放送大学中国・四国ブロック学習センター編『放送大学に学んで：未来を拓く学びの軌跡』東信堂，2017年，pp.207-208. 下線は岩崎による。以下同様。

11）坂本明「二度目の通信教育－異質なる二つの学び」同上，p.205.

12）放送大学「学生実態調査」2020年。

13）大浜洋意「私の退職後の生き様」*RYUGIN*, no.461, 2019年，p.33.

14）小林忠夫「放送大学生活を満喫する」放送大学中国・四国ブロック学習センター編，前掲，東信堂，p.6.

15）廣瀬文江「宇宙の真理を求めて」同上，p.18.

16）宮地豊二「学び続ける」同上，p.38.

17）同上，pp.39-40.

18）放送大学，前掲。

19）e-Stat 政府統計総合窓口：文部科学省「学校基本調査」，前掲。
20）「放送大学最高齢卒業生加藤栄さん『間もなく100歳学び続ける』」（「顔」ほっかいどう）読売新聞朝刊，2016年11月13日付。芳根文子「卒業生『異次元のすごさ』秘訣は」「朝日新聞デジタル」2019 年 4 月 6 日付。
21）小堺繁男氏提供資料（2020年12月18日付筆者へのメールより）。
22）e-Stat 政府統計総合窓口：文部科学省「学校基本調査」，前掲。
23）曽我古世「学芸員資格取得と観光ボランティアガイド」放送大学中国・四国ブロック学習センター編，前掲，p.61，p.63.
24）竹本義邦「学習センター事務職員と学生を兼ねつつ」同上，p.80.
25）放送大学，前掲。
26）山本良一「知は力，学ぶことは生きること」放送大学中国・四国ブロック学習センター編，前掲，pp.35-36.
27）品川隆博「学びを継続して大学院へ」同上，p.130.
28）大阪教育大学生涯教育計画論研究室編『高齢者学習支援に関する調査研究：NPO 法人大阪府高齢者大学校を事例として』2018年，pp.55-56.
29）Randall, W. Storywork: Autobiographical Learning in Later Life, in Rossiter, M. & Clark, M. C. (eds.) *Narrative Perspectives on Adult Education* (New Directions for Adult and Continuing Education, No. 126). Wiley, 2010, pp. 25-36.
30）堀薫夫『教育老年学の構想：エイジングと生涯学習』学文社，1999年，pp.229-230.
31）Cotton, S. R. Technologies and Aging: Understanding Use, Impacts, and Future Needs, in Ferraro, K. F. & Carr, D. (eds.) *Handbook of Aging and the Social Sciences* (9th ed.). Academic Press, 2021, pp.373-392.
32）Causack, S. et al., *op.cit.*.
33）ポール・バルテス「生涯発達心理学を構成する理論的諸観点」（鈴木正訳）東 洋他編『生涯発達の心理学１　認知・知能・知恵』新曜社，1993年，pp.185-190.

イギリス U3A（The University of the Third Age）の特色と課題

佐伯 知子

はじめに

本論は，国際的に展開される退職後の高齢者を中心とした学習活動組織 The University of the Third Age（第三期の大学；以下，本論では U3A と表記する）のなかでイギリス[1)]の U3A に注目し，その特色と課題について検討するものである。

イギリスにおいて，高齢者自身が対等な「メンバー」として無償で教え合い学び合う U3A の活動は全国で展開され，着実に会員数を増やしながら2022年には設立40周年を迎えるに至っている。その特徴的な理念や活動の実際については日本でもいくらか報告されてきたが[2)]，本論では特に，高齢者による自助・相互扶助の活動がどのような仕組みのもとで成り立っているのか，という点に着目する。インターネット上で公開されている行動計画や報告書，随時更新される活動記録といった一次資料を中心に，近年の動向を捉えつつ考えていきたい。

1．自助・相互扶助の基本理念

(1) 国際的な運動における位置

国際的なU3A運動は，フランスのトゥールーズ大学において始まる。生涯教育の推進を大学の責務としたフランス政府の方針を受け，同大学の教授であったピエール・ヴェラス（Pierre Vellas）が，その施設・設備・人材を活用する形で退職後の高齢者向けの講義やガイドツアーといったサマープログラムを実施したのである。この試みは大きな反響を呼び，翌1973年には同地域に初のU3Aが設立されることとなった。その後，運動はフランスの他の地域やベルギー・スイスなどの欧州諸国や北米にも広がり，1975年にはフランスを本部とする国際組織が設立されるに至る[3)]。

このような国際的な流れのなかで，1982年のイギリスU3Aの誕生はひとつの転機となるものであった。設立者である社会活動家マイケル・ヤング（Michael Young）とエリック・ミッドウィンター（Eric Midwinter），そして大学教授ピーター・ラスレット（Peter Laslett）の３名は，政府や既存の機関に頼らず草の根的に展開してきた社会活動の経験をふまえ，高齢者自身による自律的な活動形態を構想したのである[4)]。名称の一部にもある「大学」については，ラスレットによって，「ある特定の活動―必ずしも知的なものに限らない―に情熱を傾ける人びとの協働的な集まり」[5)]と，その言葉のもつ本来の意味に立ち返ることが提起された。こうしてイギリスでは，それまで前提とされてきた大学主導の形をとらず，学習者自身が教え合い，学び合う方式が試されることとなったのである。この新たな方式は「イギリス型」として，ケンブリッジをはじめとするイギリス各地，さらにはオーストラリアやニュージーランドにおいても採用された。そしてそれは，国際的なU3A運動が中南米・アジア・アフリカなどより多くの国や地域に広がりをみせる現在もなお，大学主導の「フランス型」とともにU3Aの代表的な活動モデルとして位置づけられている[6)]。

⑵ 基本理念の誕生と展開

さて，イギリス U3A の展開に際して大きな指針となったのが，ラスレットが1981年に発表した U3A の「目的と原則」[7]であった。そこではまず，8項目から成る「目的」において，イギリス社会全体が高齢化の現実を認識する必要性が指摘される。そのうえで，退職後の高齢期の人びとが自分たちの知的・文化的・芸術的な潜在能力に目を向け，その能力を活用し自ら学ぶ機会を創出していくことが，個々人にとっても社会にとっても意義あることとされている。

ラスレットのこのような発想は，のちの著作で展開した「サード・エイジ」（the Third Age）論においても顕著であった[8]。国際的な U3A 運動の始まりともに誕生した同概念は，人生における一時期を指す。子ども時代の「ファースト・エイジ」，仕事や子育てが中心となる「セカンド・エイジ」のあとに続き，老い衰え依存する「フォース・エイジ」とも区別されるこの時期を，ラスレットは「人生の絶頂期」（a crown of life）になりうるものと積極的に意味づけた。彼は，イギリス社会が高齢化していくなかで，それまでのセカンド・エイジ中心の価値観を転換させ，自由を享受し自己実現を可能とするサード・エイジ中心の「新しい人生の見取り図」（a fresh map of life）を描くことを人びとに提起したのである。

こうした自己実現を達成するために構想されたのが「イギリス型」の U3A であり，19項目から成る「原則」では，たとえば次のような指針が示されている。「教える人も学び，学ぶ人もまた教える」こと（第１条），参加は個人の選択の問題であること（第２条），教えることに対する報酬はないこと（第４条），相談や他者の手助けなどといった教えること以外の活動もあること（第７条），成績評価や試験は行わないこと（第８条）。ラスレットは，サード・エイジにおける教育の成果は，ファースト・エイジにおいて顕著な競争原理を取り込んだ試験による達成とは異なり，学習者の精神状態やパーソナリティの変化から明らかになると考えた[9]。ゆえに，教育活動そのものが個人に充足感をもたらし自己実現と結びつくような活動のあり方を構想したのである。

このようなイギリスU3Aの基本理念は，40万人（2021年）[10]とメンバーの数を増やし成長を続ける現在もなお受け継がれている。とはいえ，ラスレットの構想は長くやや難解であることから，イギリスU3Aの全国組織であるThe Third Age Trustは，運動の初期段階からオリジナルをコンパクトにまとめたものを作成・公表してきた。幾度かの見直しを経て，現在では，2014年に作られたものが引き継がれ，ホームページや年次報告書などで周知されている。それは，「サード・エイジの原則」「自助（self-help）の原則」「相互扶助（mutual aid）の原則」という3つの原則から成る（表1）。

表1　U3A運動の原則

サード・エイジの原則	・U3Aはすべてのサード・エイジの人に開かれている。サード・エイジとは，フルタイムの仕事が終わった時期であり，特定の年齢によって定義されるものではない。 ・メンバーが生涯学習の価値を高め，U3Aへの参加をポジティブなものとする。 ・メンバーはU3Aに参加したい人が参加できるように，できるかぎりのことをする必要がある。
自助の原則	・メンバーは，自分たちが求めるあらゆるテーマや活動をカバーする学習グループを自分たちでつくる。 ・資格は追求も提供もされない。学びそれ自体が目的であり，楽しむことが主たる動機である。資格や賞ではない。 ・学ぶ人と教える人の区別はなく，すべてがU3Aのメンバーである。
相互扶助の原則	・どのU3Aも相互扶助の自治組織であるが，全国組織のメンバーであり，U3A運動の原則に忠実であることが求められる。 ・U3Aの活動でメンバーに謝礼は発生しない。 ・U3Aはメンバーの会費による自己資金で運営される。会費はできるだけ安く抑えること。 ・外部からの資金援助は，U3A運動の高潔さを損なわない場合にのみ求めることが望ましい。

出典：The Third Age Trust *The Third Age Trust Annual Report and Accounts for the Year Ended 31 March 2021*. 2021（訳出は筆者）.

ラスレットの構想と比べると，より実質的なものに集約されたといっていい。特に相互扶助の原則における組織運営面での自律性に関する事項は，外部機関との連携のあり方や全国組織の立ち位置など，数多くの議論を経て練り上げられてきたものだといえる[11]。現在の原則は，自助・相互扶助という理念と全国規模での活動の展開という現実との間でどうバランスをとるか，試行錯誤の末の到達点なのである。以下，この原則と照らし合わせながら，イギリス U3A の活動の実際をみていきたい。

2．地域・全国レベルでの組織運営

(1) 地方 U3A と学習グループ

U3A はイギリス各地に約1,000か所存在している[12]。各 U3A の抱えるメンバー数は平均400名程度とされるが，100名未満の U3A もあれば3,000名以上の U3A もあり，大きさにはかなりの幅がある[13]。これらはそれぞれ，表1の原則（以下，注のない引用は同表からのもの）に「どの U3A も相互扶助の自治組織」とある通り，独立した組織である。つまり，「U3A 運動の原則に忠実」であれば，各々が設置する委員会の決定にしたがって自由に活動することができるのだ。以下，このようにイギリス各地に存在する U3A を「地方 U3A」（local U3As）と呼び，「（イギリス）U3A」という総称と区別する。

個人が地方 U3A のメンバーとなるための条件は，「サード・エイジ」の段階であることのみであり，年齢による決まりはない。その条件さえ満たせば，各々が通いやすい範囲に存在する地方 U3A に年会費を支払い所属することができるのである。年会費は平均して15ポンド程度[14]と「できるだけ安く抑える」ことになっており，この「メンバーの会費による自己資金」によって地方 U3A は運営されている。

地方 U3A ではそれぞれ，所属メンバーのなかから選出された役員（会長・書記・会計など）を中心に定期的な会合やイベントが開催されたりしているが，最も基盤にある活動は「学習グループ」（Interest Group／Study Group）における日々の学習活動である。各地方 U3A は学習内容・レベル別にさまざまな学習グループを抱えており，各々のメンバーによって管理・運営されているのだ。学習グループの活動内容は，外国語学習・読書から音楽・手工芸・スポーツ・ゲームに至るまで，まさに「自分たちが求めるあらゆるテーマや活動をカバー」しており，既存の学問の枠組みに囚われない自由度の高さはイギリスU3Aの大きな特徴のひとつとされる[15)]。1つのグループは数名～十数名程度の少人数で構成されており，メンバーの自宅・公共施設・教会といったアクセスしやすい場所で定期的（週1回・隔週・月1回など）に活動が行われている。学習グループに参加することで発生する費用は，原則として教材費やお茶代といった必要最小限の実費のみである。

グループ運営の中心となるのは「グループ・リーダー」（Group Leader）や「召集者」（Convenor）などと呼ばれており，その役割は学習内容の教授を中心的に担う場合，場所や日程の調整・連絡といった取りまとめを行う場合，両方を兼ねる場合とさまざまである。学習の形態についても，テーマに習熟したメンバーを中心とする講義・実践や，全員で発表を分担したり知識や経験を分かち合ったりする協同学習[16)]，さらにはそもそも教授者を必要としない交流を中心としたものまで多様に存在している。各地方U3Aの方針や人的資源に応じた形でフレキシブルに展開されているのである。とはいえ，「学びそれ自体が目的であり，楽しむことが主たる動機」「学ぶ人と教える人の区別はなく，すべてがU3Aのメンバー」「U3Aの活動でメンバーに謝礼は発生しない」といった原則はどの学習グループにおいても共通したルールとなっている。

このように、学習グループはグループに所属するメンバー自身の手で日々運営されているのだが，その立ち上げや維持・活性化においては，前述の地方U3A役員が重要な役割を果たしている。特に多くの地方U3Aに存在する「グループ・コーディネイター」（Group Coordinator）の役職に就くメンバーは，グループを新しくつくるうえでのアドバイスを行なったり同じ関心をもったメンバー同士を繋いだり，日々の活動における困りごとの相談に応じたりと，学習グループ支援の要となっている。

(2)「ネットワーク」と全国組織

とはいえ，地方U3Aの中だけでは人的資源やノウハウが限られるのも事実である。新規や小規模の組織であればなおさらであろう。そうした事態に対応し，U3A の活動に持続性をもたらしているのが地域的・全国的に広がる相互扶助のつながりである。

まず，地方 U3A の活動を支えるより大きな枠組みとして挙げられるのが，近隣エリアの地方 U3A 同士でつながる「ネットワーク」(Networks) である。全国組織のホームページに掲載されているものだけでも87のネットワークがあるが[17]，その形態は，会則や委員会などが存在し厳密に運営されるものから，持ち回りで会合・イベントを開催しているような緩やかなつながりのものまで多様である。地方 U3A がネットワークに加入するかどうかは任意であるが，多くが何らかのネットワークに加入している。

ネットワークにおける活動内容もさまざまだが，基本的に近しいエリアのつながりであるため，学習グループでの活動や地方 U3A の会合・イベントにおいて活用できる人的・物的資源について共通したリストを作ることが可能である。また，会長や会計・IT 担当など，各々の地方 U3A で同じ役割を担うメンバー同士が出会い，経験を共有し，新しいアイデアや課題に対する解決策をともに考える機会を創出することもできる。さらには，所属する地方 U3A の全メンバーがある程度気軽にアクセスできる範囲で地方 U3A 単体では実現が難しいような大掛かりなイベントや研究・実践活動を実施すること，対外的な面では，地域の大学との連携や地域的な取り組みに共同で参加するなどして，より大きなインパクトをもって地域社会における U3A の認知度を上げることも可能だ[18]。このように，人的・物的資源を共有しつつ，日常的に助け合いながら地域における活動に持続性と活気をもたらしているのが「ネットワーク」の存在なのである。

そして，この地域的なネットワークよりもさらに大きな範囲，つまりイギリス全土にわたって地方 U3A とそのメンバーを結びつけているのが，全国組織 The Third Age Trust である。イギリスで U3A 運動が始まった翌年の1983年に設立されており，その発展を語るうえで欠かせない存在だといえる。原則にあるとおり，ほとんどの地方 U3A が全国組織に加盟しており，メンバー数に応じた会費を支払っている。全国組織の運営はこの会費を中心的な資金とし，選挙により選出された会長・副会長・会計３名や地域代表メンバー12名をはじめ，フルタイム・パートタイムの有償スタッフ18名，そして300名を超えるボランティアによって担われている[19]。留意すべきは，全国組織はトップダウン方式で地方U3Aを管理するわけではなく，あくまで対等な関係性で活動の維持・活性化を支える，ハブのような存在だということである。

全国組織の担う役割は多岐にわたるが，第一に挙げられるのは，①全国のメンバーの学習活動を支援すること，②地方U3Aの運営を支援することだといえよう（図１）。

①については，グループ新設・活性化に関わるポイントを記したリーフレットの作成・配布や，サマー・スクールなどのイベント開催，多様な媒体（会報・ブログ・SNSなど）を通じた各地の実践に関する情報発信，さらには学習資料の貸出などが該当する。なかでも注目されるのは，学習内容別に経験豊富なメンバーが学習グループの運営に関する助言を行う「サブジェク

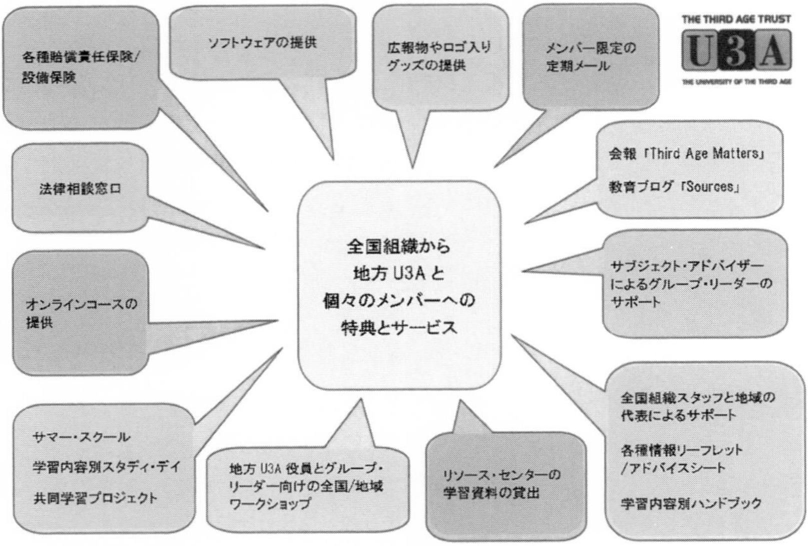

図１　全国組織による地方U3Aおよびメンバーへの支援

出典：2016年U3A全国大会での全国組織会長Pam Jones（当時）の発表資料 *The Third Age Trust* をベースに，全国組織のホームページ（https://www.u3a.org.uk/），The Third Age Trust, *The Third Age Trust Annual Report and Accounts for the Year Ended 31 March 2021*, 2021の情報をふまえ筆者作成。

ト・アドバイザー」（Subject Adviser）の制度である。対応可能な学習内容の種類は年々増えており，現在，全国組織のホームページ上から78種類の学習内容のアドバイザーとつながることができる[20]。直接的なやり取りはもちろん，アドバイザーによってはブログやニュースレターで最新の情報を届けていたり，イベントを企画していたりと工夫がみられる。

②については，役員のためのワークショップの開催，情報管理・発信のためのソフトウェアの提供，保険や法律関連の対応などが挙げられるが，特筆されるのは，前述の「ネットワーク」の活用である。全国組織は，イギリスU3A が全国各地で発展するほど，全国組織と地方 U3A とをつなぐネットワークが中間的存在としてますます重要になるとの認識から，ネットワークの活動を熱心に支援している[21]。ネットワークで開催するイベントの内容に応じて資金援助を行うほか，全国組織とネットワークの代表者同士が定期的に交流する機会を設定したりと，その発展を後押しすることで間接的に地方U3A の維持・活性化を支えているのである。

なお，こうした地域・全国レベルでの活動において近年特に注目されるのが，オンライン学習や交流の普及である。対面での活動がままならなかったコロナ禍の状況も後押しし，YouTube や Facebook といった SNS を活用した情報発信・交流は広がりをみせ，アクセス数の着実な増加が報告されている。また，Zoom などの遠隔会議システムを用いた活動に関しては，地方U3A の定例会などにおいて対面時よりも参加者が大幅に増加したとの報告も相次いでいる[22]。今後，こうした ICT の活用が物理的な距離を超えた相互交流を促進し，イギリス U3A の地域的・全国的なつながりをさらに強固なものとしていくことは間違いない[23]。

３．運動の現状と今後の課題

全国組織においては，イギリス全体の U3A 運動の発展を下支えすることも重要な役割として位置づけられている。最後に，その動向から，イギリスU3A が直面する課題を２点挙げておきたい。

(1) 自助・相互扶助的な活動の維持・活性化

自助・相互扶助の運営形態をとるイギリスU3Aにおいて，何らかの役割を無償で担う「ボランティア」(Volunteers) は要の存在である。全国組織に登録し一定の訓練を受けて全国レベルでIT基盤の構築・ニュースレターの編集・学習支援といった役割を果たす人（「トラスト・ボランティア」と呼ばれる），地方U3Aの枠を超えた「ネットワーク」を組織・運営する人，地方U3Aの役員や学習グループのリーダーとなる人，地域の会合で椅子を並べたり飲み物を用意したりする人。メンバーがさまざまな次元でボランティアとして活躍することで，イギリスU3Aの活動は成立しているのである。

しかし，裏を返せばこのことは，そうしたボランティアがいなければ活動の存続がきわめて危ういということであり，実際問題として，役員の担い手不足から閉鎖される地方U3Aがあるのも事実である[24)]。また，組織の規模が大きくなればなるほど運営面で多くのボランティアが必要になるわけでもあり，イギリスU3Aにおいては，その発展の一方でボランティアの確保が大きな課題となっている[25)]。

そうしたなか，重要視されているのはやはり，基本理念の共有である。全国組織ホームページの「ボランティアの募集と評価」に関するページ[26)]では，新規のメンバーに対しては，イギリスU3Aの自助・相互扶助の原則について説明し確実に印象付ける必要があるとされる。また，既存のメンバーに対しても，ふだんの活動の運営方法を工夫し，できるだけ個々のメンバーが役割を分担し能動的に活動に参加することが求められている。たとえば学習グループ活動では，活動場所の予約やお金のやりくりといった必要な役割を分担すること，参加型の学習形態を取り入れることなどにより，「全員が協力し合うというグループの文化」[27)]を意識した運営を行うのである。ほかにも，個々人が全国規模の会議やイベントに出たり全国誌を購読したりすることで，自助・相互扶助の理念をもった大きな運動体の一部であることを実感する機会を積極的につくることが推奨されている。

くわえて，グループ・リーダーや役員といった特定の役割を担うメンバーに対しては，メンター制をとって入門的なサポートを行なったり，必要に応じてトレーニングを実施したりといつでも支援が受けられるような体制をとることとされる。また，こうした技術的な支援に加え，イベントなどでボランティアに対して感謝する機会をもつことも同じように重視される。このようにして，すべてのボランティアが「大切にされている」[28]と感じ，やりがいや自己効力感をもって活動を担えるような工夫が積み重ねられているのである。

(2) 運動の周知と新規メンバーの獲得

現在の活動の維持・活性化とともに，近年，全国組織において課題として強く認識されているのが，新規メンバーの獲得である。というのも，2010年代後半のメンバー数の増加は2010年の３分の１程度にとどまっており，2021年に至ってはコロナ禍の影響もあり減少に転じているのだ[29]。新たなメンバーの加入は活動の存続というだけでなく，活力をもたらす意味でも非常に重要視されており，全国組織は近年の状況に強い危機感を抱いている。また，設立当初から着実にメンバー数を増やしてきたとはいうものの，国の65歳以上人口に対する割合でいえばわずか３％強である[30]。今後いかにして新たな仲間を増やしていくのか。全国組織に課せられた重大な使命である。

そこで推し進められているのが，U3A の特色を明確に打ち出し，それを全国規模で発信して知名度を上げることである。まず熱心に議論されたのはその名称についてであった。2020～2023年の全国組織の中期計画を検討する際，正式名称で用いられる「大学」や「サード・エイジ」が「答えよりも疑問の方が多いような言葉」[31]であるとして，対外的に用いる呼称は U3A[32]で統一することが決まった。さらに，「学び，笑い，生きる」（learn, laugh, live）をスローガンとしてロゴとともに前面に掲げることとなり，「高齢者が楽しみながら互いに助け合い心身ともに活力を保つこと」[33]を実現する運動体として U3A のアイデンティティを明確化する試みが続いている。そうした試みのうえで，全国組織では，地方 U3A やネットワークに対して全国規模のイベントへの参加を呼び掛けており，各地域一斉に活動をアピールすることで地域社会に存在を認識してもらう機会を創出しようとしている[34]。また，同じような目的をもつ他団体と連携し，エイジングに関する前向きなメッセージを発信する活動も精力的に行うようになっている。

他方，新規メンバーの獲得を目指すうえで重要な論点となっているのが，ダイバーシティとインクルージョンである。原則の第一に「U3A はすべてのサード・エイジの人に開かれている」とのメンバーシップに関する規定があるものの，実態として一定の学歴・職歴をもち金銭的にもゆとりのある中産階級のような特定の層にメンバーが偏りうることは，設立当初から認識されてきた[35]。現在，全国組織ではこうした問題について議論する委員会が常設されており，多様性を考慮した学習テーマの設定や役員のバランスへの配慮に至るまで，論点が蓄積されつつある[36]。くわえて，メンバーの平均年齢が70.8歳（2001年），71.9歳（2009年），73.6歳（2019年）[37]と高齢化していくなか，肉体面や認知面での変化に対応した具体的な支援方法などについても議論が共有されるようになってきている[38]。「参加したい人が参加できるように，できるかぎりのことをする必要がある」との原則に基づき，いかに多様な層を巻き込みメンバーの裾野を広げていけるかは，イギリス U3A にとって今後の大きなチャレンジといえるだろう。

おわりに

イギリス U3A は，地域に根ざしたメンバー同士の直接的な関わり合い（教え合い・学び合い）にとどまらず，それを維持・活性化させるためのメンバー同士の経験の分かち合い・助け合いのノウハウを全国レベルで蓄積・共有し，結びつきを強めてきた。明確な自助・相互扶助の理念を軸に据えた組織運営の工夫がここまでの発展の要因だといえよう。さらなる展開に向けて，そうした理念と活動の持続性，メンバーの多様性とをいかにして両立させるのか。今後の動向を注視していきたい。

最後に，こうしたイギリス U3A の活動のあり方は，日本における高齢者の学びを考えるうえでも示唆的であろう。高齢者自身が教え合い学び合うという活動形態は，自らの特性を見極めたり人生経験を振り返ったりと自己への洞察を深めるものであり，高齢期においては特に有効であるように思われる。また，自分たちの手であらゆる活動をつくり上げるための試行錯誤は仲間との結びつきを強め，高齢者自身をエンパワーするものでもあろう。もちろん教育の質保証などの面で課題はあるものの，日本の高齢者教育でいわゆる学校型の選択肢が増えるなか，あらためて注目すべきモデルといえるのではないだろうか。

【注】

1）本論におけるイギリスとは，グレートブリテンおよび北アイルランド連合王国のことであり，イングランド・ウェールズ・スコットランド・北アイルランドを指す。

2）たとえば，次の文献など。中川恵里子「イギリスの第三期の大学：自助的学習実践からみた英国高齢者教育の展開」『日本社会教育学会紀要』No.35，1999年，77-86，生津知子「第三期の大学の基本理念と活動実態：イギリス U3A の事例から」堀薫夫編『教育老年学の展開』学文社，2006年，pp.160-176，木下康仁『シニア学びの群像：定年後ライフスタイルの創出』弘文堂，2018年。

3）Radcliffe, D. The International Perspective for U3As, in Midwinter, E. (ed.) *Mutual Aid Universities*. Croom Helm, 1984, pp.61-71.

4）Percy, K. An Alternative Ageing Experience: An Account and Assessment of the University of the Third Age in the United Kingdom, in Formosa, M. (ed.) *The University of the Third Age and Active Ageing: European and Asian-Pacific Perspectives*. Springer, 2019, pp.70-71.

5）The Third Age Trust *Objects and Principles* (Information Leaflet 2). 2002.

6）なお，国際的な U3A 運動においては，こうした「フランス型」「イギリス型」のモデルを厳密に採用しなければならないわけではない。それぞれの国や地域の実情に応じてアレンジされ展開されている。詳しくは Formosa, *op.cit.* を参照のこと。

7）The Third Age Trust, *op. cit.*（本論で参照した「目的と原則」は，イギリス U3A の最初の指針として全国組織のリーフレットに掲載されているもの。1981年に作成され1984年に若干の修正が加えられたとされる）.

8）Laslett, P. *A Fresh Map of Life: The Emergence of the Third Age* (Updated). Harvard University Press, 1991.

9）*Ibid.*, p.175.

10）The Third Age Trust *The Third Age Trust Annual Report and Accounts for the Year Ended 31 March 2021*. 2021.

11）Percy, *op. cit.*, pp. 72-74.

12）全国組織ホームページ，https://www.u3a.org.uk/join, 2022.4.27.

13）The Third Age Trust *Leaning Not Lonely*. The Third Age Trust, 2018.

14）全国組織ホームページ，https://www.u3a.org.uk/join, 2022.4.27.

15）Percy, *op. cit.*, pp.77-78.

16）Marsden, R. A Study of the Co-operative Learning Model Used by the University of the Third Age in the United Kingdom, *International Journal of Education and Ageing, 2* (1), 2011, 371-382.

17）全国組織ホームページ，https://www.u3a.org.uk/advice/u3a-networks, 2022.4.28.

18）*Ibid.*

19）The Third Age Trust, *op. cit.* (2021).

20）全国組織ホームページ，https://www.u3a.org.uk/learning/subjects, 2022.4.28.

21）全国組織ホームページ，https://www.u3a.org.uk/advice/u3a-networks, 2022.4.28.

22）The Third Age Trust, *op. cit.* (2021).

23）もちろん一方で，ICTを活用できない層や好まない層が一定数いることも事実である。これに対し全国組織は，電話や郵便といったオフラインでのやり取り方法も取りまとめて情報発信しており，「誰一人取り残さない」姿勢を強く示している。

24）The Third Age Trust *The Third Age Trust Annual Report & Accounts 2018-2019*. 2019など。

25）Formosa, M. Concluding Remarks and Reflections, in Formosa, *op. cit.*, p.399.

26）全国組織ホームページ，https://www.u3a.org.uk/advice/volunteers/529-recruiting-and-valuing-volunteers-u3a-kms-doc-051, 2022.3.27.

27）*Ibid.*

28）*Ibid.*

29）The Third Age Trust, *Development Plan 2020-2023*. 2020およびThe Third Age Trust, *op.cit.* (2021)。

30）イギリスの65歳以上人口は，イギリス国家統計局のデータによる（https://www.ons.gov.uk/peoplepopulationandcommunity/populationandmigration/populationestimates/bulletins/annualmidyearpopulationestimates/latest, 2022.4.7.）。

31）The Third Age Trust, *op. cit.* (2020).

32）ロゴでは u3a と表記される。なお正式名称については，U3A がすでに一定の規模をもつことなどをふまえ変更されていない。

33）The Third Age Trust *U3A Brand Style Guide for 2020*. 2020.

34）たとえば，2021年からは９月第３週の水曜日を「U3A の日」としてイベントが開催されている。2022年には40周年記念イベントが行われる予定である。

35）Percy, *op. cit.*, pp.76–77. また，近年の全国組織による無作為抽出型の調査からもその傾向がうかがえる（The Third Age Trust *Membership Survey 2019 Overview Report*. 2020）。

36）たとえば，The Third Age Trust *How to Guide: Making Your u3a More Inclusive*. 2022などが作成され，地方 U3A に配布されている。

37）The Third Age Trust, *op. cit.* (2020).

38）全国組織ホームページ，https://www.u3a.org.uk/advice/diversity-and-inclusion, 2022.4.28.

台湾における高齢者学習の展開と特徴

山口 香苗

はじめに

本論は，台湾における高齢者学習の政策および実践の展開から，その実態と特徴を明らかにすることで，台湾がどのように超高齢社会の到来に向き合おうとしているのか考察することを目的とする。

台湾は2022年現在，高齢化率17.6％の高齢社会である。著しい少子化も伴って急速に高齢化が進んでおり，2025年に超高齢社会になると予測されている[1)]。これにより，今後の高齢者の生き方や人びとの暮らしのあり方への関心が高まっている。

これまで台湾政府は，高齢社会を医療技術が発達した衛生的で安全な社会と認識する一方で，高齢化の急速な進展によって，今後，社会保障費の負担増加や長期介護者の増加など，多くの課題に直面することを懸念してきた。そこで，これらの課題を解決するとともに，人びとが高齢になっても生き生きと暮らせる社会づくりをしていくことの必要，そしてそのような社会を実現していくものとして，生涯学習の重要性を主張してきた[2)]。

台湾では，2000年代から生涯学習領域において高齢者教育・学習体系の構築に向けた議論を開始し，2007年から高齢者の教育・学習を「楽齢学習」と称し，高齢者の地域の学習拠点である「楽齢学習センター」，大学開放による高齢者の学習機会である「楽齢大学」といった学びの場を全土に設けるとともに，専門職員の育成を開始するなど高齢者教育・学習の機会整備と質の向上を急速に進めている。楽齢学習は，生涯学習法条文にも盛り込まれ，生涯学習政策の一環として現在に至るまで重点的に展開されている。

こうした台湾の高齢者学習の実態については，これまで日本でも報告されており，高齢者の多様な学習機会が高齢者の孤立を防ぎ，心身の健康や生活の充実に良い影響を与えていることが指摘されている[3)]。

では，台湾の高齢者学習とくに楽齢学習と呼ばれ，現在重点的に進められている学習の特色はどの点に見出せるだろうか。また，楽齢学習が政策化され学習機会が整備されたことで，楽齢学習の拠点となっている地域社会や学校にはどのような影響がもたらされているのだろうか。

以上の問題意識のもと，本論では，台湾の少子高齢化の現状，高齢者教育・学習政策の変遷および施設と職員の実態や課題から，台湾における高齢者学習の特徴を明らかにする。これを通じて，台湾がどのように超高齢社会の到来に向き合おうとしているのかを考察する。

1．東アジア圏の高齢化と台湾

まず，東アジア圏（本論では主に日本，韓国，中国，台湾を指す）の高齢化の現状を確認したい。東アジア圏の国・地域は，現在，日本以上の急速なスピードで高齢化が進んでいる。

例えば，中国は2000年に高齢化社会となり，2022年に高齢社会，2035年に22.3％の高齢化率を記録し超高齢社会に入っていると予測されている[4)]。韓国は1999年に高齢化社会，2017年に高齢社会となり，そのわずか８年後の2025年には高齢化率20.3％となり超高齢社会になると予測されている[5)]。そして台湾は，韓国同様高齢化のスピードが速く，1993年に高齢化社会，2018年に高齢社会となり，そのわずか７年後の2025年に高齢化率20％を超え超高齢社会になると予測されている[6)]。

東アジア圏の高齢化社会から高齢社会と，高齢社会から超高齢社会に移行する所要年数を比較すると，日本は24年と13年，中国は22年と13年弱，韓国は18年と８年，台湾は25年と７年である。台湾は，東アジア圏の中でも韓国とともに高齢社会から超高齢社会への移行が急速に行われることがわかる。

こうした台湾の急速な高齢化は，人びとの寿命の延伸と著しい少子化によってもたらされた。台湾人の平均寿命は，2021年に81.05歳（男性77.92歳，女性84.28歳）であり，40年前（1981年）の72.01歳（男性69.74歳，女性74.64歳）から10年近く伸びている。ここには医療技術の発達と医療体制の充実，人びとの健康意識の高まりがあると考えられている[7)]。

少子化も急速に進み，1950年代前半に7以上あった合計特殊出生率は，1964年からの出生数抑制政策によって低下し，また，その後の経済発展と価値観の変化もあり，1984年に人口置換水準の2.1を下回ると，2000年から1.2程度，2010年には0.8となった。近年の出生率も1前後の低い数値である[8)]。

こうした急速な少子高齢化に直面し，政府は高齢社会の良い面と課題の双方を指摘している。良い面は，高齢社会は社会経済が発展し，医療水準と教育水準，公衆衛生意識が高い社会であり，犯罪が少なく，高齢者の豊富な経験による知恵を若者に受け継ぐことで社会の進歩が見込めることであり，一方で課題は，社会保障費など財政負担の増加，労働力減少による経済成長の鈍化，政治面における高齢者関連政策の重視，消費行為の変化，世代間格差の増大などが深刻化する点とする[9)]。台湾では，とくに課題が強調され，高齢者の教育・学習はこれらの課題を解決するものとして注目されるようになっていく。

2．高齢者教育・学習政策の変遷：福祉行政から教育行政へ

こうした急速な高齢化の進展を背景に，台湾では高齢者を対象にどのような教育政策が展開されてきたのか。台湾では，1970年代から福祉行政を中心に高齢者教育が実施され，その後，教育行政も高齢者に注目するようになり，現在は楽齢学習と称して高齢者学習を重点的に促進している。本節では，高齢者の教育・学習に関する政策の変遷と各時期の特徴を確認する。

⑴ 福祉行政による高齢者教育（1970年代～1980年代前半）

台湾の高齢者教育・学習の取り組みは，1970年代から動きが見られ，当時は民間（宗教）団体によるものが主流であった[10]。たとえば，キリスト教女子青年会による「青藤クラブ」（台北市，1978年設置），財団法人による「松柏学苑」（新竹市，1983年設置）などが設置されている。

1980年に老人福祉法が制定されると，福祉行政による高齢者教育が主流となる。老人福祉法で高齢者の療養や交流のための施設設置が奨励されると，福祉を担う地方政府社会局による「長青学苑」の設置が始まる。長青学苑は，高雄市では1982年，台北市では1983年に設置され，これ以降，20以上の県市で設置された[11]。長青学苑の目標は，高雄市を例にすると「活到老，学到老（「生きている限り学び続ける」の意味）」の精神に則り，生涯学習を達成して高齢者の学習領域を拡大し，心身の陶冶によって精神生活を充実させること」である[12]。福祉行政が行う長青学苑は，主に高齢者の精神的な安定や心理面の充実に重きをおき，娯楽中心の講座学習が中心であった。高齢者教育が組織的に行われたのはこれが初めてであることから，その後の教育行政による高齢者教育の基礎となったといえる。

⑵ 教育行政による高齢者教育（1980年代後半～現在）

① 老人教育の重視と白書の提出

教育行政が高齢者の教育・学習を重視し政策化していくのは1990年頃からである。当時の台湾では，1987年に戒厳令が解除され，教育制度の民主化・柔軟化が進むなかで，欧米留学を経た社会教育研究者，政策実務者を中心に成人教育体系の構築が目指されていた。この過程で，老人教育と呼び，高齢者を対象とした教育・学習の重要性が提唱されると，教育部（日本の文部科学省相当）は，1989年に「老人教育実施計画」，翌年に「成人教育実施計画」を提出し，老人教育を成人教育体系の一つと明記した[13]。

この時点で高齢者教育の具体的な動きはなかったものの，社会の自由度と経済的豊かさが向上し，人びとのさまざまな学習活動が盛り上がっていくなかで2002年に生涯学習法が制定されると，2006年に教育部は「高齢社会に向けた老人教育政策白書」を公刊し，生涯学習政策の一環として老人教育体系を構築すると明記し，高齢者教育に焦点を当てていく。白書は，2002年にWHOが提出したアクティブ・エイジング概念を受け，生涯学習によってこれを実現することを目指すものでもある。白書は「生涯学習，健康と楽しさ，自主と尊厳，社会参加」を軸に，(1) 高齢者の学習権を保障し心身の健康を向上させること，(2) 高齢者の退職後の家庭生活や社会への適応能力を高め老化速度を緩和すること，(3) 高齢者に再教育と社会参加の機会を提供し社会からの孤立感や疎外感をなくすこと，(4) 高齢者に親和的で年齢差別のない社会を建設することを目標とし，高等教育機関による高齢者への学習機会の提供や，小・中・高校段階の子どもたちに学校教育において老人（老化）教育をうながすことを目指すとしている[14)]。これまでの教育学や教育行政が対象にしてこなかった高齢者への注目が，ここから本格的に始まったといえる。

② 楽齢学習政策の開始

そして白書提出翌年の2007年から，高齢者の教育・学習政策や施策，実践を楽齢学習と呼び，高齢者の学習機会の整備と高齢期特有の教育・学習の論理構築を試みていくようになる。

2007年，台湾でシンガポールの生涯学習研究者を招待して行われた「老人教育国際フォーラム」において，楽齢という用語が初めて台湾に紹介された。楽齢は，1966年にシンガポールで成立した高齢者活動団体「Singapore Action Group of Elders」が創造した用語であり，「楽しく年齢を重ねる」という意味である。これに共感した台湾の生涯学習研究者たちが，この語を用いて老人教育を促進していくことを当時の教育部社会教育司長（局長）に提案したことで，台湾でも楽齢学習との名称を用いて高齢者の教育・学習の機会整備が行われていくこととなった[15)]。台湾での楽齢の意味は，高齢者が「楽しく学習して年齢や悩みを忘れること」や，高齢者の敬称などと説明される。また，研究者は楽齢の中国語発音がlearningの発音に似ていることを強調し，高齢者と学びのイメージを積極的につなげていった。

楽齢学習がこれまでの高齢者教育・学習と異なる点は，高齢者の特性に基づいた学習理論をもとに，カリキュラム設計をする点であるとされる[16)]。これまでの高齢者教育・学習は，レジャーや娯楽に偏り，学習理論や系統性，教育性に欠けていたとし，楽齢学習開始以降は理論に基づいて学習内容をより洗練していくことが目指された。そして定年退職年齢の60歳以前から高齢期について学び，退職後の生活設計ができるよう，55歳以上を楽齢学習の対象とした。

くわえて，急速に進む少子化を鑑み，2007年に教育部は「学校空間活性化総合計画」を提出し，小・中学校の空き教室の有効活用を促した。ちょうど楽齢学習政策の開始にあたり，高齢者の学習拠点として空き教室の活用が推奨されたことで，地域の小・中学校が楽齢学習の拠点となっていった[17)]。

こうした福祉行政そして教育行政による高齢者教育・学習から楽齢学習へという推移は，高齢者を福祉的措置の対象としてではなく，教育によって社会の新たな担い手としていく動きだといえる。そしてそこに高齢者の高まる学習意欲と退職後の生活の充実への要求が合致することで，高齢者の自律と自己充実の双方を実現していく楽齢学習が社会的に支持されていったといえよう。

3．楽齢学習施設における学びと専門職員の育成

楽齢学習政策が始まり，全土に設置・配置が進んだ楽齢学習施設と職員はどのような実態なのか。本節では，主な施設と職員育成の実態，特徴と課題を検討する。

(1) 楽齢学習施設とその特徴

① 地域拠点の形態：楽齢学習センター

楽齢学習政策の開始後，最も多く普及した学習拠点は，アクティブ・エイジングを目的とする楽齢学習センター（以下，センター）である。台湾すべての郷・鎮・市（日本の市町村や区）368か所に各地方政府が設置している。主な設置場所は余裕教室のある小・中学校内が多く，その他，図書館や

地域の民間組織などにも置かれている。たとえば，台北市はセンター12か所のうち6か所が図書館，5か所が市立小・中学校，1か所が民間組織，新北市はセンター31か所すべてが市立小学校内に設けられている。自宅近くでの学習を希望する多くの高齢者の要望に応え，センターの分室も複数設けられており，分室は2020年時点で確認されているだけで3,175か所に及ぶ[18]。分室は社区発展協会（日本の町内会に類似）や住民活動センター，地域福祉センターなど住民生活の最も近い場所に置かれていることから，地域内で高齢者が集まることができる環境が整えられていることがわかる。開室曜日や時間はセンター，分室によって異なるが，月曜日から金曜日まで朝9時頃から夕方5時頃までが多く，費用は無料か材料費程度を支払う。

学習カリキュラムは，中正大学の生涯学習研究者を中心にした指導グループによって，ハワード・マクラスキー（McClusky, H. Y.）の高齢者教育論を参考に編成され，(1) 高齢者の健康や心理などアクティブ・エイジングの基礎を学ぶ「楽齢核心類」，(2) 高齢者の需要に合わせた講座や地域の特色を学ぶ「自主計画類」，(3) ボランティア活動や地域貢献活動を行う「貢献服務類」がある。この3つを軸に各センターは講座を配置している。たとえば，新北市新和楽齢学習センターは，(1) 楽齢核心類：身体機能の変化，高齢者の交通安全，服薬知識，詐欺被害防止，健康ヨガなど，(2) 自主計画類：社交ダンス，合唱，スケッチなど，(3) 貢献服務類：ボランティア知識，高齢者合唱団の公演，児童手話教育などの学習活動を行なっている[19]。

センターが小・中学校に置かれている場合，学校の授業にセンターの学習活動を組み込む例も見られる。たとえば，小学校の言語の授業でのことばを学ぶカードゲームや，情報の授業での3Dプリンター操作などを子どもたちと高齢者がともに学び，教え合うなどの学習活動が行われている[20]。センター設置をきっかけに世代を超えた学習活動が生まれているといえる。

楽齢学習センターでの学習は，住民の生活拠点に最も近い場所で行われるという点で，日本の公民館における高齢者学習講座と類似しているといえる。しかし，すべてのセンターは軸となるカリキュラムをもとに，高齢期特有の課題の学習と社会貢献や社会参加の促進が行われていることから，センターは多様な特色をもつ日本の公民館よりも，指導的で統一的な側面があるといえる。

②　大学開放の形態：楽齢大学

楽齢大学は，2008年に教育部がアメリカのエルダーホステルを参考に13か所の大学で行なった「老人短期寄宿学習」をきっかけに始まった。この試みが参加者から好評であったことから，2010年から楽齢大学として大学開放方式による高齢者への学習の機会提供が開始され，毎年100か所前後の大学など高等教育機関が政府の補助金を得て楽齢大学をおいている。これは少子化を鑑みた，新たな大学経営の手法という側面もある。

楽齢大学の目標は，⑴ 高齢者の健康，自律，楽しい学習の追求，⑵ 多様な学習方法による，高齢者の生涯学習と社会貢献の機会の増進，⑶ 高齢者と大学生の交流プラットフォームとなり世代間交流を促すことである。楽齢大学は一般の大学同様２学期制を採り，学習者は55歳以上であれば学歴は問わない。毎学期の費用は1,000～3,000元（１元＝約3.6日本円）程度である。高齢者のみで学ぶ講座に加え，年齢混在講座や大学生と共同のサークル活動もある。楽齢大学のカリキュラムは，⑴ 高齢基礎類，⑵ 健康レジャー類，⑶ 学校特色類，⑷ 生活新知識類であり，⑴は老化知識や認知症予防，安全な服薬知識など高齢期を健やかに過ごすための知識，⑵は音楽・映画鑑賞，旅行計画などの趣味，⑶は観光学や海洋学など設置大学の強みを生かした内容，⑷はジェンダーやデジタル知識，生活における法律知識など，生活の新たな知識や大学で開講されている教養科目を学ぶ[21)]。

楽齢大学は，日本の高齢者大学のような行政や民間による高齢者の学びの場というよりは，正規の大学が高齢者向けに開放している生涯学習講座に相当するといえる。センター同様，高齢期特有の課題を学ぶことが重点になっているが，大学内の設置という形態から各大学の特色が学習内容に反映されている点や，積極的に大学生との交流を生み出している点は独特だといえる。

以上から，センターと楽齢大学は，高齢期特有の問題を学ぶことと，レジャーや文化などの自己充実的な学習も行うが，それを社会貢献活動や社会参加につなげていくことを促している点が共通している。これは，公金補助による運営であるため，自己充実的なものより「公共的」だとされる学習が重視されているためである。また，設置場所が既存の教育機関であり，高齢者の学習施設としては独立していないことで，高齢者以外の人びとをも巻き込んだ豊かな学習実践を生み出すことになっている点も共通している。

課題として，社会貢献活動に簡単に結びつくわけではない自由な学びの価値をいかに認めていくのかということ，学習活動に参加する高齢者は基本的に健康であるため，疾病や障害を抱えた高齢者の参加をどのように可能にするのかということが挙げられよう。

(2) センターと自主学習を支える専門職員の育成

楽齢学習政策が進むにつれ，高齢者教育・学習の専門的知識をもつ職員の育成も開始されている。2012年から教育部は，主にセンターのカリキュラム計画を担う「管理職員」と，講座での教育や学習支援を担う「講師」を育成し，「楽齢学習専門職員」の称号を与えている。専門職員になるには，生涯学習や成人教育の学科を有する大学において，大学教員による講習を受ける必要がある。講習は「高齢者教育政策と重点」「アクティブ・エイジングの理論と実践」「高齢者の家庭と人間関係」などの科目に加え，管理職員であれば「楽齢学習の経営と評価」など，講師であれば「楽齢学習とクラス経営」などの科目を履修する[22)]。センターは，称号を得た者を優先的に職員として任用しており，高齢者学習の専門職制度が構築されつつある。しかし，称号を得たことによる給与面など待遇の充実は課題として残されている。

また，センターや楽齢大学での学習活動を経て，高齢者が自主的に学習活動を組織するようになっている。この動きは，これまでのセンターや楽齢大学での学習が，施設側が提供する学習活動を高齢者が享受するという形態であるのに対し，高齢者の自主的な動きである点で注目に値する。この動きを加速すべく，高齢者の自主学習グループのリーダー育成も行われている。リーダーになるには，専門職員の講習科目の一部と，老化理論や自主学習団体の理念などの科目を履修する必要がある。リーダーは，各地域において高齢者学習グループを組織したり，学習支援を行なったり，あるいはセンターや楽齢大学が担えていない疾病や障害などを抱える高齢者に，アウトリーチの方法で学習活動を届けることが期待されている。これまでに講師は878名，リーダーは582名育成されている[23)]。

これら専門職員やリーダーが，高齢者の思いや抱えている課題をいかにくみ取り，センターのカリキュラム編成や学習活動に反映していくのかが，今後，楽齢学習の質を高めていくうえで問われるといえよう。

４．学習者の学習動機からみる楽齢学習の課題

こうした楽齢学習施設で学ぶ学習者の学習動機の多くは，ストレス解消，退職後でも人と交流し社会との関わりを保っていたい，新たな知識を獲得したい，というものである。学び始めてから，体の調子が良いと感じることや，生活が充実した，前向きな考えをもてるようになったなど，心身に良好な影響があると感じて喜ぶ学習者も多い[24)]。

楽齢学習は，高齢期特有の課題を学ぶことや，理論に基づいたカリキュラムであることを重視し，これまでの娯楽やレジャー中心の高齢者学習との違いを示してきた。しかし，高齢者の学習動機からは，高齢者は高齢期特有の内容であることやカリキュラムの高度さゆえに学習しているわけではないといえる。もちろん，センターや楽齢大学が高齢者の特徴に特化した講座を設置していることは，一定の高齢者を惹きつける要因になってはいるものの，高齢者の他者や社会との接点をもちたいという願望や自由な学びの欲望を満たしてくれる場が生活の近くにあることが，最も大切であるように思われる。この意味で，楽齢学習は今後，台湾独自の高齢期特有の教育・学習理論を探究していきながらも，いかに高度で専門的なカリキュラムをおくかより，むしろいかに学習の敷居を下げ，多様な世代の人たちを巻き込みながら楽しい学びと豊かな実践を生み出していくかが重要になるといえよう。

おわりに

以上の楽齢学習の実態の検討から，台湾の楽齢学習は，欧米の学習理論を

もとにし，高齢期特有の課題の学習や学びを社会貢献活動につなげることを重視している点に特徴があるといえる。そして施設の設置形態から，楽齢学習の機会は高齢者の学びだけでなく，子どもや大学生との交流を生み出し，高齢者ではない人びとの学びも喚起する可能性をもつものになっていることがわかる。

台湾では，高齢者の学びの場を社会のなかに多く散りばめ，多くの高齢者が学びによって他者や社会との接点を感じられる環境を整える，高齢期特有の課題と学習理論を把握している職員を育成するという方法で，超高齢社会の到来に向き合っているといえよう。こうした高齢者の教育・学習のあり方を追求していくことで，あらゆる人びとの学習もうながされ，生涯学習全体の豊かさを生み出すことになっている台湾の実践は，同じく少子高齢化が進む日本にも参考になるものと思われる。

【注】

1）国家発展委員会ホームページ，https://www.ndc.gov.tw，2022.3.20.

2）教育部『邁向高齢社会老人教育政策白皮書』2006年，pp.2-3.

3）たとえば，新保敦子「超高齢社会における社会的孤立の克服と高齢者学習に関する考察：日本及び台湾の事例分析から」『早稲田大学大学院教育学研究科紀要』第25号，2015年，1-13，魏恵娟・張弘・張哲嘉「楽齢学習で新たな自分へ：台湾における高齢社会への対応」牧野篤編『人生100年時代の多世代共生：「学び」によるコミュニティの設計と実装』東京大学出版会，2020年，pp.292-310.

4）「第七次全国人口普查公報（第五号）」国家統計局，2021.5.11,「報告：中国将在2022年左右進入老齢社会 応科学応対」https://www.chinanews.com.cn/gn/2020/06-19/9216394.shtml, 2022.4.14.

5）Statistics Korea, http://kostat.go.kr/portal/eng/index.action, 2022.4.14.

6）国家発展委員会ホームページ，前掲，「中華民国人口推估（2020～2070年）」国家発展委員会，2020.8.

7）国家発展委員会ホームページ，前掲，2022.4.2.

8）蔡宏政「台湾人口政策的歴史形構」『台湾社会学刊』第39期，2007年，65-106，行政院『人口政策白皮書：少子女化，高齢化及移民』2013年，p.11，劉語霏「台湾における少子化と教育問題：高等教育の拡大政策と女性の高学歴化に着目する」『家族社会学研

究』第32巻第２号，2020年，213-226。

9）『邁向高齢社会老人教育政策白皮書』，前掲，pp. 8 -11.

10）林振春『社会教育専論』師大書苑，2011年，p.60.

11）同上，p.62.

12）魏恵娟「台湾高齢教育的回顧：前楽齢時代的実践」魏恵娟編『台湾楽齢学習』五南図書出版，2012年，p.18.

13）林，前掲，p.62.

14）『邁向高齢社会老人教育政策白皮書』，前掲，pp.18-19.

15）魏，前掲，p.6.

16）李藹慈「楽齢学習人力的培訓模式」魏，前掲，p.124.

17）魏，前掲，pp.35-36.

18）教育部ホームページ，https://www.edu.tw/Default.aspx，「楽齢学習有活力，村里拓点大躍進」，2022.4.23.

19）教育部「2020年度新北市新店区新和楽齢学習中心簡介」2020年。

20）李雅慧・謝鈴紘「学校透過楽齢学習中心実施代間教育之優勢与困境」『教育政策論壇』第23巻第４期，2020年，99-131。

21）教育部「2020年度教育部補助大学校院辦理楽齢大学実施計画」2020年。

22）教育部「楽齢教育専門職員養成要点」および付録「推動楽齢学習専業人員培訓課程之時数」2012年。

23）教育部楽齢学習ホームページ，https://moe.senioredu.moe.gov.tw，2022.4.23.

24）李秉承・梁明皓・劉由貴「楽齢学習者的学習動機，参与及改変」魏，前掲，pp.217-251，林筱玫「楽齢大学学員学習動機歴程之研究：成功老化的観点」国立屏東大学修士論文，2022年。

高齢者事業団による高齢者の就労に関わる学習

―東京都江戸川区における設立過程を事例として―

工藤　久美子

はじめに

本論では，高齢者の就労に関わる学習について，これまで全国で就労に関する実践と学習の拠点となってきたシルバー人材センターの前身である高齢者事業団の設立経緯と学習目的・学習内容，さらに地域の高齢者組織との連携に焦点を当て明らかにする。特に，高齢者事業団設置の先駆的事例であり，今日においても積極的に高齢者就労支援実践を行なっている東京都江戸川区高齢者事業団について，設立時の実施状況に着目し，高齢者の就労に関わる学習の内実について検討したい。

1970年代以降，日本社会は高度経済成長とともに急速な高齢化が見通されるなか，高齢者の雇用問題について検討が進んだ。1971年に，中高年齢者等の雇用の促進に関する特別措置法が制定されると，1974年には，東京都の事業として高齢者の雇用事業に関する方針が出され，運営が開始された。この組織は高齢者事業団と呼ばれ，一般雇用を望まない高齢者を対象として，その能力と希望に応じて仕事を提供するための組織となっている。上記の通り，高齢者の就労といっても，積極的な失業対策の意味合いより，高齢者の「生きがいを得るための就業」といった福祉的な意味合いが強いものである。これは，現在のシルバー人材センターによる高齢者の就労目的にも明示されている通りであり，高齢者にとっての就労は，生きがい獲得のためのひとつの就労としての福祉的学習活動であるといえる[1)]。

これまで社会教育を行う学習の場としての公民館やコミュニティセンターでは，高齢者への教育は，趣味教養を目的とした，福祉的慰安の傾向が強い実践が中心であった。特に高齢者事業団が設立された1970年代については，久保田治助が指摘するように，高齢者教育は福祉的学習が学習内容として拡大していく時期であるといえる[2)]。その意味において，高齢者の就労は，働く意欲の高い活発な高齢者を対象とした福祉施策だといえる。しかし，人生や生活において大きなウエイトを占めている労働に関する学びは，行政の縦割りも相まって，公民館やコミュニティセンターでは対象とされにくかった。その結果，高齢者事業団は，独自に高齢者への労働に関する学びを行うこととなった。特に高齢者事業団で行う労働に関する学びのなかでも，ハローワークのような働くことへの動機づけに焦点を当て，高齢者の学習意欲が高くなるような学習プログラムと，就労意欲が高い高齢者の居場所としての役割を担っている。

全国に先駆けて高齢者事業団を設立し，モデルケースとなった東京都の江戸川区高齢者事業団（以下，区事業団）は，生きがいを獲得するための福祉実践の意味合いが強いだけでなく，地域づくりの主体としての地域福祉実践であるといえる。それは，区事業団の特徴として，就労と社会参加のための事業団，趣味と教養のための生きがいセンター，地域の老人クラブの活動とを組み合わせて実施したことにある。いわば辻 浩が指摘するように，今日の高齢者の住民自治としての地域福祉の学びのなかで[3)]，この就労に関する学習は重要な学習テーマであると同時に，これまで社会教育領域において特に高齢者の労働に深く検討がなかったことに対し[4)]，新たな視座となるといえるのではないか。

そこで本論では，シルバー人材センターを中心に高齢者の就労現状を踏まえつつ，第一に高齢者の福祉的学習としての先駆的就労支援組織である江戸川区高齢者事業団が設置された背景と経緯，そして第二に高齢者事業団の学習内容・目的と，生きがいセンター，地域の老人クラブとの活動の関係について明らかにする。そのうえで，今日的な高齢者の就労に関する学習の意義について述べたい。

1．江戸川区における高齢者事業団設立の経緯

(1) 高齢者の失業対策と東京都高齢者就労対策協議会

日本で高齢者の就労問題が注目されたのは，1960年代半ばからである[5)]。戦後の緊急失業対策法は，高度経済成長期の労働力不足によって，1964年に一定の技術水準に対応できる若年層と，中高年層に二分化した改正が行われた。1966年には雇用政策の計画的，総合的な推進のために雇用対策法が制定され，中高年の失業対策としては「失業者就労事業」に軽作業部門が設置されている。1970年代には，日本の高齢化社会を想定した法制化が進み，中高年齢者雇用促進法（1971），定年引上げを含む雇用対策法改正（1973），高齢者雇用率制度（1976）が成立し，並行して年金受給年齢の見直しが検討された[6)]。一方で，緊急失業対策事業は1970年代から縮小され，この事業に従事してきた労働者を組織した全日本自由労働組合は，構成員である高齢での就職希望者増に対応した事業の創設を求め，各自治体は高齢者就労事業の取り組みを始めた。

東京都（美濃部都政）では，1974年３月に都失業対策部が担当となって「高齢者の仕事のための施設概要」をまとめ，同年６月に，東京都高齢者就労対策協議会（会長 大河内一男）が設置された。そこでの議論を経て12月には東京都高齢者事業団（以下，都事業団）が発足した[7)]。以上の動きは，都内の60歳以上の人口が100万人を超え，「８万2,500人の高齢者が健康と生きがいのために働くことを希望している」（都労働局調査）[8)]ことに対応したものである。高齢者事業団の目的は，先述したように，「老人はその希望と能力とに応じ，適当な仕事に従事する機会その他社会的活動に参加する機会」という老人福祉法に即したものである。高齢者事業団は，高齢層の失業対策に加えて，日本全体での高齢者比率の増加，自治体の財政上の問題，就労への希望をふまえた事業であった，と捉えられる。その後，1980年には，高齢者事業団に労働省事業としての予算措置がとられ，その運営費が国の補

助対象となった事業団は，シルバー人材センターと呼称されることになった。

⑵ 江戸川区における高齢者事業団の設立

江戸川区は東京東端のデルタ地帯で区内の7割が「0メートル地帯」であり，水害の多発する「東京で一番住みたくない町」と言われた。1960年代までの地域の主産業は，零細な農漁業に加えて，江東区域の中小工場であり，高齢者の多くは65歳給付開始の国民年金に依存していた[9)]。戦後初期から区民が利用していた授産事業終了への不安もあり，高齢者の一部に就労に関する切実な要望が存在していたことが，同区の事業団設立の背景にあった。

都事業団は，計画段階において区長会の賛同を得られず，区市町村での実施事業団の選定も進まなかった。事業化に難渋した東京都は，江戸川区にモデル事業の受け入れを申し入れたが，当時，「労働行政というものは区行政の埒外」[10)]とされ，江戸川区議会でも「高齢者に就労を強いることへの抵抗感」「定年延長要望の障害となることへの批判」「地域の高齢者への働きかけの困難」[11)]が指摘された。区内老人クラブ連合会内でも異論が多かった[12)]。

その後，区の福祉担当者は老人クラブ連合会との協議を進め，60歳以上の区内在住者の半数に当たる17,000人規模のアンケート調査を実施した。その結果，7,000人余の区民から回答があり，「現状での事業団への参加は難しいが将来的に参加を希望する」が全体の6割，「事業団へ参加したい」という回答は926人であった[13)]。また，事業団への参加希望の理由は，「健康のため」（441人），次いで，「小遣い稼ぎ」（208人）であった[14)]。以上を確認して，江戸川区では都の要請に応じている。1975年2月，区事業団の設立総会が開催され，会長には，江戸川老人クラブ連合会会長が選出された。老人クラブ広報，各地区センターでの説明会が開催され，初年度の区事業団への参加希望者は926名，第一期登録者は323名であった[15)]。

1975年4月，区事業団は，都事業団事務局の実務支援と区から300万円の運転資金貸与を得て，区役所内に事務所をおいて発足した。初年度の受注業務内容は，区役所依頼の公園・児童遊園の清掃と植物管理，宛名書き，また，民間からのふすま張替え，家屋の小修理，家事手伝い，植木手入れ，警備等であり，民間専門業者が引き受けない小規模な業務にも対応した。受注は事業団が請け負って登録会員に紹介し，会員は注文主との雇用関係をもたず，事業団との契約が原則とされた。事業開始時の1975年は，登録会員661人，事業収入3,767万円であったが，1985年に放置自転車の再生・販売と民間発注業務の増加によって，年間事業収入は５億５千万円，1997年には10億3,630万円となった。登録会員も1988年に2,000人を超え，1999年には3,251人となった[16]。なお，1980年，区事業団は江戸川区シルバー人材センターに改組され，1985年に江戸川区熟年人材センターに改称されている。

２．江戸川区高齢者事業団の特徴：老人クラブ，生きがいセンターとの関係

江戸川区高齢者事業団での就労に関する学習内容は，技術分野・技能分野・事務分野・管理分野・折衝外交分野・一般作業分野・サービス分野に分かれている[17]。そのうえで，江戸川区では，高齢者事業団の代表を老人クラブ連合会会長がつとめ，事業団事務所と併設された生きがいセンターでは，老人クラブの要望をふまえて講座，自主グループ，区事業団の活動が運営されるという連携を取っている[18]。この生きがいセンターとは，1975年に地域の老人クラブと連携して区事業団が設置し，翌1976年から開講されたものである。設置には，老人クラブ会員1,370人を対象にアンケート調査が行われ，高齢者の趣味を中心としたセンターとなった[19]。

以上のことから，区事業団は，就労に関する学習組織でありながら，老人クラブと生きがいセンターという地域福祉と生涯学習の両面と強く結びついた組織となっているといえよう。そこで以下，⑴ 老人クラブの結成，⑵ 生きがいセンターの順で高齢者の就労に関する学習について検討する。

⑴ 地域の老人クラブの結成

元江戸川区長の中里喜一は複数政党の支持を得た長期区政（1964-1999）

を担った。その区政の特色のひとつとして，社会教育関係団体の活用を指摘することができる。中里は，戦前，東京府職員として江戸川区教育課の社会教育係，青年教育係，教化係長，学事係長を担当し，青年団と青年学校の経営，集団学童疎開のための現地調整，戦後は教育課長として区内新制中学の校舎新設，勤労青年学級の運営を担った経歴をもつ。社会教育，学校教育行政の多様な経験から，助役，区長を務めた際にも，地域の青少年，女性，高齢者団体を重視して行政課題の解決にあたった[20]。区事業団の設置においても，老人クラブという地域ネットワークを活用し，要望を把握する形でその導入を図り，事業団の代表には老人クラブ連合会会長が選出されている。

江戸川区は，1950年代半ばまで，地区町会単位での社会教育関係団体である青年団，婦人会，さらに消防団の組織率が高い地域であった。1950年代以降，社会教育関係団体は減少していくが，1958年に社会福祉協議会の奨励で老人クラブが結成され，1962年には江戸川老人クラブ連絡協議会が結成され

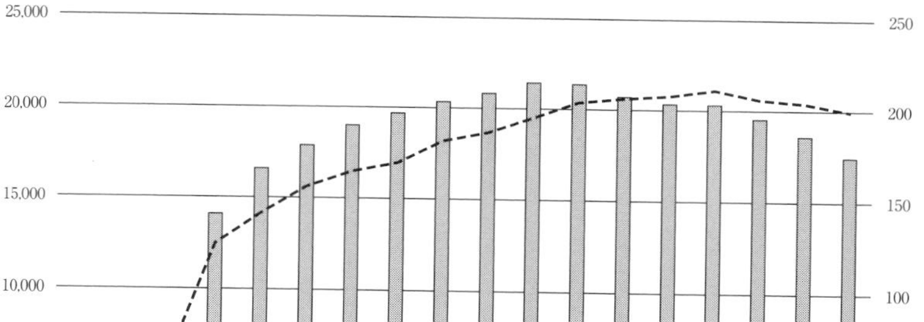

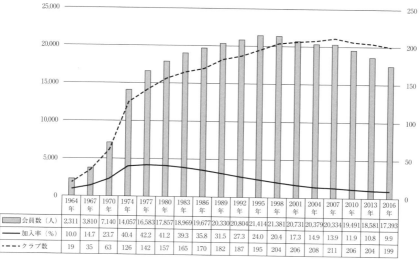

	1964年	1967年	1970年	1974年	1977年	1980年	1983年	1986年	1989年	1992年	1995年	1998年	2001年	2004年	2007年	2010年	2013年	2016年
会員数（人）	2,311	3,810	7,140	14,057	16,583	17,857	18,969	19,677	20,330	20,804	21,414	21,381	20,731	20,379	20,334	19,491	18,581	17,393
加入率（%）	10.0	14.7	23.7	40.4	42.2	41.2	39.3	35.8	31.5	27.3	24.0	20.4	17.3	14.9	13.9	11.9	10.8	9.9
クラブ数	19	35	63	126	142	157	165	170	182	187	195	204	206	208	211	206	204	199

（出典）江戸川区くすのきクラブ連合会編『五十五年のあゆみ』2016年 ,p.86.
・会員数の率は，60歳以上の比率で，毎年４月１日時点のもの
・2001年以降は，外国人登録者数を含む

図１　江戸川区高齢者人口推移と老人クラブ会員数（1964～2016）

た。1964年に江戸川区老人クラブ連合会（区老連）に改称され，例年，芸能大会，作品展示会，若返り体育祭が開催された。

図1[21]に示したように，1958年に区内６か所で発足した老人クラブは，区事業団設立準備が進められた1974年に126クラブ（会員14,057人，区内60歳以上の加入率は40.4％）となり，生きがいセンターが発足した1977年には142クラブ（会員16,583人，区内加入率42.2％）となっている。東京都の区部として，江戸川区の老人クラブ数，加入率は高く，1980年代以降，臨海部への転入者が急増すると老人クラブ加入率は減少していくが，クラブ数そのものは増加し，加入者総数も2000年代まで大きな変化はみられない。

江戸川区では，1970年以降の高齢化の問題を，核家族化，孤独化を含む問題として捉え，地域の老人クラブへの加入を促進し，その活動拠点として各地区センターを準備し，行政サービスの一部もクラブを通じて行われた[22]。老人クラブは，高齢者の孤立を防ぐネットワークとして位置づけられた。

次に，江戸川区の老人クラブの運営要綱[23]について確認しておきたい（なお，老人クラブは，1981年にくすのきクラブに名称変更されている）。

表１　江戸川区老人クラブの運営要綱（1977年）

（目的）第１条 この要綱は，地域の高齢者の生活が健全で明るいものとなるために，自主的に組織した老人クラブ（以下「クラブ」という）の運営基準を定めることを目的とする。 （会員）第２条 クラブの構成は，次のとおりとする。 （１）クラブの会員数は，おおむね30名以上とする。 （２）会員の年齢は，おおむね60歳以上とする。 （３）会員は，クラブ活動が円滑に行われる程度の同一小地域に居住するものとし，その区域は他のクラブと重複しないものとする。 （４）スポーツや趣味の活動を主としたクラブ会員の構成については別に定めるものとする。 （中立性）第３条 クラブは，政治上及び宗教上の組織に属さないものとする。 （運営）第４条 クラブは，会員の総意により自主的に運営するものとする。 — 中略 — （活動）第９条 クラブは，生きがいを高めるための各種活動，健康づくりに係る各種活動その他の社会活動を総合的に実施するものとする。２ クラブの活動は，年間を通じて恒常的かつ計画的に行うものとし，相当数の会員が常時参加するものとする。

上記表１の運営要綱に示されているように，区の老人クラブは，一定年齢を対象とした同一居住地域での30人以上の団体とされ，政治・宗教上の中立性が明記されている。その活動は「生きがいを高めるための各種活動，健康

づくりに係る各種活動その他の社会活動を総合的に実施する」ものとされる。老人クラブの担当は，区では福祉推進課であるが，伝統的な「地域社会教育団体」の性格を備えていることがわかる。区事業団の発足は，老人クラブ組織の拡大を基礎にしたものであったが，その設置・運営も老人クラブと調整して行われ，運営の担い手，参加者の多くも老人クラブの会員であった。江戸川区では，高齢者福祉の基本理念を「生きがい，健康，豊かさ」の３点におき[24]，それらを支えるネットワークとして老人クラブがおかれた。区事業団での就労と社会参加も，老人クラブを通じた高齢者福祉を実現する方法のひとつとして位置づけられた。

(2) 生きがいセンターの開設

1975年に地域の老人クラブと連携して区事業団が開講し，翌1976年に開講準備が進められたのが生きがいセンターである。そのために老人クラブ会員1,370人を対象にアンケート調査が行われ，高齢者の多くは何かしらの趣味をもっていることを確認したうえで，趣味を中心としたセンター開設が決まった[25]。1977年に開設された小岩地区の区事業団事務所を例にとると，１階に区事業団事務所と作業場，２階に生きがいセンター事務所と３教室が設置された。１階の作業場には授産場で行われていた集団作業が可能なスペースが用意された。同様のセンターが，1978年に平井地区，葛西地区，1983年に清新町地区，1985年には西小松川地区に開設された[26]。

生きがいセンターの概要は，以下のとおりである。

①生きがい教室開講のほか，老人相談室が開室された。相談室の運営は区の社会福祉協議会に委託され，専門の相談員が職業，結婚等について対応した[27]。区内では，1965年から「いこいの家」が設置され，福祉センター，区民館に趣味の区画が置かれていたが，生きがいセンターでは，講座，自主グループ，区事業団の活動が一緒に広報された[28]。

②初年度（1977年）は，１年を３期に分けて書道・手芸・革細工等の17科目が設置され，22教室で計1,847名が受講した。受講料，教材費は無料であった。修了後は，富士，日光へのバスハイクが行われ，仲間づくりと趣味

を目的とした10の自主グループが結成されて，講師派遣が行われた[29)]。受講の継続性と仲間づくりの要望から，1983年から全講座が１年コースとなった[30)]。

③1981年の小岩，平井，葛西の各教室の開設科目（教室数）は，手芸（４），書道（７），水墨画（３），つまみ画（２），木目込み（３），盆栽（２），革細工（２），七宝焼（２），ペン習字（３），短歌（１），リボンフラワー（３），園芸（１），俳句（１），造形盆栽（２），民謡（４）であり，総受講生数は1,580名であった[31)]。

講座は，趣味のほか，書道，ペン習字，手芸，リボンフラワー等の実用講座も多い。区事業団の発足当初，依頼業務には「浄書」「宛名書き」「伝票整理」があり[32)]，書道，ペン習字は，業務に結びつくものでもあった。

その後，1985年には，西小松川町に，「生きがいセンター」の中央施設が建設された。受講希望者の増加に対応した３階建てで，１階には，高齢者事業団，２・３階には「生きがいセンター」が置かれ，「歴史」，「茶道」が加わり，18科目77教室と拡充された。1986年から江戸川区の「文化賞」「文化功績賞」「文化奨励賞」が設けられ，褒章は，地域の伝統工芸や文化の継承を重視としたものであり，講座の講師，運営協力者，教室受講者もその受賞対象になった。1987年には，「葛西生きがいセンター」新館建設にともない新名称が募集され，翌年1987年から「くすのきカルチャーセンター」に改称された。これは，老人クラブの「くすのきクラブ」への改称に合わせたものであった。創設20年目の1997年には，くすのきカルチャーセンターは，特別講座として「江戸川区史」や「大正琴」などが開講された。

おわりに

以上のように，先駆的な就労に関する学習組織を作った江戸川区高齢者事業団の設立経緯を概観しつつ，区事業団と生きがいセンター，老人クラブの３者が一体となって連携した運営を行なっている特徴について述べてきた。

今日のシルバー人材センターにおける就労に関する学習は，1986年の高年齢者雇用安定法にもとづいて運営されており，地域の高齢者に関わる組織である高齢者の生涯学習の場や老人クラブなどの地域福祉団体との関係は少なく，独立していることが多い。そのなかで，江戸川区高齢者事業団が当初から生きがいセンターや老人クラブと連携協働で行なってきた理由について，３つの特徴があるといえる。①高齢者の失業貧困問題として，就労に関わる課題に地域住民が直面していた。②当初から高齢者の地域自治が強かった江戸川区では，老人クラブが高齢者事業の中心的役割を担っていた。③就労に関わる学習には，高齢者の個人差が大きいため，仕事と趣味の領域を超えて高齢者自身が選択できるための生涯学習施設を併設した。

①高齢者の失業貧困問題として，就労に関わる課題に地域住民が直面していた，1970年代という高齢者の福祉学習に焦点が当たった時期である。東京都では1960年代後半から社会の高齢化に対応した福祉政策が進められたが，将来の財政措置への懸念から，高齢者福祉のあり様が検討されていた。同時に中小企業の多い江戸川区では，失業や貧困に直面しており，その問題は高齢者に直撃していた。そのような社会状況のなかで「消極から積極福祉への転換」[33]を打ち出した江戸川区では，1975年に区事業団を発足させ，就労という高齢者の学習関心の高いテーマで実践することとなった。

②老人クラブが高齢者事業の中心的役割を担っていた理由として，老人クラブが主体的な学習実践を行いたいという意思が強かったからである。江戸川区は当時，零細企業が多い貧困の高齢者が多い地域であり，高齢者たちが組織的に集う老人クラブは，地域づくりの中心的存在であった。そのなかで行政から一方的に就労に関わる事業が降りてくるということに抵抗を示し，老人クラブが主体的に高齢者の生活実態に即した区事業団の運営に取り組む要望と活動を行なった。そのため，就労に関する学習は，地域高齢者の住民自治や地域福祉と強く結びついたものとなった。

③就労に関する学習に着目し，生涯学習施設を併設した理由は，上記の通り，老人クラブが中心となって区事業団を運営したことによる。今日のシルバー人材センターのなかで行われている学習内容は，就労に関する職業スキルが中心となっているため，高齢者の福祉労働だとしても，実際に働くことに特化したものとなっている。それに対し，生きがいセンターを併設させた背景には，高齢者の趣味教養と労働の２つの学習内容は，不可分なテーマだ

と地域高齢者が考えていたからである。そのため，高齢者が主体的に労働と教養を選択できるための施設を設立し，老人クラブが主体的に運営を行うこととなった。

以上の３点の理由から，江戸川区の高齢者事業団は，就労に着目した高齢者の学習を行なってきた。しかし，江戸川区は人口流入や開発によって，これまでの老人クラブを中心とした高齢者による地域自治の様相が変化してきている。今後の課題は，高齢者の社会参加や地域とのつながりを目指した学習テーマとして，就労に関わる学習を行政と住民の両方の視点から再検討することにある。

【注】

1）例えば，石橋智昭「生きがい就業を支えるシルバー人材センターのシステム」『老年社会科学』第37巻第１号，2015年，17-21，石橋智昭・森下久美・中村桃美「シルバー人材センター会員の加齢と就業」『老年社会科学』第42巻第３号，2020年，209-216など.

2）久保田治助『日本の高齢者教育の変遷と構造』風間書房，2018年，pp.116-119.

3）辻 浩「教育福祉実践を担うNPO・市民活動と公的社会教育：新しい価値観の創造と行政的・市民的承認の地域における結合」名古屋大学大学院教育発達科学研究科社会・生涯教育研究室『社会教育研究年報』第35号，2021年，1-12.

4）日本社会教育学会年報編集委員会編『労働の場のエンパワメント』（日本の社会教育 第57集）東洋館出版社，2013年.

5）萱沼美香「高齢者雇用政策の変遷と現状に関する一考察」『九州産業大学経済紀要』No.48，2010年，2-7.

6）濱口桂一朗『日本の雇用と中高年』ちくま書房，2014年。

7）小山昭作『高齢者事業団』碩文社，1980年。東京都高齢者事業振興財団編『高齢社会に生きる：20周年記念誌』1995年。

8）江戸川区区政情報室区史編集室編『江戸川区政50年史』2001年，p.225.

9）江戸川区編『江戸川区史』第二巻，1976年，pp.654-656.

10）江戸川区熟年人材センター編『設立十周年記念誌』1985年，p.38.

11）江戸川区議会『第３回江戸川区議会定例会議録』1974年９月12日開催議事録，pp.189-190. 同『第３回江戸川区議会定例会議録』1974年９月14日開催議事録，pp.226-228.

12）江戸川区熟年人材センター編，前掲，p.38.

13）毎日新聞「老人が自主管理の職業紹介所」1974年11月14日付朝刊，16面。朝日新聞「老人ク中心に事業団：江戸川生きがい求め発足へ」1974年11月１日付朝刊，20面。東京タイムズ「参加希望者６割強も：高齢者事業団設立で調査」1974年11月１日付，９面。

14）同前。

15）朝日新聞「『老人に生きがい』がスタート：江戸川区高齢者事業団」1975年２月25日付朝刊，20面。

16）江戸川区区政情報室区史編集室編，前掲，pp.203-205.

17）石橋智昭他，前掲論文，p.211における分類とほぼ同じものである。

18）江戸川くすのきクラブ連合会編『二十年の歩み』1982年，p.41.

19）江戸川区広報課『広報えどがわ』No.300，1977年１月10日。

20）小久保晴行『地方行政の達人』イーストプレス，2002年，pp.378-379，および木村秋夫『概説 江戸川区の歴史』郷土歴史同好会，2010年，p.262参照。

21）江戸川区くすのきクラブ連合会編『五十五年のあゆみ』2016年，p.86.

22）江戸川区区政情報室区史編集室，前掲，p.225.

23）江戸川区老人クラブ連合会「江戸川区老人クラブ運営要綱」1977年。

24）江戸川区区政情報室区史編集室，前掲，p.225.

25）江戸川区広報課，前掲。

26）江戸川区区政情報室区史編集室，前掲，p.226.

27）同前。

28）江戸川区広報課，前掲．および，江戸川くすのきクラブ連合会，前掲，p.41.

29）江戸川区区政情報室区史編集室，前掲，pp.225-226.

30）同前，p.226．生きがいセンターは，1987年に区木に由来する，くすのきカルチャーセンターに改称されている。

31）江戸川くすのきクラブ連合会，前掲，p.41.

32）東京労働（新聞）「地道な努力が実る：江戸川区事業団求める“交流の場”」1975年８月10日付，１面。

33）江戸川区熟年人材センター，前掲，p.38.

農山村の協同的地域づくりにおける高齢者の学習

―新潟県十日町市飛渡地区池谷集落の取り組みを事例に―

吉田 弥生

1．研究の目的

地域づくりの主体としての高齢者の問題は，当事者である高齢者が青年期に就職し定年退職するまで地域社会との関係性が乏しいため，退職後の生きがいづくりとして地域参画するためにどのように支援していくのかが論点とされてきた[1)]。しかしこれは，都市部の趣味教養が主である生涯学習の文脈である。農山村では，地域づくりや自治の主要な担い手こそ高齢者であり，高齢者の地域参画を地域活性化や地域存続の視点からも重要な要素として理解することが求められる。現在では，様々な条件不利地域において，地域自治や地域経営に高齢者が参画する先進的取り組みが行われている。これについて，松永桂子が「生涯にわたり，社会に必要とされ続ける」という尊厳を抱くことができる仕組みだと指摘するように[2)]，人手不足による義務感からの参加に終わらない仕組みが模索されてきたといえる。

しかし，多くの農山村において，高齢者が地域自治の主体といわれてきたとしても，予想をはるかに上回る少子高齢化によって，地域活動の縮小や停滞が加速している。こうした現状について，小田切徳美は地域の維持・発展のために，地域づくりを支える地域コミュニティの革新が急務であると指摘している[3)]。具体的には，集落を超えて広域的に様々な性別や世代の住民が個人単位で参加し，さらには都市住民やNPO等も受け入れるというものである。これは，地域の持続可能性を高めるために，多様な人びとの協同が鍵であるとの示唆である。協同を実現するうえで，農山村地域のマジョリティである高齢者が，どのように地域づくりに参画し，他のアクターと関係を構築するかが，地域づくりのあり方に大きな影響を与えるだろう。

以上の問題意識から，本論では多様なアクターがつながりを形成しそれぞれの立場から対等に参画する地域づくりを「協同的地域づくり」と捉え，協同的地域づくりを担う高齢者の学習について考察していく。

2．先行研究の整理と研究方法

先行研究として，農山村の協同的地域づくりと社会教育に関連するものでは，地縁組織への参画に着目して住民の主体性や社会的ネットワークの形成過程を明らかにした研究[4]や，公民館機能を核とする自治の実践における地域内外の協同関係の再構築過程を描いた研究[5]などがある。これらの研究では，高齢者が地域づくりの主体であったとしても，「住民」として年齢や性別の区別なく総体的に論じられてきた。農山村の地域づくりでは，高齢者が主な主体でありながら，高齢者固有の学習としての分析方法は検討が進んでいるとはいえない。他方，高齢者の自治や地域活動における学習についても，活動実態や参画への動機づけのあり方が主に議論されてきたといえるが[6]，地域活動への継続的な参画というものではないため，地域存続としての実装的研究であるとはいえない。

農山村に暮らす高齢者の地域づくりに関わる研究においては，高齢期への移行による役割の変容をふまえて，ともに活動する人びとと主体的高齢者が協同で学習することに焦点化し，学習プロセスを明らかにすることが重要である。

この点を検討するために，堀薫夫の「つながり」概念に着目することは，有用である。堀は，高齢者学習の特徴について「つながり」概念を軸に一般化を試み，学習ニーズを類型化している。そこにおいて堀は「異世代とのつながり」を挙げ，「自身の経験と知恵を次に伝えたいという部分がその根幹にあるだろうし，次世代から同時代に生きることを学ぶという学習もあるだろう」と指摘している[7]。多世代交流による学習の深化という観点から，高齢者が協同的地域づくりを進めるうえで，世代の異なる者のように経験や価値観を異にする者と，学び合いや助け合いの関係性を育むことが重要な視点であるといえる。

したがって本論では，高齢者が誰とどのようなつながりを形成し，どのような役割を担うのか，その役割はいかに変化していくのか，さらにこの過程を誰がどのように支援したのかに着目し分析を行う。

調査対象としては，分析対象としての条件が整っている新潟県十日町市飛渡（とびたり）地区池谷集落において中越地震（2004年）を契機とした地域づくり実践（「十日町市地域おこし実行委員会」〔現・NPO 法人地域おこし〕の取り組み）を取り上げる。分析にあたっては，高齢住民４名に実施した半構造化インタビュー調査（表１）[8]のデータ，当団体が作成した冊子，新聞記事を主に参照する。インタビュー調査の質問項目は，調査①が学校教育・社会教育の経験とその評価，当時の生活状況，調査②が震災以降の地域づくりで印象的だったことと関わりの変化，その理由である。以下，インタビューデータを引用する場合，筆者による補足および調査日は（）で記す。

表１　インタビュー調査の概要　※年齢は，最新調査時の年齢を記載している

	年齢・性別	調査①学校・社会教育の経験	調査②高齢期の地域活動
A	82歳男性	2017年10月24日　於Ａ氏宅	
B	85歳男性	2017年11月９日　於Ｂ氏宅	2022年４月11日　於 zoom
C	84歳女性	2018年８月24日　於Ｃ氏宅	2022年４月11日　於 zoom
D	81歳女性	2017年11月８日　於Ｄ氏宅	2022年４月11日　於 zoom

３．池谷集落における地域の状況と社会教育の特徴

⑴ 池谷集落の概況

池谷集落は標高約300メートルの山沿いに位置する集落で，住民のほとんどが稲作に従事している。1960年には37世帯211人が暮らしていたが，高度経済成長期以降人口が減少し，1969年には28世帯149人になった。中越地震直前は８世帯22人，震災直後は６世帯13名（高齢化率62％）まで減少した。

池谷集落の社会教育関連の沿革について以下に述べる。1951年，中条村（現・十日町市）飛渡第一小学校池入分校に中条公民館池入分館が設置され，分校教師が分館主事を担ってきた。池入分館で行われてきた主な社会教育活動は，戦後に始まった青年団や婦人学級である。青年団は，高度成長期に過疎化が進み，1970年代前後に自然消滅している。婦人学級では，1970年代以前には生活課題に関する学習が行われていたが，それ以降は習字や生け花など趣味に関する講座が中心となった。この学習は2000年頃まで続いたが，人口減少のため自然消滅したという。活動の停滞により，2002年に池入分館は廃止されている[9)]。

地域づくりの発端は，池谷集落に隣接する入山集落（1989年廃村）元住民で通い農業をしているＹさんと入山集落に二地域居住する都市住民が，中越地震で山間部の過疎化が進むことを懸念し，紛争・被災支援を行うNPO法人JEN（以下，「JEN」とする）のボランティア派遣を池谷集落に提案したことである。ボランティア受け入れ団体としてＹさんらと池谷集落全世帯で結成したのが「十日町市地域おこし実行委員会」である。住民たちはボランティアとの交流を契機に集落の存続にむけた活動に取り組み，その成果として移住者を迎え入れ，2014年には８世帯21人（高齢化率43％）まで増加した。

⑵ 地域づくりの前史：高齢期以前に経験した公民館活動と出稼ぎ

まず，池谷集落が地域づくりに取り組む前史として，住民の高齢期以前の経験について２点確認しておく。

第一に，分校教師による地域社会の民主化にむけた活動との関わりである。1948年，池入分校に惣山欣一が赴任し，分校での教育活動のみならず青年団にも関わり地域社会の封建的慣習の撤廃や閉鎖性の打破にむけた取り組みを積極的に進めた。青年たちの多くが惣山に共感し，一緒に活動したことで，経済的格差が住民の関係性を規定する状況から民主化の方向に変化したという[10)]。当時，惣山の教育を受けたのがＡさん・Ｂさん・Ｃさんである。惣山は，「男も女も平等，一緒に（勉強）しなさい」という教育をしたり，「青年団引き連れて（地域外の見学に）行った」りした（Ｂさん，2017.11.9)。それによってＡさんは「みんな一緒になって，みんなで助け合って生きていこうっていう気持ち」(2017.10.24）になったという。このように，地域外に目を向けること，男女や経済的格差による区別をせず対等に接することを，青年期から男性住民が重視してきた点は重要である。

また，当時近隣の集落では，婦人会には年長女性が隠居するまで嫁の立場にある者が参加できない場合が多かったが，池谷集落では民主的な取り組みの影響で，嫁姑問わず婦人会に参加してともに楽しむようみんなが後押しするような文化が育まれていた。池谷集落に嫁いできたＤさんは，「年寄り衆がいらっしゃい（行ってらっしゃいの意：筆者注）と，若い人の会に入れって。(略）みんなね，部落(ママ)で一緒になって（活動した)」(2017.11.8）というように，当時から集落の開放性を感じていた。Ｃさんは，「このむらは嫁さんたちも婦人会に入れてくれた。(略）このむらはね，そのへんはよかったんね。(略）そういう影響を受けているんだんが，あたしらもきっとボランティアなんか自然に受け入れたんじゃないかな」(2018.8.24）と，当時の地域社会の状況が，のちに地域づくりに至る住民意識の素地になったと述べている。

第二に，出稼ぎの経験である。池谷集落では，高度成長期以降，男衆が冬季出稼ぎをするのが通例であった。Ｂさんは，「出稼ぎで色々なところをみんな歩いているから。人を受け入れるっていう気持ちが強いんだ。(略) そんなに昔のことにこだわっているっていうことはないんだよな」(2017.11.9) というように，男性の住民は様々な土地で様々な人や情報に触れる経験を有しており，外部の人や様々な価値観を受け入れる重要性を実感している。

このように，分校教師の支援による学習活動や出稼ぎ経験を通して，外から来た人を受け入れてともに楽しもうという考えが青年期から育まれていたことで，震災で様々な外部の支援者が来た際，多くの集落が「よそ者」という理由で拒むことが多かったなか，池谷集落の住民は警戒心を抱えていたものの，まずは受け入れてみる，という決断につながったという[11]。

4．協同的地域づくりの主体形成過程

(1) つながりと信頼関係の形成：NPO の支援と都市の若者との交流

中越地震直前の池谷集落では，人口の少なさから住民たちは集落存続を諦めていたため，集落の将来について話すことはタブーだった[12]。そこに中越地震が発生し，道路や田んぼが崩れてしまい，2 世帯が集落を離れた。人数が減ったため，この頃から常会など地域の意思決定を行う際は女性を含めて議論するようになり，住民全体で集落をたたむべきかという話もなされた[13]。復興基金等の活用で田畑の復旧の見通しが立つと，残る 6 世帯は集落にとどまることにしたものの，そのうち 4 世帯が高齢者のみの世帯であり，「自分たちの代でムラはなくなってしまう」というのが暗黙の了解であった[14]。

しかし，池谷集落の住民が，不安を感じながらもボランティアを受け入れたことが協同的地域づくりのきっかけとなった。2005年 3 月，住民たちに対して，入山集落の元住民Ｙさんから JEN の復興支援ボランティア受け入れの打診がなされた。住民たちは，「農業を知らない素人」が来たら「かえって田んぼがダメになる」「(無償で) ボランティアをする人がいるの」と思うも，昔馴染みのＹさんからの提案であることと支援内容を理解したことで，警戒心は消えないまでも，迷惑なことが起きたら責任はＹさんが取るという

確認のうえで「池谷は年寄りばかりだ，人手があるに越したことはない，やらせてみよう，ダメだったら引き上げてもらえばいい」という結論に至る[15)]。

支援が始まると，住民のボランティアへの認識は大きく変わった。同年５月から，ボランティアとして主に関東圏の若者が月１回２泊３日最大20名で集落を訪れるようになった。住民たちは作業を手伝ってもらうと，「都会の若者など役に立たないと思ったが，意外に真面目で農作業を教えるのが楽しくなった」（Ａさん）[16)]と，ボランティアが真剣に地域の復旧に協力しようとする存在だと認識し，自分の技術を伝えることにやりがいを感じていった。

若者ボランティアとの交流の深まりは，住民の大きな楽しみとなり，活力を与えるものであった。JEN は被災者の心のケアとしてボランティアが住民の話を聞くことを重視したため，作業のあとに毎回交流会が行われた。住民に負担がかからないようにボランティア中心で準備を行い，毎回自己紹介をするやり方は，高齢の住民でも参加しやすく歓迎された[17)]。住民にとって交流会は「沈みがちな気分を上向きにしてくれた」場で，「若いエネルギーをもらって精神的に活気づいた」という[18)]。また，ボランティア側も交流が楽しいからとリピーターが増えて，両者の間に信頼関係が形成されていった[19)]。

さらに，ボランティアが集落の農作物や山菜料理をおいしいと喜ぶ様子は，住民が山の暮らしの価値を実感する契機となり，集落への自信を高めていった。コメの直販に取り組んだのも，交流会でボランティアから度々提案され，やってみようという機運が高まったからである。ボランティアの１人が勤める会社でテスト販売が行われ，手ごたえを得たことは「この部落を活性化するもとになった」（Ｂさん，2022.4.11）という。直販のためにＡさんは70歳代間近ながらパソコンを購入し，ボランティアから使い方を教わって事務作業に努力した。女性たちもメールの仕方を教えてもらったりした[20)]。

このように，都会の NPO やボランティアの若者という，住民にとって異質な存在とコミュニケーションをとったことで，多くの地域づくり研究が指摘してきたように[21)]，住民たちは地域外の視点から地域の価値の高め方に気づくことができた。さらに，「若者」との交流だったことで，「若いエネルギー」から活力や意欲を高めていることがわかる。特に，若者に技術を指導することが非常に喜ばしいこととして語られており，自分の人生経験や地域を肯定し，その意義を実感する契機となっていたと考えられる。他方で，若者の得意なこと（PC スキル等）を教えてもらうことで，高齢者側も地域づくりを進める技術を得ており，異質だからこそ学び合う関係性が生まれていた。

⑵ 主体性の高まりから地域づくりへ：集落存続に向けた協同

住民たちは，支援が進み田畑が復旧するにつれ，自分達の代で集落を絶やしたくない思いを強めていった[22)]。しかし，集落内で未来の話は避けられてきたため，その思いはなかなか共有されずにいた。こうしたなか，2005年秋に JEN の関係で訪れた市民団体「中越復興市民会議」（以下，「市民会議」とする）の提案で，住民とボランティアで集落の宝を探す「宝探し」と，それを踏まえて今後について話し合うワークショップ（以下，「ＷＳ」とする）に取り組むことになった。「宝探し」では，改めて住民にとって当たり前だった自然や文化の価値が確認されただけでなく，ボランティア側から「地域の人びとが何よりの宝物」と語られ，住民側も「来てくれる皆さんが宝物」と，両者の厚い信頼関係が確認された[23)]。市民会議のスタッフは毎月通って，先進事例の勉強会や集落の宝マップの作成などの支援を行いつつ，ＷＳで「皆さん池谷をどうしたいですか？」と住民に何度も問うていった。すると，2006年６月のＷＳで，「本当は，この村をなくしたくない」とＡさんが述べて，他の住民も強く賛同し「よその人でもいいので集落を継いでくれる人に来てもらいたい」という存続への思いが全体で確認された[24)]。そして，池谷集落の目標は「ムラを絶やさない」こと，そのために「いつか村を法人化して，持ってる田んぼも機材も預けて，若者の農業を応援」することとなった[25)]。

このように，地域の価値や地域資源の意識化がなされたこと，若者ボランティアとの厚い信頼関係が育まれたことで，よそ者でもここに住みたい人に集落を任せたいという存続への思いが，ＷＳを契機に集落全体で共有された。

この時から，「後継者が暮らせる環境」として仕事と住まいを準備するべく，コメのブランド化と直販事業の本格化，空き家の整備がすすめられた[26]。これらの活動は，様々な支援団体から構想の現実化に向けた助言を受け，Ｙさんらが事務仕事を下支えしたことで着実に展開していった。

その結果，ボランティアや農業体験の参加者のなかから，池谷集落が本気で外部から後継者を求めて取り組む姿勢に刺激を受け移住する若者が出てきた。2009年には30代男性が地域おこし協力隊として家族連れで移住，2011年には20代女性が２名移住し，そのなかには十日町市地域おこし実行委員会のスタッフとして関わる者や，農業に取り組む者がいた。また，2012年度からインターンの受け入れを開始し，インターン後に移住する人も出てきた。

こうして，高齢住民がコメづくりと集落の文化を伝える最前線の実践者としての役割，若者スタッフが農作業の手伝いやコメの販売，農業体験の事務を担う役割分担が回り始めた。若者の移住が続いた当時，Ｂさんは「若者の移住でムラを残す希望が見えた。この地が好きでやって来る人には自分の技術や知恵をすべて伝える。ムラの文化や営みを引き継いでもらいたい」との役割意識を抱きつつ，70歳代なかばながら農業を続けて「若者に負けずまだまだ頑張る」[27]と意気込みを新たにしていた。

しかし，住民の高齢化に伴い，両者の役割の変更が生じざるを得ない。それを自覚させられる以下の出来事が起こった[28]。2011年春に最長老の住民が体調を崩して農作業ができなくなり，耕作していた田の管理を市内の農業法人に任せたところ，自分でできる作業も契約上一切関与できなくなった。このことは高齢の住民たちに自分たちの求める集落営農の仕組みづくりを進める必要性を認識させた。若者スタッフで稲作ができる受け皿づくりの要望が出始め，2012年末には，集落営農にむけた話し合いが本格化した。すると，住民たちは高齢ながらもまだ現役で農作業ができたため，特に生きがいであるコメづくりは各自こだわったやり方でできるかぎり続けたいことが明らかとなった。まずは畑作の共同化から始めて，徐々に集落の田んぼを団体で受け入れて，少しずつ若者中心の営農に向かっていくこととした。こうして，ゆくゆくは高齢で一連の農作業が困難となった住民から農地を団体が借りて若者スタッフ中心で耕作するという，高齢者ができる範囲で手や口をだせて，生きがいや張り合いを感じられる仕組みづくりが目指された[29)]。

このように，若者ボランティアとの信頼関係が構築されたこと，支援団体が時間をかけて住民の集落への思いに耳を傾けて様々な提案をしたことで，住民の本当の願いが浮かび上がり，集落の存続を集落全体で目標とするに至った。その後も支援団体の助言をふまえて実践に取り組み移住者を迎えたことで，高齢の住民は農作業の技術や文化の実践者かつ若者への継承にむけた役割を意識的に担い，若者スタッフは農業の見習いと事務仕事の支援という位置づけになった。

(3) 支えられる側への転換と後方支援の役割へ：老いによる変化

震災当時70歳手前の住民たちは，2022年現在80歳代半ばをむかえた。住民の高齢化に伴い，若者スタッフの役割は地域づくりの中心的担い手に移行し，高齢の住民は助言者に徹していることが，以下のとおり確認できる[30)]。

高齢の住民は，パートナーをなくしたことや体力が衰えたことでできる仕事の範囲も狭まっており，「今，村ん衆（高齢住民：筆者注）はなんにもできないから，みーんな来た人（移住者：筆者注）が全部役を持ってなんでもやってくれる」（Cさん）状況で，「(集落存続の）計画がほとんど実行されたような状態」（Bさん）だという。生活面でも，この地域は豪雪地帯のため冬季の雪ほりが必須だが，高齢の住民たちは若者スタッフから家の雪ほりをするから集落に居てほしいと要望され，支援を受けながら集落で暮らしている。

実践も生活も多くのことを若者スタッフに任せているが，高齢の住民たちは「若い人達ばかりだとわからないこともある」（Dさん）からと，助言者として見守る役割を担おうとしている。その際，Bさんは「時代に沿った考え方もあるから，今の若い人達じゃダメなんてことは言っちゃダメなんで。結局は『おら，こういうことをやってきたんだよ』っていうことだけを教えたい」と考えていたり，Cさんも意見を押しつけて「けんか」しないようにしつつ「自分の気持ちを伝えるのを継続しながら，若い人達と交流しながら

(ここで暮らしたい)」(Cさん) と言う。若者を尊重しようとする背景には，ともに地域づくりに取り組んできたことへの信頼感に加えて，生活面でも「面倒みてもらっている」(Dさん) ことへの感謝と配慮もあるという。

このように，高齢の住民は生活上の困難が増えて若者スタッフの支援を受ける機会が増えたこともあり，若者の意見を尊重して対立しないように配慮する姿勢が高まっており，次世代らしい継承の仕方を見守る役割を担っている。

5．本研究から得られた知見と課題

以上の検討から，農山村における協同的地域づくりにむけた高齢者の学習について得られた知見を3点挙げたい。

第一に，高齢者の学習には，地域の相対化につながる開放性をどのように高めていくかという視点が求められる。池谷集落が開放的であったのは，以前から高齢者が，青年期から民主化の学習に参加したり，出稼ぎによる交流を通して，地域を相対化する視点や，誰もが対等に出会いジェンダーや経済的格差，世代を超えてともに生きる態度を養っていた影響が大きい。

第二に，異質な存在との学びあいの関係性や信頼関係の形成を支援することの意義である。NPOの支援により，高齢の住民にとって都市の若者という異質な存在との交流が行われたことで，地域の価値の意識化を引き起こし，また，活動を通した学び合いは生きがいや楽しさの実感を与え，両者の間に信頼関係を育んだ。復興支援の市民団体による宝探しやＷＳは，地域の価値や信頼関係の再確認に寄与し，集落の未来を住民全体で描く力量を高めていた。

第三に，学習によって，高齢者とともに活動する者の双方が，役割の変化に応じて関係性を変化させていくことである。池谷集落に移住した若者との協同の地域づくり実践では，開始当初，高齢者が若者に教授する役割が強かったが，高齢者の体力の衰えを予期してから，話し合いによって新たな役割と関係性について合意形成がなされた。その後，高齢者は若者の生活サポートが必須となり，若者を積極的に尊重し，支援者の役割へと変容した。

本事例で，高齢者が状況に応じて立場や役割を変えつつ地域づくりに関わり続けたことは，実践を通して意識変容が起こり，それによってまた実践が展開するという，学習と実践の循環的発展があったからだといえる。本論では，高齢者自身とともに活動する者の双方が納得して新たな関係性を見出していくための学習の意義を明らかにしたといえる。

【注】

1）文部科学省・超高齢社会における生涯学習の在り方に関する検討会編『長寿社会における生涯学習の在り方について』2012年。

2）松永桂子『創造的地域社会』新評論，2012年，p.215.

3）小田切徳美『農山村再生は消滅しない』岩波書店，2014年，pp.78-80.

4）蜂屋大八「中山間地域コミュニティにおける社会関係資本形成と住民の学習の関係性：山形県最上郡金山町を事例として」『筑波大学教育学系論集』39巻，2015年，59-72や，荻野亮吾『地域社会のつくり方』勁草書房，2022年，pp.140-195等.

5）内田純一「社会教育の再編と地域自治・住民自治：中山間地域における公民館機能の再生」松田武雄編『社会教育・生涯学習の再編とソーシャルキャピタル』大学教育出版，2012年，pp.86-106.

6）久保田治助「限界集落における地域運営と高齢者の自治：鹿児島県の中山間地域公民館を事例に」『鹿児島大学教育学部研究紀要』第72巻，2021年，201-211や，荻野亮吾「地域における高齢者学習」堀薫夫編『教育老年学』放送大学教育振興会，2022年，pp.212-229等。

7）堀薫夫「高齢者学習の特徴」同編『教育老年学』，前掲，p.118.

8）このインタビュー調査は，日本社会教育学会倫理宣言を遵守し，NPO 法人地域おこし事務局に調査依頼を行い，了承が得られた協力者に筆者によって実施されたものである。調査①は筆者が自宅訪問し約２時間，調査②はＢ・Ｃ・Ｄさんが事務所に集合し合同で約２時間実施した。

9）Ｃさんへの聞き取りにもとづく（2018年８月24日）。

10）多田朋孔・NPO 法人地域おこし『奇跡の集落：廃村寸前「限界集落」からの再生』農文協，2018年，p.14．また，Ａさんへの聞き取りにもとづく（2017年10月24日）。

11）Ｂさんへの聞き取りにもとづく（2017年11月９日）。

12）（特活）十日町市地域おこし実行委員会「新潟県中越大震災からの復興のあゆみ 水の

ふるさと いけたに・いりやま」（パンフレット），2012年，p.2.

13）Ｂさんへの聞き取りにもとづく（2022年４月11日）。

14）多田他，前掲，p.21，p.34.

15）山本浩史「限界集落から『奇跡の集落』へ」日本政策金融公庫 農林水産事業本部『AFC フォーラム』2014年４月号，p.29.

16）「地域再生・震災が問う」日本経済新聞，2012年１月26日付朝刊31面。

17）多田他，前掲，p.28.

18）「地域おこし集落一丸」新潟新聞，2005年11月12日付朝刊11面。

19）多田他，前掲，p.30.

20）山本，前掲，p.31.

21）小田切（前掲）や，結城登美雄『地元学からの出発』農文協，2008年等。

22）山本，前掲，p.30.

23）多田他，前掲，pp.31-33.

24）同上，pp.34-35.

25）「限界集落へ若者Ｉターン」毎日新聞，2011年２月24日付夕刊６面。

26）多田他，前掲，pp.34-35.

27）妻有新聞，今週の津南新聞トピックス「『奇跡の池谷』，NPO で地域活動，集合住宅も」（http://www.t-shinbun.com/cgi_news/bn2011_12.html）2022.6.9.

28）この出来事に関する記載は，多田他（前掲，pp.84-90）にもとづく。

29）「若者は農村に向かう」『月刊農業くまもとアグリ』2013年７月号，pp.52-54.

30）以下のインタビューの引用はすべて2022年４月11日聞き取りより。

認知症者をめぐる教育事業に教育関係者が関わることの意味

—欧州における生涯学習関連施設を利用した事例からの考察—

鈴木 尚子

はじめに

高齢化の進展とともに，国内外において未曽有の多岐にわたる問題が顕在化しつつあるが，なかでも甚大な社会的コストとの関係から最も解決が急がれる課題が認知症者[1)]への対応である。認知症者が急増するにつれ，たとえ症状が進行しても，かれらが住み慣れた場所で暮らし続けるために，異業種・異職種の人を交えた認知症にやさしい地域づくりが各地で推進されている。

在宅医療・介護が進展する今日，地域で暮らす認知症者も増加傾向にあり，そのなかには，自覚症状の有無にかかわらず，症状が進行しても社会教育施設を利用する者も存在する。自己の意思で利用する者は，初期の段階までであることが多いが，記憶や見当識等の学習活動に不可欠となる認知機能が徐々に低下することにより，学習の継続には困難が伴う。さらに，運営者側やその他利用者に認知症者への正しい理解と対応力がなければ，既存の体制のまま受け入れても，当人の症状を悪化させる場合もある。また，認知症の介護者は，その他疾病の介護者と比べて負担が重いが，医療・福祉関係者からはかれらへの精神的な支援に十分な関心が注がれていない。こうした状況において，諸外国の先進地域では，認知症者に対する教育事業が生涯学習に関わるプログラムに位置づけられ，教育関係者[2)]が主体的に企画・運営を担い，認知症者だけでなく，介護する立場の人びとに対する学習支援も視野に入れながら，施設の特性を活かして成果を上げている事例が存在する。

わが国では，当該事業の施設利用において，医療・福祉関係者が先導する場合が多く[3)]，教育関係者自身がその専門性を活かし，いかに主体的に関わることができるのかについて，十分な議論が行われていない。そこで本論は，欧州の生涯学習関連施設において認知症者をめぐり提供される教育事業をもとに，教育関係者がそこに関わる意味に着目して考察することを目的とする。

以下では，欧州生涯学習関連施設における当該事業をめぐる動向を概観したあと，EU の生涯学習プログラムの事例として，野外博物館を活用した認知症者をめぐる教育事業を取り上げ，教育関係者が関わることの意味に着目しながら考察する。

１．欧州の生涯学習関連施設を利用した認知症者をめぐる教育事業の概況

少子高齢化が世界に先駆けて進行する欧州では，認知症についても，医療・福祉関係者だけでなく，異分野の専門家による協力を得て，学際的な側面からの対策が講じられてきた。とりわけ近年，人材開発と生涯学習の資源として図書館と博物館が注目され[4)]，認知症にやさしい地域づくりの進展[5)]に伴い，教育関係者が主体となってその対策に取り組む事例も増加しつつある。

図書館では，国際図書館連盟（International Federation of Library Associations and Institutions, 以下 IFLA）により，2007年に「認知症者への図書館サービスのガイドライン（Guidelines for Library Services to Persons with Dementia）」[6)]が発行され，これを契機に図書を通じた認知症者への介入に関する実証研究や図書館資料を活用した教育事業の実践例は各地でみられている。例えばオーストリアでは，図書館資料を活かした生涯学習の機会が高齢者の認知機能に及ぼす影響に関する実証研究がみられる[7)]。また，図書館自体を認知症にやさしい空間として物理的に改良する動きもあ

る[8)]。

博物館においては，館内に所蔵されている豊富な地域資源を活かした認知症者および介護者への特別な教育事業の実施や，特定地域に存在する複数の博物館職員を対象にした認知症への正確な理解促進や知識普及に向けた職員研修も実施されている[9)]。前者においては，来館する“人”に対する博物館の社会的役割[10)]が重視され，綿密に練られた教育事業を実施する博物館が，欧州をはじめ世界各地で2000年以降増加する傾向にある。

図書館・博物館以外の関係施設の事例として，パーソンセンタードケアの発祥の地である英国・ブラッドフォード市にある成人・継続カレッジでは，学外の地域住民を対象にした認知症に関する知識普及・理解促進を目的とした無料講座，市内の小中学校・企業・各種団体に対する同種内容の出前講座，学内の全構成員に向けた認知症への対応力向上研修等の提供が行われている[11)]。また，同カレッジでは，教育機関であることを活かし，認知症当事者を含めた地域住民に当該テーマに関する議論と研修のための“場”を提供することによる，異業種・異職種間連携を通じた認知症にやさしい地域づくりの推進やそのための関係団体への働きかけ，各種表示の拡大化等による物理的空間の再整備等も行われた。このほか，英国東部のノーフォークシャーでは，管轄自治体の成人教育担当部署（Norfolk Adult Education Services）により，認知症者を含む，通常の教育事業への参加が困難な高齢者に対し，1990年代から回想法を通じた学習支援が当地の成人教育施設で行われてきた[12)]。

2．認知症者をめぐる教育プロジェクトAHAの概要と事例

以下では，認知症者をめぐる教育事業の代表的事例として，欧州５か国の野外博物館関係者が協働して認知症者とその介護者を主たる対象として実施した教育プロジェクトを取り上げる。筆者は，このプロジェクトにおいて，認知症者への教育事業に実績のある国として参加したスウェーデンおよびデンマークにおいて，2017年７月に現地調査を行なった[13)]。以下にその概要を示すが，特に注釈のない箇所は，関係者との面談や私信によるものである。

(1) 認知症者をめぐる教育プロジェクトAHAの概要と理念

2014年9月から2017年8月までの3年間，諸能力が低下しつつある認知症者およびその介護者を対象とした「成人学習におけるアクティブ・エイジングと受け継がれるべき伝統（Active Ageing and Heritage in Adult Learning, 以下 AHA)」と題するプロジェクトが，EUの生涯学習プログラムの一環であるエラスムスプラス（Erasmus+）・プログラムに採択され，実施された[14)]。プロジェクトのパートナー団体は，スウェーデン，デンマーク，ノルウェー，ハンガリー，英国にある野外博物館と，スウェーデンのリンネ大学，デンマークのオーフス大学，英国のニューカッスル大学である。これらの野外博物館においては，中世から現代までの都市や農村の生活風景がその時代の家屋や建物とともに再現されている。そこでは，各館のボランティアや職員の一部が，担当する年代の職種や当時の社会の様子，来館者への接遇方法等について研修を受けたうえで，該当年代の衣装を身にまとい，来館者をその時代に誘う。

参加した各博物館では，AHA開始前から，認知症者に対する教育事業が独自に提供されていたが，本プロジェクト期間はフォーマットを共通のものとすることで，5か国に共通した評価指標で対象者の観察が試みられた。対象となった認知症者総数は全館で132名（年齢中央値80.32歳），介護者は75名に上り，施設により割合は異なるが，家族介護者により同伴された個人による来館と，職員に同伴された高齢者施設の入所者数名による来館がみられた。本事業による肯定的変容は，認知症の進行度合や行動・心理症状（Behavioral and Psychological Symptoms of Dementia）の有無にかかわらず観察される傾向にあるため，それらによる参加制限は設けられていない。

AHAの主な目標は，野外博物館の潜在能力を活かした回想法による学習機会提供を通じた，認知症者および介護者のQOLとWell-beingの向上にある。認知症が進行すると，実効性のある機能が消失し，とりわけ特定の場所と時間に関係した自伝的記憶（自身の生活のなかで経験した様々な出来事に関する記憶）の想起能力が低下し始めるが，この能力低下はアルツハイマー型認知症の人びとにおいてより顕著であり，症状が進行するにつれ，それが当人のアイデンティティを喪失させ，QOL 低下につながる[15]。しかし，過去のある時点で脳に刻まれた自伝的記憶は，想起が困難になっても晩年まで残っている。よって，当人がすぐには想起できないが，脳の中には存在する特定の過去の場所や時期に関する記憶を想起させやすい包括的環境を，野外博物館の人的・物的資源を活かして準備し，当人の自発的で自然な記憶想起を促すことが本事業の理論的背景としてある[16]。また，多くの高齢者にとって自伝的記憶の数のピークが10代後半から20代前半に集中する現象（reminiscence bump）が認知症高齢者にも該当することから[17]，対象者がその年代であった頃の建物の使用と屋内の忠実な再現が重視され，これにより自伝的記憶がより詳細かつより多く想起されることも期待されている。この効果を最大化するため，各館では対象となる認知症者の個別性に配慮し，博物館職員が事前に参加者が入所する施設職員や家族介護者と綿密な打ち合せを行なっている。

以上に併行し，AHA では，現職の医療・介護専門職や同職を目指す学生および館内でのボランティアに対して，博物館職員により，野外博物館の機能やその役割，博物館敷地内の建物を活用した認知症者への接遇方法や自宅でも再現可能なモノを通じた効果的働きかけ等に関する研修が提供された。これに先立ち，博物館の管轄自治体における介護福祉課や大学の医療関係者より，博物館職員に対して認知症者への対応力向上研修も提供されている。

⑵ 教育プロジェクト AHA の具体的流れ

各館の特徴は異なるが，AHA のセッションにおける共通したテーマは「一晩のお出かけ」もしくは「特別な日」に設定された。プログラムの流れとしては，まず博物館内の特定の場所において，認知症者およびその介護者数組が回想される時代の衣装を身にまとった博物館職員に出迎えられ，国ごとに異なる挨拶を経て，認知症者の自伝的記憶が最も残る時代（1940～1950年代頃）の建物に招き入れられる。つぎに認知症の参加者は，お茶の準備をしましょうと誘われ，自らコーヒーの豆を挽いたり，テーブルの上を整えたりする。その間に博物館職員は，かれらが自らの行為によって周囲の人びとに必要とされていると感じていそうかどうか，またその空間が演出できているかを確認する。その後お茶の時間になるが，その際に博物館職員から，現在いる建物の特徴や時代背景について説明があり，参加者にとってその空間が意味あるものとして実感できるよう働きかける。その後，あらかじめその空間に用意された当日のテーマにちなんだモノ（劇場のチケット，公演プログラム，レコードと蓄音機，化粧品，煙草ケース，ダンスシューズ，ストッキング，剃刀，ハンドバッグ，帽子，ヘアジェル，香水，携帯用酒入れ，手袋等）にも関心を向けさせ，参加者はそれらを自由に手に取り，身に着けたり，匂いを嗅いだり，試したりと五感を使って味わう。また，参加者の個別性に合わせた様々な小物が用意され，参加者は自身の記憶が最も残る時代に没入できるよう工夫が凝らされている。さらに，その場に置かれた古いピアノを用いた歌唱や音楽鑑賞の機会も提供されることが多く，参加者が実際に出かけたような疑似的空間が演出される。こうして博物館職員は参加者の自由な発言や周囲の人びととの交流を促し，その様子を観察する。最後に記念となるモノ（一輪の花や植物の葉，絵葉書，写真等）を参加者に手渡し，別れの挨拶をして見送る，という流れを90〜120分以内で終える。各館により回数は異なるが，複数回のセッションが行われる場合もある。

例えば調査をした野外博物館 A の場合[18]，北欧では博物館は生涯学習を提供するのに最適な場所であると認識されていることから[19]，障がい者や高齢者等特定の対象者への教育プログラムの実施により，その機能を最大限に活かす努力が払われている。同博物館は，地域に根ざす歴史を体現する施設として，多くの場合地域住民の日常生活を鼓舞し，またモノの収集においてはかれらの協力も得ながら運営されている。認知症者への教育事業においては，当初は障がい者も含めた世代間交流事業を担当していた学校教育および成人教育の教育事業担当者が，野外博物館が記憶想起に対してもつ潜在的可能性に関心を寄せていた。この新事業実現に向け，同担当者が近隣の大学に設置された高齢者問題研究所に対して2008年頃から職員およびボランティアへの研修に関する協力を呼びかけ，自身も同大学で認知症に関する医療・介護の面での知識を得るための研修を受講した。一方，博物館職員からも，看護師等の医療従事者に対し，社会的不利益層の来館者に対する地域資源を活かした接遇方法等に関する研修が提供された。

同博物館からは，18名の自宅で暮らす認知症者と９名の介護者（家族介護者２名，介護専門職７名）がAHAに参加し，合計８回のセッションが実施された。参加者は田園風景を五感で味わったあと，1940～1950年代の各種のモノが忠実に再現された家屋内に招き入れられる。そこには例えば，当時の家具や食器類，新聞紙面をそのまま再現したもの，地域住民から寄贈された地名入りの古いピアノ等が置かれている。同館では，個別性が重視され，対象者ごとに記憶想起が促されやすい内容がファイリングされている。同博物館は当初，国内の５つの博物館と協働し，認知症者数名とその介護者を対象にした教育事業を実施していたが，AHAの開始により諸外国の博物館とも連携を開始した。同種事業に数年の実績のあった同館は，成人教育を専門とする職員がAHAでも先導的役割を担い，全体の統括に貢献した。

３．AHAの成果と認知症をめぐる教育事業に教育関係者が関わることの意味

(1) AHAの成果

AHAの成果として，各館の事業担当者が実施した，参加した認知症者への半構造化インタビュー調査，博物館職員であるファシリテーターへのアンケート調査，介護専門職および家族介護者を対象にした認知症者の変容およびプロジェクトを体験したことによる自身の変容に関するアンケート調査の結果が報告されている（以下，おもに本報告にもとづいて述べていく）[20)]。同調査では，認知症者にWell-beingの向上をもたらす４つの評価指標として，①当事者の興味，②肯定的な影響，③維持される集中力，④自尊心が挙げられ，介護者およびファシリテーターへのアンケート記入用紙には，以上の観点からの質問のほか，自由記述の欄が設けられた。また，認知症者の観察においては，教育の分野から独自の共通理解をもつ必要があるため，英国のアーツ・カウンシル（Arts Council）が2008年に開発した「あらゆる人びとへの啓発的な学習（Inspiring Learning for All)」と呼ばれる，学習に関する枠組みにおける解釈[21)]が採用された。その解釈とは，「体験とともも

に，前向きに関わろうとするプロセス」「周囲の物事に意味をもたせるために人びとがとる行動」「自身のスキル・知識・理解・価値・考え・感情を発展させたり深めたりすることを含む可能性もあるもの」「もっと理解したいという動機により，変化・発達・欲望を導く可能性のあるもの」を指す。したがって，この解釈に照らし，認知症者の行動にわずかでも肯定的変容が観察できれば，かれらにとっての“学習”に効果があったとみなされる。

同調査によれば，認知症者に対する半構造化インタビュー調査では，全般的傾向として，“お出かけ”する機会を楽しいものとしてとらえ，その間に，過去の記憶が想起され，肯定的感情が蘇ったことが述べられている。かれらのうちの多くは，感情を正確に言葉で表すことが困難になりつつあるが，例えば，プログラムによって多くの記憶が蘇ったというある参加者は，「何がプログラムにおいて最も印象的だったか」という問いに対し，「すべての人やモノが…つなぎ合わされたように揃っていて…あるべき場所にちゃんと置かれていて，その時代そのものが再現されていること」を挙げ，それにより「まるでその時代に戻ったような気持ちになった」と回答している。また，ファシリテーターおよび介護者からの回答によれば，観察に用いた4つの評価指標については，各館により結果に若干の差異はみられるが，参加した認知症者におおむね肯定的変化があったとする回答が多数を占めた[22)]。

介護者およびファシリテーターが回答した自由記述には，「博物館の包括的環境を活かした教育事業の効果は確実にあり，それは認知症者がセッションの場所を訪れるとほぼ即時に起こる自発的反応であった」「『博物館に出かける』という行為そのものからも影響を受けているようであった」「参加後も，認知症者はセッション中の出来事を想起し，肯定的な関心とともに話す傾向にあった」等の回答がみられた。とりわけ認知症者は，高齢者施設や自宅では他者につねに支援される側であり，受け身の姿勢でいることが多いが，本事業により，自身の記憶が想起され，それを他者と共有し，意味のある文脈で時間を過ごすことにより，自分が他者に影響を与えられる存在であると実感し，自尊心を回復することが肯定的評価の理由になっているという。

さらにAHAでは，博物館職員により医療・介護従事者や同職を希望する学生ならびに家族介護者にも研修が提供されたが，それについても肯定的評価が９割を占めた。アンケートの自由記述では，介護専門職および同職志望者の多くが，「参加したセッションは，自身の個人的な学習経験としても非常に価値があり，野外博物館を活用した五感に訴える認知症者への対応や支援方法について新しい知識を得た」と回答した。また，AHA は高齢者施設で行われる簡易的な回想法をはるかに超える効果があったため，博物館による研修の継続を望む記載もあった。他方，参加した家族介護者からは，研修の利点として「認知症者にとって，ある一つの特別なモノがいかに効果的な回想につながるかがわかった」「認知症者が笑顔になった」「認知症者が以前には決してみられない話し方をし始めた」「すべての参加者がプログラムに関わりを見出している」「すべてのモノに触れることを許された」等の感想がみられた。かれらは十分な支援や訓練を受けておらず，当人との間にどのようにして意味ある交流を見出すかが課題であったが，研修からそのヒントを得るとともに，他の介護者と出会う機会も貴重であったと述懐していた。

⑵ 認知症をめぐる教育事業に教育関係者が関わることの意味

AHA に関する筆者の調査および関係者の報告書から，認知症者をめぐる教育事業に教育関係者が関わることの主な意味として次の諸点が挙げられる。

第一に，野外博物館をはじめとする生涯学習関連施設には，地域に根差した人的・物的資源が豊富にあり，それを熟知した専門性を有する人間がこれらを効果的に活かすことにより，認知症者の症状改善に有益な環境を提供できるということが挙げられる。例えば AHA の事例では，参加者の個別の経歴や関心について，当人をよく知る関係者から事前に聴き取った博物館職員が，当人の自伝的記憶が最も多く残る時代にねらいを定め，地域で集積された人的・物的資源により，記憶を効果的に蘇らせる包括的環境を整えることに注力していた。

第二に，教育関係者が当該事業に関わることにより，認知症者を現時点でおかれている状況からのみとらえるだけでなく，過去とのつながりも踏まえ，当人の生涯にわたる長い時間軸上の発達という観点からとらえることが可能となる点が挙げられる。例えばAHAでは，参加する認知症者の自伝的記憶を効果的に引き出すため，博物館職員が当人の過去の経歴を事前の打ち合わせで入念に聞き出し，個別性に配慮していた。これにより，認知症者は失いつつあった自己を短期間であっても取り戻しているが，こうした過去と現在のつながりを効果的に当人に認識させることは，かれらの日常生活を支援する高齢者施設ではむずかしく，博物館の環境だからこそ実現できるものだという[23]。

第三に，教育関係者が関わることにより，認知症者だけでなく，周囲に存在する人びとの学習も視野に入れ，それぞれの学習機会が価値づけられていることが挙げられる。例えば，本論でみたAHAでは，認知症者だけでなく，同伴した介護者，看護師等の医療従事者，医療・介護分野の学生やボランティアへの学習機会も同時に提供されており，それぞれの学習プロセスが尊重されていた。これには，教育事業に成人教育，学校教育の有識者が関わることにより，異なる立場の参加者が事業を体験するプロセスを，それぞれの人間形成の観点から重視していることも影響している。この過程で，例えば介護者においては，より認知症者を理解しやすくなるとともに，自身のあり方を振り返り，認知症者と自らの以後の関係性に活かす機会も考慮されている。

本論の事例から観察された教育関係者が当該事業に関わる意味は以上であるが，これら以外も含め，その可能性は多岐にわたることが推察される。

おわりに

本論は，欧州における生涯学習関連施設の認知症者への教育事業を概観するとともに，野外博物館の事業を取り上げ，そこに教育関係者が関わる意味について考察した。その結果，豊富な地域資源の効果的活用による包括的環境の整備，認知症者の変容を生涯発達の観点からとらえる教育的アプローチの採用，認知症者をめぐるすべての人びとを学習者として長期的にとらえる視点の存在がその意味として析出された。こうした背景には，欧州の福祉先進国における社会的不利益層への教育事業における長年の蓄積，教育関係者による当該課題への熱意と医療・福祉関係者との対等な協力関係，認知症にやさしい地域づくりを学際的な側面から後押しする国や自治体の動き等がある。

翻ってわが国でも，多様な社会教育・生涯学習関連施設において，豊富な地域資源は存在する。しかしながら，それらを本論でみた認知症にやさしい地域づくりのなかに位置づけ，教育関係者が主体となり，各施設の特徴に照らし，それぞれの潜在性を発揮させようとする見地からは，（図書館関係者においては一部に先進的取り組みがみられるものの）全体として十分な検討がみられていない。欧州の野外博物館では，その環境や資源を最大限に活かし，認知症者の五感に訴えかける人的・物的資源が惜しみなく投入され，自由に味わわせるための空間が演出されていた。これに対し，わが国の同施設では，禁止事項が多いため，展示されたモノと来館者の間に距離があり，人的資源の活用によるその場の臨場感も演出されておらず，施設がもつ潜在的可能性が十分に活かしきれていない。本論の事例に学ぶならば，社会教育関係職員自身が，高齢化の進行とともに認知症者の利用が増加することに鑑み，必要となる他分野の知識を補い，こうした対象者による施設利用の利点を（施設の特長や自身の専門性を活かして）主体的に考案し，人的・物的な地域資源の効果的活用に向けた条件整備を図っていかねばならない。さらに本論で取り上げたプロジェクトでも対象となった家族介護者は，負担が大きいながら医療・福祉関係者では目が行き届きにくく，孤独に陥りやすい。かれらの多くは，福祉行政による家族介護者へのケアの範疇には収まらない，人知れぬ不安や苦悩を抱えており，その軽減に向けた精神的な支援は，教育関係者だからこそ注力できる視点でもある。こうした対象者への独自の対応を考案するにあたっては，異分野の専門家と連携していく姿勢や信頼関係の構築も求められよう。

以上を踏まえ，教育セクターとしては，認知症を発症した本人や周囲の人びとが，住み慣れた地域で生涯学び続ける姿勢を各社会教育・生涯学習関連施設の特性を活かして支援する体制を整備するとともに，それが地域全体の活性化にもつながりうる効果的なアプローチを追究し，その他領域からも理解を得られるよう努めていくことが望まれる。

【注】

1）認知症者には若年性認知症者も含まれるが，本論では主に高齢期に発症する回復が困難なタイプの認知症を発症した高齢者を指すものとして使用する。

2）本論では，教育関係者という用語を，社会教育・学校教育を含め，教育の見地から専門的知識・力量のある関係者を指すものとして使用する。

3）例えば愛知県北名古屋市昭和日常博物館における回想法事業は，国立療養所中部病院の医師からの発案によるものであり，同市福祉部高齢福祉課地域包括ケア推進室を中心に運営されている。2017年６月の筆者による同地の「思い出ふれあい事業」（回想法事業）に関する同市職員からの意見聴取より。

4）Council of Europe Parliamentary Assembly: The Libraries and Museums of Europe in Times of Change Report, Doc. 13984, 15 February 2016.

5）Williamson, T. *Mapping Dementia-Friendly Communities across Europe*. Brussels: European Foundations' Initiative on Dementia, 2016.

6）Mortensen, H. A. & Nielsen, G. S. (eds.) *IFLA Professional Reports (104) Guidelines for Library Services to Persons with Dementia*. International Federation of Library Associations and Institution, IFLA Headquarters, 2007.

7）Aschenberger, F. K. & Kil, M. Role of Continuing Education in Preventing Cognitive Wellbeing of Older Adults: Is there any evidence? Paper Presented at ELOA Conference "Older Adults' Well-being: The Contributions of Education and Learning," Algarve University, Faro, Portugal, 2018.

8）例えばノルウェー・オスロのDeichman Oppsalは，この点に配慮した同国で最初の高齢者や認知症にやさしい図書館とされている。

9）例えば筆者は，2017年３月にロンドン市内の博物館職員を対象に行われた認知症の来館者への意識啓発と対応力向上を目的とした研修に参加した。

10）Weil, S. E. From Being about Something to Being for Somebody: The Ongoing Transformation of the American Museum, *Daedalus, 128* (3), 1999, 229-258.

11）同カレッジ関係者からの2017年３月の意見聴取より。

12）当地で回想法に携わってきたフーズデン（Housden, S.）によれば，認知症者への効果を引き出すには，事業担当者が特別の知識やスキルを身につける必要があるとのことである。Housden, S. *Reminiscence and Lifelong Learning*. NIACE, 2007.

13）本調査は，科学研究費の研究課題（基盤研究（C）16K04551）として，過去にその一部を公表している。

14）欧州委員会ホームページ，https://erasmus-plus.ec.europa.eu/, 2022.4.22.

15）Mohamad, E.H. et al. Autobiographical Memory Decline in Alzheimer's Disease: A Theoretical and Clinical Overview, *Ageing Research Reviews, 23,* 2015, 184.

16）Miles, A. N. et al. Turning Back the Hands of Time: Autobiographical Memories in Dementia Cued by a Museum Setting, *Consciousness and Cognition, 22,* 2013, 1074-1081.

17）Berntsen, D., Kirk, M. & Kopelman, M. D. Autobiographical Memory Loss in Alzheimer's Disease: The Role of the Reminiscence Bump, *Cortex, 150,* 2022, 137-148.

18）同博物館認知症関連事業担当職員からの2017年７月の意見聴取より。

19）Fristrup, T. & Grut, S. Lifelong Learning for Active Ageing in Nordic Museums: Archives and Street Art, *Studies in the Education of Adults*, 2016, *48* (2), 210-224.

20）Hansen, A. (ed.) *Reminiscence in Open Air Museums: Results from the Erasmus+ Project Active Ageing and Heritage in Adult Learning.* Jamtli Förlag, 2017ほかを参照。

21）Arts Council ホームページ，https://www.artscouncil.org.uk/about-ilfa-0, 2022.4.22.

22）ただし筆者の調査によれば，非常に少数ではあるが，博物館の準備したものと参加者の意向がかみ合わず，肯定的な反応がみられない場合も存在した。

23）AHA に参加した高齢者施設職員からの2017年７月の意見聴取より。

ABSTRACT

Social Education in Aged Society

Studies in Adult and Community Education
No. 66 (2022)
Edited by
The Japan Society for the Study of Adult and Community Education

Issues and Prospects of Social Education in Aged Society

HORI, Shigeo
(Osaka University of Education (Professor Emeritus))

Since the publication of *Issues of Social Education in Aging Society* (Studies in Adult and Community Education, No.43 (1999)), circumstances surrounding older adults and social education have changed greatly. In this essay, after reviewing and examining the knowledge gained from this social change in relation to older adults and social education (demographic aspects of older adults, relations with work, family, and social welfare, aging policy issues (education stream, welfare stream), etc.). Problems related to the above issues will be partially dealt with in the following articles of this Annual Report.

However, thus far, little has been elaborated on theories of older adult education and some will be included on this topic in the following articles. The author has therefore explored the theory of older adult education in this section, particularly the theory of Harry Moody. Moody stressed that the distinct theory of older adult education per se is needed because of the uniqueness of old age in the human lifespan. He proclaimed that older adult education can be a good vehicle to turn the loss and finitude peculiar to old age into human growth. Using older people's life experiences as learning resources, and with a dialogue method, he set transcendence as a goal of older adult education.

Lastly, the author proposed the ideas of social education in an aged society from the following three angles: Education from the perspective of aging, older adult education as human construction, and older adult education paying attention to human existence.

Promotion of Community-Based Welfare in Aged Society and Issues of Social Education

TSUJI, Yutaka
(Nagoya University)

Community welfare has become important in Japan's social welfare against the backdrop of financial tightness due to the rapid aging of the population and the realization of normalization. Informal services are needed to promote community welfare, and residents are required to learn and participate. On the other hand, Japanese social education has focused on learning to take up and solve regional issues, and it is therefore important to learn about the aged society. In this way, community welfare and social education are closely related. However, it has been pointed out from various angles that this is not a phenomenon that is only happening now, but that it has historically been linked to welfare and education.

However, there is a clear difference between the learning required by community welfare and the learning of social education. The learning required by community welfare is expected to be carried out toward the goal of creating a system of "comprehensive community care" and a "community symbiotic society." The learning of social education does not have a set goal in advance, and it is important to discover issues through discussions among people.

Therefore, when social education tackles learning in an aged society, it is necessary to form a public opinion through discussing the actual conditions of life and to create new initiatives from it. In addition, this also requires the support of public workers. In a community where such autonomy is alive, people can improve their "quality of life."

Changes in Education and Welfare of the Elderly in Social Education

KUBOTA, Harusuke
(Waseda University)

In the field of social education, learning of older people has been practiced from various viewpoints, such as positioning it as an independent learning of the elderly themselves, as the practice of the welfare of the elderly, as a place to live a better and healthy life, or as community building for the purpose of improving the living conditions of the elderly in the community itself. In particular, this multifaceted educational and welfare support for the elderly has been examined as a problem in the "valley between education and welfare." The problem of the "valley between education and welfare" can be said to have the characteristics of both sides: an active viewpoint of the multifaceted nature of learning support, and a viewpoint that emphasizes welfare support for the elderly. However, just as the lifelong learning policy changes with social conditions, welfare support changes greatly depending on the situation regarding policies for the elderly from time to time, and it is difficult to discuss both aspects of education and welfare together.

Focusing on the relationship between education and welfare that has been developed in the "valley of education and welfare," we will follow the changes in administrative policies and examine how the learning of the elderly has been discussed in each era.

The Process of Empowerment among Older Adults through Neighborhood Activities: A Case Study from the Perspective of Community Empowerment

SUGAWARA, Ikuko
(Bunri University of Hospitality)
OGINO, Ryogo
(Saga University)

The aim of this study was to understand the process of empowerment among older adults through their participation in neighborhood activities from the community empowerment perspective. Specifically, this study examined how person-level empowerment evolves through interactions with organization-level and community-level empowerment processes. A case study was carried out on a neighborhood community activity project conducted in a rapidly aging suburban residential community in the Tokyo metropolitan area. The process of empowerment of the older individuals was investigated through the analyses of the evaluation activities in the project and interview data gathered through the process. The results revealed three processes of empowerment among older participants: the process of gaining capacity as citizens, fostering a sense of community, and acquiring a perspective as well as an interest in how their current activities further the future of the community. As future research, it is necessary to examine the generalizability of the findings and theorize the process of empowerment through community participation. To advance the theorization of empowerment through community participation, it is necessary to establish methods to objectively evaluate the empowering process at the person, organization, and community level. Moreover, it is important to develop a method to enable members themselves to evaluate the empowerment of their own organization and community, and improve their activities based on the evaluation.

Significance of Participation in Learning for Older People: Possibility of Applying Sen's Capability Approach

TAKAHASHI, Mitsuru
(Miyagi Study Center of The Open University of Japan)

The purpose of this study is to elucidate why elderly people continue to learn and how they continue to learn, based on Amartya Sen's capability approach.

Generally, it is pointed out that the purpose of education is to acquire qualifications and improve knowledge. According to Sen, these arguments overturn "means" and "purpose." In this paper, we understand that the purpose of education is to enhance our own capabilities so that we can improve the well-being of our lives.

First, we critically examine participation policies in line with the three aspects of participation in learning, and present what is believed to be the proper form of participation. Second, we will organize our understanding of A. Sen's capability approach and confirm the importance of understanding the process of the resource-to-capability conversion. Third, the significance of Sen's capability approach is (1) to clarify the "purpose of social education" that differs from "means," (2) the possibility of grasping learning based on the diversity of the elderly, and (3) tentatively proposing the contents of the expansion of capabilities through education.

Learning to Form Ethnic Identity in Old Age: Based on the Life History of the Ainu Person, Urakawa Tahachi

WAKAZONO, Yushiro
(Utsunomiya University)
HIROSE, Takahito
(Society for Civic Collaboration of Tochigi)

The Ainu people have a history of cultural discontinuity, and how to think about their ethnic identity is therefore an important issue. In this paper, from the life history of Urakawa Tahachi, an Ainu craftsman, we will clarify the actual situation of self-learning that influenced the preservation and transmission of cultural properties and the formation of ethnic consciousness, as well as the formation of ethnic identity in old age by reference to "Old Age Style."

The following points were important in leading to ethnicity and self-formation: the influence of Tahachi's mother Tare, who was engaged in social education activities among the Ainu people in their community, and his father Tarokichi, as a leader in the region; reproduction of traditional and practical Ainu handcrafts based on authentic materials by encountering researchers and curators; and awareness about successors through the experience of being a lecturer in Ainu-related organizations such as a museum, etc. It can be said that "learning" consistently forms an epoch for self-formation.

Currently, successor training programs are also being developed, but these will contribute to solving the problems of the formation of ethnic identity in old age not only by training young people, but also by reexamining ways of diversifying learning in old age and learning with individual basis.

Examining the Concept of "Productive Aging" in Volunteering by the Late Stage Elderly

SAITO, Yuka
(Kanagawa University)

The purpose of this paper is to examine the concept of productive aging in volunteering among the elderly. The subjects of this study are not only early-stage older people but also those in the later stage of old age. First, I surveyed previous studies on productive aging. Then, through a case study of volunteers among the later-stage elderly, the conflicts in continuing productive activities were clarified. Next, through a case study of a community association, I analyzed the characteristics of mutual support in the community by drawing out the active power of the elderly. Finally, the concept of "productive aging" including life stages in the late elderly was examined.

Based on the above, the following three perspectives are essential for learning and volunteering in the later stages of aging. 1) Elderly learning and activities should be considered from the reality of "aging as frailty," and give meaning to the dignity and existence of the elderly, 2) The "can/cannot" of the elderly should be understood as interchangeable. To achieve this, it is important to have key people and intimate places where diversity can be acknowledged. 3) The elderly years are "a stage of life" and have the mission of giving significance to each individual's existence.

To this end, it is necessary to recognize that the elderly are developing even as they age and decline, and that their presence influences others.

Future research questions are to examine educational practices that continue to develop in later life, and to analyze the experiential knowledge of key persons who can appropriately address both the "productive and unproductive" sides.

Learning by Older People Using the Practice of "Death Café" as a Clue

IIZUKA, Hiroko
(Tokyo Metropolitan University)

In this essay, focusing on the "Death Café Movement" that has been attracting attention in recent years, we will use the Death Café practice as a clue to clarify findings and issues from social education practices related to learning support for older people in contemporary Japan, and explore how social education for older people should be conducted.

The study group by the graduates of the "Death Education: Living with Death" course, or Death Café, has a potential to play a variety of roles, such as guaranteeing a place to talk about death, serving as a place for the community, and connecting people with the community. We believe that the development of death cafés not only creates a place and opportunity to talk about death, but also includes the possibility of connecting and expanding the community and people. By allowing everyone to share a comfortable time together, the gaze of the participants can lead to a change in values toward death and the circumstances surrounding death, and the creation of a new culture. This is a departure from the conventional approach of advocating learning for older people in the context of solving social issues such as encouraging them to go out, breaking out of isolation, and maintaining and improving physical and mental health. It is necessary to explore a new framework for learning that rethinks older people not only as independent learners but also as dependent learners, woven into the local timeframe and the relaxed living world in which they live.

Older Adults' Learning Opportunities in Osaka Senior College Supported by Senior Volunteers

FURUYA, Hiromichi・WADA, Seishi・ONO, Eiji・UTSUMI, Kunihiko
(Osaka Senior College)

In this paper some features and issues of Osaka Senior College (=Koudai) are depicted. Established in 2009, and with 2,310 students and 59 learning programs (as of 2022), this college's main idea is to make friends, and to promote health and social participation through cultivating senior people's learning.

The main features of Koudai are as follows: 1. The Senior College is supported by senior volunteers, 2. Limitations due to age and geography are abolished, 3. Development of new curricula by staff members, 4. Class Director system (volunteers connecting instructors and students) is employed, 5. Provision of learning opportunities for social participation of senior students (active learning classes, adopting classes for social participation, etc.), 6. Network systems of senior people's learning opportunities (Meeting of Senior People's Learning Centers in Kansai area, Meeting with Senior Colleges in Kanto area, etc.) have been established. Problems to be considered are learning opportunities for socially and economically disadvantaged senior people, securing the places for learning (e.g., collaboration with university extensions), and creating new curricula paying attention to the students' aging.

Practice of Multigenerational Programs towards Establishing a Community-Based Symbiotic Society

FUJIWARA, Yoshinori
(Tokyo Metropolitan Institute of Gerontology)

The United Nations advocates the realization of the Sustainable Development Goals (SDG's) by 2030. The SDG's are regarded as important in providing the basis of the comprehensive plans of every local government. Toward establishing symbiotic societies, sustainability for the fields of community health and welfare suggests the sustainability and prosperity of each community and its various stakeholders. We need multigenerational community-based integrated care systems where all generations are seamlessly linked and succeed to the next generation. In this context, the Ministry of Health, Labor and Welfare has been promoting the Multilayered Support System (MSS) since 2020, the fundamental concept of which is the acceleration of intergenerational relationships.

Prior to MSS, we launched intergenerational projects, named REPRINTS (Research of Productivity by Intergenerational Sympathy) in 2004. REPRINTS is a comprehensive program composed of a social education and lifelong education approach and a health and welfare approach. The contents of REPRINTS consist of a series of intergenerational picture-book reading programs. Older participants were involved a three-month intensive weekly training seminar comprising classes about book selection, reading techniques and basic knowledge regarding children's school life. Subsequently, the older people participated in group activities that involved playing a hand game, and reading picture books to children at kindergartens, elementary schools, and public childcare centers once every one to two weeks. REPRINTS has shown improvements in the physical and psychological functioning of older adults, the healthy upbringing of the students, and reductions in the burdens of their parents. However, up to now, there was no intervention study examining the effect of intergenerational contact on social capital among the general population. We therefore developed a community-based intervention enhancing intergenerational contact, and we continue to examine the fostering of social capital between young people and older adults.

Reminiscence Work for Older Adults: The Cue of Memory in the Dankai Generation (Baby Boomers)

SHIMURA, Yuzu
(Meijo University)

Reminiscence work is the act of sharing past memories with others as a group or in individual work. It aims at social interaction and stimulation of the activity through autobiographic storytelling and spontaneous reminiscence.

Considering the mind and thoughts of people at the present time, this study offers recommendations pertaining to reminiscence activity for the Dankai generation in a broader sense, also referred to as Japanese baby boomers. In this study, this generation was defined as people born between 1945 and 1954.

Information regarding the materials (i.e., play equipment, historical events, and titles of novels) were collected through a literature review to learn about perspectives during that period. The collected materials have facilitated daily life and recreation at two stages, "childhood and adolescence" and "young adulthood." These were collated and outlines were made. Thus, for childhood and adolescence, the outlines include "School Life," "Plays," "Novels," "Picture Stories and Comics" "Radio and TV," "Anime," and "Movies." For young adults, they include "Household," "Meals," "Work," "Travel," "Novels," and "Popular Songs."

Finally, considering the characteristics of the individuals belonging to this generation, the author suggests reminiscence work using these cues along with the role of social education.

Providing Learning Environments for "Senior" Students at the Open University of Japan

IWASAKI, Kumiko
(The Open University of Japan)

The purpose of this study is to examine the significance of learning in aging by identifying the characteristics of "senior" students (aged 65 and over) at the Open University of Japan. The Open University of Japan is a correspondence university that has no entrance examinations or age barriers. While Japan's traditional universities are dominated by young adults, the number of students aged 65 and over at the Open University of Japan has increased, reflecting Japan's aging society, with this cohort now accounting for nearly 30% of the student body. These older students are characterized by the fact that they may not have attended university due to financial circumstances and have enrolled in the Open University of Japan in their later years to continue their studies, or use the university as a place to socialize and network following retirement. As a result of their studies, these students gain the joy of learning, a sense of purpose, and fulfillment in life.

In terms of support for students 65 and older, it is important to consider the content of learning required in later life, such as pre-retirement learning and story work. In addition, learning centers must be enhanced as places for social learning that transcend age, and provide psychological support for those who cannot interact with the alumni, and technical support for those who cannot take online classes. The study centers should be more proactive in addressing the aging process.

If a more proactive, preventive approach to aging based on learning activities is promoted by policies, formal education and learning places such as the Open University of Japan can be considered as centers for active aging. As the population of older adults increases, it is expected that society will become increasingly aware of the benefits of learning activities for this cohort.

Characteristics and Issues of U3A (The University of the Third Age) in the United Kingdom

SAEKI, Tomoko
(Osaka University of Comprehensive Children Education)

This paper focuses on the University of the Third Age (U3A) in the United Kingdom within an international U3A movement and examines its characteristics and issues.

In the U.K., U3A activities have been developing nationwide, with older people after retirement themselves teaching and learning from each other as equal "members" without payment. The U3A movement will celebrate its 40th anniversary in 2022. How do these self-help and mutual aid activities by older people work? This paper examines this point, focusing on primary sources such as action plans and reports published on the Internet and activity records updated from time to time, while capturing the current situation and issues.

As a result, it was found that U3A in the U.K. has not limited itself to direct community-based involvement (teaching and learning) among its members, but has also accumulated, shared, and strengthened ties on a national level with the know-how of sharing experiences and helping each other to maintain and revitalize these relationships. The ingenuity of the organization's management, centered on clear principles of self-help and mutual aid, can be said to be a factor in its development to this point. How to reconcile such principles with the sustainability of activities and diversity of members for further development is an issue that will require much attention in the future.

Development and Characteristics of Learning for Older People in Taiwan

YAMAGUCHI, Kanae
(Waseda University)

The purpose of this study is to examine how Taiwan is trying to face the arrival of a super-aged society by clarifying the actual conditions and characteristics of the development of policies and practices of learning for older adults in Taiwan.

Since 2007, Taiwan has initiated a learning policy for older people known as "senior learning." This is unique in that it emphasizes learning about issues unique to older age and linking learning to social contribution activities. Moreover, many learning centers for older people are located in existing educational institutions and community organizations, creating interaction not only with older people, but also with children and university students, and stimulating learning among many people. In addition, the training of professional staff also improves the quality of "senior learning".

From the above, it can be said that Taiwan is confronting the arrival of a super-aged society by establishing learning opportunities for many older people in places close to the lives of its citizens. It has created an environment in which many older people can feel in touch with others and society through learning, creating an overall enrichment of lifelong learning.

A Study on Employment of Older Adults by the Seniors' Community Service Corporation: A Case Study of the Establishment Process in Edogawa Ward, Tokyo

KUDO, Kumiko
(Graduate School, Waseda University)

Regarding learning related to the employment of older people, the background of the establishment of the Senior Citizens Corporation in Tokyo (the predecessor of the Silver Human Resources Center, which has been the basis of practice and learning related to employment nationwide), the purpose and the content of learning, and the cooperation with older people's organizations in the region are discussed here. In particular, the Edogawa Senior Citizens Corporation in Tokyo, which is a pioneering example of the establishment of the Senior Citizens Corporation in Tokyo and is still actively practicing the employment of older people is considered. Attention is given to the implementation status at the time of its establishment and how it is involved in the employment of older people, and the substance of learning. This Senior Citizens Corporation, which became a model case, not only has a strong meaning of welfare practice to assist elderly people in gaining a sense of purpose, but also it is an agent of community welfare practice for community development. It is a characteristic of Edogawa Senior Citizens Corporation that it was carried out in combination with the practice for employment and social participation, hobbies and education, and the activities of the local senior citizens' club. Thus, in today's learning regarding community-based welfare as the autonomy of older people, this learning about employment is an important learning theme, and at the same time, labor of older people has not been deeply considered in the field of social education thus far, so it can be said that this will become a new perspective.

Learning for the Elderly in the Cooperative Community Development of Rural Areas

YOSHIDA, Yayoi
(Researcher, Graduate School, University of Hokkaido)

The purpose of this study is to consider the learning for the elderly working on collaborative community development practices in mountainous areas and the ideal way to manage social education to support it.

For this project, the process by which the elderly become the main actors in collaborative community development practices is explored in this study. We analyzed how the connection was created and what role the elderly people play in that connection. Through this, we considered the ideal way of managing social education to support the elderly who are working on cooperative community development and self-governance.

The research participants were engaged in community development practices initiated in the wake of the Chuetsu earthquake in Iketani, Tokamachi City, Niigata Prefecture.

Through the analyses, four main conclusions are indicated as for the role of social education to support the elderly responsible for the cooperative community development of rural areas. Firstly, it provides support that forms a perspective for relativizing the local community. Secondly, it creates a place to learn about gender, economic disparity, and the significance of living together across generations. Thirdly, it provides support for creating a relationship of learning with foreign others. Finally, it provides support for learning to renew the relationships with those who collaborate when roles change due to old age.

Implications of Involvements by Educational Specialists in Programs for Individuals Living with Dementia: Observations from Lifelong Learning Institutions in Europe

SUZUKI, Naoko
(Tokushima University)

This paper investigates the features and implications of recent educational programs conducted at lifelong learning institutions in Europe for individuals living with dementia. Most programs of this type are also provided to relatives of individuals living with dementia and professionals who care for them. This investigation focuses on the results of intervention by specialists in educational fields. Presently, separate programs for individuals with dementia are being instituted in certain innovative lifelong learning institutions, including museums, libraries, and adult learning institutions in Europe and worldwide, and new insights are being provided for discussions on how to improve health and wellbeing among these individuals. Here, the main object of study is the ERASMUS+ program Active Ageing and Heritage in Adult Learning, which was principally conducted for older adults with dementia and their caretakers at five open-air museums in Europe from 2014 to 2017. The program is evaluated using data acquired from the author's site visit, involving participatory observation of programs, interviews with those who developed and conducted these programs in museums, and caring professions in nursing homes and academicians.

The investigation identified the results of intervention by educational specialists, including the creation of a holistic environment through the effective use of ample resources across the entire range of lifelong learning institutions; application of educational approaches to measure transformations occurring in individuals with dementia; inclusion of all participants as lifelong learners with a long-term viewpoint, including individuals with dementia, caretakers, and volunteers; and creation of educational provisions for each of them, coupled with opportunities to meet others in the same situation. Overall, extensive research should be conducted to identify effective ways in which the education sector can provide support to individuals with dementia. The approaches of dealing with various stakeholders and local resources prevalent in lifelong learning institutions could be extended to empower the entire community.

あとがき

本書は，日本社会教育学会プロジェクト研究「高齢社会と社会教育」（2019年度～2021年度）での共同研究の取り組みを基盤としつつ，現代的な課題や超高齢社会を迎え，これまでになかった新たな課題について，問題共有した学会員と学会活動に協力していただいた研究者らによって編まれたものである。

これまでのプロジェクト研究では，1999年刊行の年報第43集『高齢社会における社会教育の課題』以降の世界情勢の変化と少子高齢化に対応して，多面的な角度から研究に取り組んできた。特に日本においては，地方都市において高齢化が加速化し，限界集落と呼ばれる地域も増加の一途を辿っている。くわえて，高齢者にかかわる社会保障費の増大も相まって，高齢者が主体的に地域参画をすることを余儀なくされるようになってきている。そこで，高齢者が住民自治や地域福祉に積極的に参加するための学習の重要性が高まるとともに，それらの実践やコミュニティ形成に関する研究が広く進められるようになってきた。そのため，2000年以前の高齢者教育が主に個人の生涯学習に関心が強かったのに対し，2000年以降には，地域や行政など，公や大きな集団の変革・変容に関心が強い研究も注視されるようになってきたといえる。

上記の点をふまえ，本プロジェクト研究では次の４点について明らかにすることができたといえよう。①これまでの高齢者学習支援や高齢者教育の理論を，総体と歴史的変遷の２つの視点から概観した。②高齢者の地域づくりや地域福祉に関する研究を補強した。③高齢者の健康や保健，労働など，高齢者教育の隣接領域に関する学習に焦点を当てた。④海外の高齢者教育実践や行政施策などを，日本での実践・行政施策との比較を行なった。

一方で，本プロジェクトにおいて取り組むことが困難であった点についても述べるならば，例えば次のような５つの課題が残っているといえるだろう。①後期高齢者に特化した学習支援のあり方，②高齢者福祉や介護福祉に関わる教育理論や実践支援論，③高齢者教育の教育方法の研究，④高齢者のICT 活用に関わる研究，⑤高齢者のスピリチュアリティに関わる研究。

新たな社会問題が次々に出現するなかで，高齢者に関わる問題や事象もまたさらに広く深くなってきている。それらの問題や事象に対して，高齢者は何に興味関心をもち，また逆に若者は高齢者に何を求めるのだろうか。高齢者と社会教育に関わる研究をたえず行なっていく必要があることが，本プロジェクトでの共通理解でもあった。

本プロジェクト研究のテーマ「高齢社会と社会教育」は，主に定例研究会活動として取り組まれ，日本社会教育学会6月集会・研究大会（全国大会）での報告を通して，学会員と研究成果の共有をされてきた。3年間の活動の流れを簡単に概観すると，「高齢者の社会教育に関する先行研究の整理と理論の総体の確認，および今日の超高齢社会の特徴の整理」→「労働・家族・福祉など，高齢者の社会教育研究の隣接領域における，研究成果の確認」→「高齢者学習支援・高齢者教育領域における研究・実践の報告」→「今後の高齢者教育の研究・実践上の課題の提起」であった。

この基本的研究方針をもとに，以下のプロジェクト研究メンバーのもとに，研究会やシンポジウムを実施してきた。以下に，プロジェクトのこれまでの流れを示す。なお，所属については，報告・活動当時の所属のまま掲載している。

【プロジェクトメンバー・担当理事・幹事】（順不同）

堀薫夫（大阪教育大学：世話人・プロジェクト代表），辻 浩（名古屋大学），久保田治助（鹿児島大学），荻野亮吾（東京大学→佐賀大学），齊藤ゆか（神奈川大学），佐伯知子（大阪総合保育大学），林美輝（龍谷大学），若園雄志郎（宇都宮大学），飯塚哲子（東京都立大学）
担当理事：倉持伸江（東京学芸大学），担当幹事：堀本暁洋（東京大学（院））・石川敬史（十文字学園女子大学）

【研究活動記録】

○2019年度（１年目）

０．プロジェクト研究の立ち上げ，2018.10.8.　日本社会教育学会第23回大会総会（名桜大学）

１．第１回研究会　2018.12.23　大阪教育大学天王寺キャンパス（closed）

報告：堀薫夫（大阪教育大学），プロジェクト研究「高齢社会と社会教育」の立ち上げについて，これまでの学会での取り組み，ここ20年間の動向，研究課題の確認

２．第２回研究会　2019.3.30.　東京大学高齢社会研究機構

報告１：堀薫夫（大阪教育大学），高齢社会における社会教育研究の課題

報告２：辻 浩（名古屋大学），公私協働による地域づくりと高齢者の学習

３．日本社会教育学会2019年度６月集会，2019.6.１．東京大学福武ホール

テーマ：高齢社会における社会教育研究

報告１：堀薫夫（大阪教育大学），高齢社会における社会教育研究の課題：研究テーマ設定の趣旨

報告２：辻 浩（名古屋大学），公私協働による地域づくりと高齢者の学習

コメンテーター：久保田治助（鹿児島大学）

司会：荻野亮吾（東京大学）・佐伯知子（大阪総合保育大学）

４．第３回研究会，2019.7.28.　龍谷大学大宮キャンパス

報告１：荻野亮吾（東京大学），地域コミュニティ組織の再編状況とその持続性に関する研究：長野県飯田市における地域自治組織の事例研究を中心に

報告２：飯塚哲子（首都大学東京），高齢者の終末期を支える地域活動；

Virtual Reality 認知症体験装置を使用した地域住民に対する認知症への理解に関する研究
報告３：藤原佳典（東京都健康長寿医療センター），高齢者の社会参加と地域貢献活動

５．日本社会教育学会第66回大会（全国大会），2019.9.15．早稲田大学教育学部
テーマ：高齢社会における社会教育と社会参加
報告１：牧野篤（東京大学），超高齢社会におけるシニアの学び
報告２：藤原佳典（東京都健康長寿医療センター），高齢者の学びと社会貢献
報告３：齊藤ゆか（神奈川大学），高齢者ボランティアをめぐるプロダクティヴ・エイジング研究
コメンテーター：高橋満（東北大学）
司会：林美輝（龍谷大学）・堀薫夫（大阪教育大学）

○2020年度（２年目）
６．第４回研究会，2019.12.21．名古屋大学教育学部
テーマ：農山村・地方都市の高齢者の暮らしと社会教育
報告１：久保田治助（鹿児島大学），限界集落における地域運営と高齢者の自治：鹿児島県の中山間地域公民館を事例に
報告２：吉田弥生（北海道大学大学院），中山間地域の地域づくりにおける高齢者の学習：新潟県十日町市を事例に
報告３：徐真真（名古屋大学大学院）・辻 浩（名古屋大学），住民と行政の協働による高齢者の交流：長野県松本市を事例に
司会：辻 浩（名古屋大学）

（第５回研究会（2020年３月予定）および2020年度６月集会はコロナ禍により中止）

７．第５回研究会，2020.8.1．オンライン研究会

テーマ：高齢期における家族と労働

報告１：高齢期家族と社会教育　安達正嗣（高崎健康福祉大学健康福祉学部）

報告２：シルバー人材センターの活動の現状と課題　石橋智昭（ダイヤ高齢社会研究財団）

報告３：デスカフェをとおしての地域と人のつながり　飯塚哲子（東京都立大学）

司会・運営：久保田治助（鹿児島大学）

８．日本社会教育学会第67回大会（全国大会），2020.9.22．オンライン学会

テーマ：高齢者教育と高齢者福祉をつなぐ

報告１：久保田治助（鹿児島大学），高齢社会における地域福祉と社会教育をめぐる理論的課題

報告２：荒井浩道（駒澤大学），認知症者をかかえる家族の会のピアサポート・グループの役割：支援しない支援の可能性

報告３：荻野亮吾（佐賀大学），地域自治と教育福祉の再編下における高齢者学習支援

コメンテーター：辻 浩（名古屋大学）

司会・運営：若園雄志郎（宇都宮大学）・村田和子（和歌山大学）

○2021年度（３年目）

９．第６回研究会，2020.12.26．オンライン研究会

テーマ：「学校型」シニア教育の可能性

報告Ⅰ：堀薫夫（大阪教育大学），「学校型」シニア教育の概観

報告２：和田征士（大阪府高齢者大学校理事長），高齢者が運営する高齢者

大学の取り組み
報告３：佐伯知子（大阪総合保育大学）：第三期の大学の展開と課題
報告４：岩崎久美子（放送大学），放送大学シニア学生の特徴と課題
司会：林美輝（龍谷大学），運営：荻野亮吾（佐賀大学）

10．第７回研究会，2021.3.21．オンライン研究会

テーマ：「2025年問題」と社会教育
報告１：権藤恭之（大阪大学），超高齢期の高齢者における余暇活動
報告２：鈴木尚子（徳島大学），認知症にやさしい地域づくりと社会教育の役割：諸外国における生涯学習関連施設の取り組み事例から
報告３：志村ゆず（名城大学），高齢者に対するライフ・レヴューの教育的アプローチ
司会：若園雄志郎（宇都宮大学），運営：久保田治助（鹿児島大学）

11．日本社会教育学会６月集会，2121.6.6．オンライン学会（宇都宮大学運営）

テーマ：地域に根ざした高齢者学習の取り組み
報告１：長澤成次（放送大学千葉学習センター），公民館における自分史学習と高齢者の学びのひろがり
報告２：廣瀬隆人（とちぎ市民協働研究会）・中村哲也（日光市社会福祉協議会），地域づくりにおける高齢者の学習：日光市栗山地区の実践をもとに
報告３：山元典子（中野区地域支えあい推進部）・亀井久徳（中野区区民部），なかの生涯学習大学における高齢者の地域での学び支援：行政によるきっかけづくり
コメンテーター：齊藤ゆか（神奈川大学）
司会：飯塚哲子（東京都立大学）・久保田治助（鹿児島大学），運営：林美輝（龍谷大学）

12．第８回研究会，2021.8.8．オンライン研究会

テーマ：社会教育経験の知を語り継ぐ

報告１：上杉孝實（京都大学名誉教授），社会教育の職員経験と研究のつながり

報告２：堂本雅也（龍谷大学大学院），ライフヒストリーにみる平沢薫の成人教育論

報告３：大村隆史（香川大学），公民館制度を廃止した地域における高齢者の地域文化の伝承：高知県土佐町を事例として

情報提供：大前哲彦（社全協関西ネット），森永ヒ素ミルク被害者救済自主グループ助成の検討

司会：佐伯知子（大阪総合保育大学），運営：荻野亮吾（佐賀大学）

13. 日本社会教育学会第67回大会（全国大会），2021.9.12. オンライン学会（明治大学運営）

テーマ：高齢社会における社会教育の展望

報告１：堀薫夫（大阪教育大学（名）），社会教育と高齢者学習支援をめぐる問題：３年間のプロジェクト研究をふまえて

報告２：辻　浩（名古屋大学），地域づくりと地域福祉における高齢者への学習支援：関連領域からの学習が注目されるなかで

報告３：高橋満（放送大学宮城学習センター），高齢者の社会参加に関する政策的動向の批判的考察

コメンテーター：久保田治助（鹿児島大学）

司会：齊藤ゆか（神奈川大学）・堀本麻由子（東洋大学）

2022年８月

久保田　治助

執筆者一覧（執筆順）

堀　　薫夫（大阪教育大学（名））

久保田治助（早稲田大学）

荻野　亮吾（佐賀大学）

若園雄志郎（宇都宮大学）

齊藤　ゆか（神奈川大学）

古矢　弘道（大阪府高齢者大学校）

小野　榮治（大阪府高齢者大学校）

藤原　佳典（東京都健康長寿医療センター研究所）

岩崎久美子（放送大学）

山口　香苗（早稲田大学）

吉田　弥生（北海道大学研究員）

辻　　浩（名古屋大学）

菅原　育子（西武文理大学）

高橋　　満（放送大学宮城学習センター）

廣瀬　隆人（とちぎ市民協働研究会）

飯塚　哲子（東京都立大学）

和田　征士（大阪府高齢者大学校）

内海　邦彦（大阪府高齢者大学校）

志村　ゆず（名城大学）

佐伯　知子（大阪総合保育大学）

工藤久美子（早稲田大学大学院）

鈴木　尚子（徳島大学）

日本社会教育学会年報編集規程（抄）

1．日本社会教育学会年報（日本の社会教育）は日本社会教育学会の研究成果を集約する目的を持って，毎年１回刊行される。

2．年報のテーマは総会で決定される。

3．年報編集委員会は理事会のもとにおかれる。編集委員は常任理事会で決定され，その任期は当該年報の刊行をもって終了する。

4．応募原稿の採否は，編集委員会で決定した査読者による審査を経て編集委員会が決定し，常任理事会に報告する。

5．掲載原稿の著作権は原則として本学会に帰属する。掲載論文の複製・翻訳等の形で転載を希望する場合には，本学会の了承を得なければならない。

6．投稿原稿に使用する言語は原則的に日本語とする。ただし本学会・編集委員会で特に他の言語の使用を認める場合には，この限りではない。

7．本学会『社会教育学研究』，他の学会誌，その他研究紀要等への投稿と著しく重複する内容の原稿を，本誌に投稿することを認めない。ただし学会等における口頭発表およびその配付資料はこの限りではない。

〈日本の社会教育第66集〉

高齢社会と社会教育

2022（令和４）年９月30日　初版第１刷発行

［検印廃止］

編　集　日本社会教育学会年報編集委員会
委員長　堀　薫夫
〒183-8509　東京都府中市幸町3-5-8
東京農工大学 農学部
環境教育学研究室 気付

発行者　錦織圭之介

発行所　株式会社東洋館出版社
〒101-0054　東京都千代田区神田錦町2-9-1
コンフォール安田ビル
☎　03-6778-7278　fax.　03-5281-8091
https://www.toyokan.co.jp　振替　00180-7-96823

印刷・製本　藤原印刷株式会社

ISBN978-4-491-04999-1　Printed in Japan